MARIANO MUNIESA

Con la colaboración de
MARISKAL ROMERO

Eso no estaba en mi libro de los Rolling Stones

ℙ
ALMUZARA

Editorial Almuzara • Colección Historia
Director editorial: Antonio Cuesta
Editora: Ángeles López
Corrección: Mónica Hernández
Maquetación: Joaquín Treviño

www.editorialalmuzara.com
pedidos@almuzaralibros.com - info@almuzaralibros.com

Editorial Almuzara
Parque Logístico de Córdoba. Ctra. Palma del Río, km 4
C/8, Nave L2, nº 3. 14005 - Córdoba

Imprime: Romanyà Valls
ISBN: 978-84-10521-61-2
Depósito legal: CO-691-2024
Hecho e impreso en España - *Made and printed in Spain*

Índice

Prólogo a la luz de las 18.45 de un mes de febrero cargado de acordes stonianos

Escribo estas líneas una tarde de comienzos de febrero de 2024, no excesivamente fría para lo que debería ser a estas alturas del año en Madrid, en la que atardece de manera lenta, dejando en mi retina una paleta de colores que va de las primeras luces blancas y amarillas del alumbrado público a ese cielo entre púrpura, rosado y añil que se va ocultando tras los edificios del barrio de Tetuán entre melancólico, poético y evocador que siempre me ha sugerido atmósferas narrativas cómplices.

Atmósferas muy emotivas que, a la hora de compartirlas, me inspiran sentimientos, reflexiones y sensaciones que me gustaría llegasen en toda su auténtica dimensión a quienes puedan estar leyendo estas líneas.

Una vez más, la fortuna, el destino, la vida —una vida que está tan íntimamente unida desde décadas a los personajes que habitan las próximas páginas y sin quienes la propia vida de quien suscribe estas líneas no podría explicarse— hace ya unos cuantos meses me puso otra vez frente al Mac, con un encargo que me hizo llegar una hipnotizadora y encantadora malabarista de poemas —demasiado expansiva a veces, según su madre, sobre todo cuando se supone que debo revisar mi email— de la que recuerdo desde finales de los años 80 aquellos versos suyos decorados con eternos puntos suspensivos y que, como no podía ser de otra forma, me puso *on fire*: escribir un libro sobre todo lo que no se ha contado sobre los Rolling Stones. O quizá más propiamente, sobre todo lo que debería haberse contado de otra forma, rompiendo falsos mitos y tópicos manoseados y absurdos.

El reto me resultó apasionante. Tras décadas de comprar discos, libros, revistas, coleccionar *memorabilia*, escuchar programas de radio, ver películas, documentales y, sobre todo, haber recorrido a lo largo de 40 años miles y miles de kilómetros por el mundo para ver sus conciertos, bien fuera en Madrid, Barcelona, Donostia, Zaragoza, Xixón, El Ejido o Copenhague, La Habana, Londres, Stuttgart, Praga o Lisboa entre otros muchos escenarios, quien me conoce sabe que los Rolling Stones para mí lo son todo. Volver a escribir sobre ellos, además ante ese reto de contar lo que no se había contado antes, es algo tan ilusionante como vertiginoso; desde el primer momento fui consciente de que no iba a ser fácil, pero en modo alguno dejaba de ser un nuevo sueño hecho realidad.

Los Stones son la historia de mi vida como periodista musical, como locutor y realizador de radio, como cronista y como persona. Seguramente esto que voy a decir no es lo más políticamente correcto como periodista, pero sería un fraude por mi parte afirmar otra cosa, y además quien me conoce lo sabe a la perfección. Soy FAN de los Rolling Stones. Son mi grupo de rock favorito de toda la historia, con una inmensa diferencia sobre los siguientes. Por supuesto, un fan crítico, exigente, que también señala las cosas que han hecho mal, quizá precisamente por ser fan, de manera más rigurosa y más dura y que, por seguirles desde hace más de 40 años, no me conformo con cualquier cosa, pero fan en cualquier caso.

Diré más: probablemente alentado por esa suerte de autoconfianza que proporciona el Jack Daniels —no concibo escribir sobre los Stones sin escuchar su música, que ahora mismo ambienta la redacción de este prólogo con «All Down The Line» de *Exile On Main Street* o no saboreando una copa de la poción mágica de Tennesse— no tengo reparos en admitir que si soy aún capaz de escribir libros sobre los Stones como este, el séptimo de mi trayectoria, es porque el espíritu, la filosofía, la forma de ser y de entender la vida que caracteriza lo que es ser un *rolling stone*, es la que abracé desde una ya lejana noche de julio de 1982 tras verles en directo por primera vez en el ya desaparecido estadio Vicente Calderón del Atlético de Madrid. Y para que todas y todos ustedes lo entiendan, es justo lo primero que explico en el capítulo que abre este libro: Explicar que es ser un *rolling stone*.

Ser un *stone*. Vivir haciendo frente a todo lo que se te pone enfrente con una forma de ser fiel a uno mismo, con fortaleza y al mismo tiempo con ironía, riéndose de la hipocresía y el postureo, mirando a los ojos a la vida y aguantando los golpes como Keith Richards aguantaba los zarpazos del mono de caballo, como ellos aguantaron la persecución política, policial y judicial y como narran en sus canciones, sobreviviendo a todo lo que podría haberles destruido. Esa filosofía de vida, de resistir a contracorriente, de no estar nunca ni en el lugar adecuado ni en el momento preciso y al mismo tiempo nunca dejar de luchar, ni de creer, ni de sonreír, ni de amar, es lo que es para mí ser un *stone*. Y reivindico orgullosamente mi condición en ese sentido.

A partir de la próxima página, entran todas y todos ustedes en un mundo que seguramente conozcan, pero que nunca les habían mostrado como se les va a mostrar ahora. *Otra historia del rock*, como titula mi viejo compañero Marcos Mostaza de Radio Nacional de España las piezas que lleva varios años haciendo en *Radio 5 Todo Noticias*. Espero, no que les guste, sino que lo resistan. Esto es sobre todo para quienes, cuando hablan sobre el grupo, se refieren a ellos como los Stones. Sobre los advenedizos que les llaman los "Rolling", espero que si leen este libro, empiecen a enterarse de algo. O si no, se expongan a las pertinentes collejas.

Una vez más, no puedo ni quiero cerrar este prólogo sin mencionar a las muchas personas que, de una u otra forma, pulularon por las estancias en las que este libro fue concebido y con quienes siempre tendré una deuda que confío podré pagarles algún día, bien sea con besos, abrazos o whiskies. El primero por supuesto, Vicente *Mariskal* Romero quien de nuevo, como ya hicimos en nuestro anterior trabajo para ediciones Almuzara sobre el *heavy metal*, aporta sus vivencias, sus experiencias y su valiosísimo testimonio sobre su vida con los Stones, que es un patrimonio que de ninguna manera podía dejar de incluir en esta deslavazada, rockera y trastocante historia. Y con quien siempre disfruto de esa complicidad única que entre los que somos y nos sentimos *stones* tenemos.

Igualmente a mi querido maestro y en gran medida introductor de lo que sería para mí el universo Stones, Jordi Sierra i Fabra, uno de mis catedráticos en el mundo del periodismo rockero. A mis siempre añorados Bertha y Martin del *Popu,* los primeros que creyeron en mí y me dieron una oportunidad en esta jungla. A otro maestro, pero muy por encima de eso, a mi tronco y a mi colega el Pirata, en cuyas emisiones de radio también disfruté muchísimas noches de *Honky Tonk*

Women, *Start Me Up* o *Mixed Emotions*. Al eterno *Búho Musical* de las noches del verano de 1982, previas a aquella noche que me cambió la vida en el Calderón, Paco Pérez Bryan y que tanto hizo por convertir los shows de los Stones en Madrid en la apoteosis que fueron.

Siempre a Gay Mercader, el responsable, gracias a su trabajo, de que haya vivido los momentos más intensos y felices de mi vida con los Stones. Alguien a quien debo mucho más de lo que nunca podré pagarle.

Y una vez más y como siempre, a mi querida Romy y a Jordi Tardá. Amigo Jordi, maestro, confidente, cómplice y compañero. ¿Por qué te fuiste tan pronto, querido? Teníamos todavía tanto que compartir, que hablar, que reír…

A los Sugar Stones, al siempre querido *Chevyk* Juan Paranoico —¡¡aguante los Stones, loco!!— y a ese loco maravilloso llamado Guillermo Rayo y sus Rayo Stoned.

A mis hermanos *stones* Santiago Rentero —nunca un concierto de los Stones será igual sin tus pancartas para Ronnie y Keith—, Manu, Imanol, Lorea Alonso, Atencio Oscar —el argentino de la pancarta de Richards que medio planeta quiere arrebatarle—, Al-Phonse, Jordi Güell, la preciosa rubia austriaca Stephanie, Juan Caveda, Alejandra Richards, Alberto Sánchez-Runde, Kiko Reboredo, Oscar Outeiriño, Martín Outeiriño, Irene Desumbila, Domingo J.Casas, David Toledano, Natalia Saley, Mariana Chauvet… a todas y todos los que sabéis, como yo, lo que son esas mágicas horas, bien sea bajo un sol de justicia, bajo la lluvia, bajo cualquiera que sea la circunstancia que toque, esperar horas y horas para correr hacia la primera o segunda fila en cuanto se abren las puertas de cada concierto de los Stones. Eso es algo que solamente vosotras, vosotros y yo sabemos. Y sufrimos y disfrutamos. Y en donde nos volveremos a encontrar. Tenedlo por seguro, al menos mientras a estos queridos cabronazos les quede un aliento de vida.

Ahora, tienen por delante una historia que espero que le gustará —o tal vez no—, pero que, desde luego, lo que nunca hará, será dejarles indiferentes.

¿Preparados para empezar?

Los Stones, siempre los Stones…

MARIANO MUNIESA
Madrid, febrero de 2024

¿Qué cojones es ser un jodido Rolling Stone?

Paul McCartney puede decir ahora que es «Sir Paul». Bien, si eso le hace feliz, ok. Aunque por encima de todo eso, siempre podré decir: ¡OK, tú eres Sir Paul McCartney. ¡Pero yo soy un Rolling Stone!

Keith Richards, 2002.

Todo empezaría con una suerte de refrán tradicional británico cuyo origen se pierde en la noche de los tiempos: en inglés, *A rolling stone gathers no moss*, que en castellano se podría traducir como «una piedra que rueda no acumula musgo». Es decir, una piedra que rueda a través de caminos y terraplenes nunca queda atrapada por el lugar en el que se ha quedado parada, nunca se queda anclada en un mismo lugar.

Literalmente, una *rolling stone* es una piedra rodante, pero es una expresión que se usa en sentido figurado y viene del dicho anteriormente mencionado, referido a las personas que viven en constante movimiento y sin lazos fuertes con ningún lugar específico, ni con personas, ni cosas en general. Los nómadas, los feriantes, los gitanos, los artistas del circo, los cómicos, los eternos errantes, aquellos cuyo hogar es la carretera, esos son los *rolling stones*. Con independencia de que, en determinado momento, esa expresión adquiriese una connotación despectiva, aplicada a los vagabundos, los vagos, los ladrones, los marginados, los que no se sometían a vivir bajo las normas de la sociedad biempensante en general.

Como ya veremos llegado el momento, que el grupo más grande de la historia del rock eligiera ese nombre, aunque fuera simplemente en principio basándose en la canción del *bluesman* Muddy Waters, no resultaría casual al pasar de los años. Alcanzaría una connotación intrínsecamente ligada a ellos mismos, que asumieron e hicieron suya, identificándola con la idea del errante, del que vive en una suerte de viaje permanente, del que hace de la ruta de una ciudad a otra su dormitorio. Los Rolling Stones pueden competir con Bob Dylan y con muy pocos más acerca de cuantas giras y conciertos han hecho a lo largo de más de 60 años y de cómo la gira se ha convertido en su hogar, bien sea en 1963 en una destartalada furgoneta de Wolverhampton a Newcastle, en 1965 en un autobús de Oakland a San Diego o en un avión privado de París a Berlín en 2022.

Es posible encontrar en numerosos artículos periodísticos, discos, películas y libros muchas referencias a ese concepto de *rolling stone,* que años más tarde adaptaría Muddy Waters a la mítica canción en la que Brian Jones se inspiró para dar el nombre a la banda que creó con Mick Jagger y Keith Richards. Solamente cuando en 1948, con producción de Phil y Leonard Chess —los propietarios de la Chess Records que años más tarde sería el sello distribuidor de la Rolling Stones Records en Estados Unidos— se puso a la venta el single de *Rolling Stone Blues* de Muddy Waters, fue cuando por decirlo de alguna manera, el concepto y el nombre *rolling stone* empezó a universalizarse.

¿De dónde viene más allá de la idea de Brian Jones? Pues bien, acudamos a las fuentes más fiables y documentadas, es decir, a los estudios hechos por los expertos más solventes que, aunque hoy estén olvidados por gran parte de la crítica musical —y así les va a algunos plumillas de la prensa musical por no mencionar a ignorantes y elucubrantes pseudoprogres— y entre los cuales debo señalar en particular a Philippe Bas-Baberin, autor de una magnífica y documentadísima biografía de los Rolling Stones, publicada en España en los años 70 por la colección Los Juglares, de la ya tristemente desaparecida editorial Júcar.

> El nombre del grupo proviene de una grabación de un mítico personaje del blues americano, Muddy Waters, así registrada en 1950. Muddy Waters, Little Walter, Jimmy Reed o Slim Harpo representaban musicalmente esa vanguardia del blues amplificado, eléctrico, pero aún muy próximo a sus raíces rurales. Chuck Berry y Bo Diddley

representaban musicalmente el rock'n'roll que escuchaba Keith Richards y después, Rufus Thomas, Solomon Burke y Otis Redding eran los exponentes del rhythm'n'blues. Ahí está la base musical en la que se generaron los Rolling Stones. Pero su actitud iba más allá; no se trataba solamente de mostrar la música negra al público inglés, sino de hacerles comprender a través de las historias que contaban que había otra vida más allá de tomar el metro en Stanmore para ir a trabajar ocho horas al día en la City y volver a casa para cenar, ver la televisión media hora y volver a la cama para volver a despertarse ocho horas después y seguir la misma rutina. Dar una patada a esa mierda de vida para vivir una nueva vida cada día que amanecieras en una ciudad distinta era el espíritu *rolling stone*.

Ese espíritu conoció probablemente su momento álgido, al menos en Estados Unidos, durante los años 30 del siglo xx. La gran depresión de 1929 llenó las calles de todo el país de desempleados, sin un medio de vida ni un futuro, para quienes escapar de la miseria se convirtió en la única razón de ser de sus vidas. Millones de mujeres y hombres negros de los estados agrarios del sur emigraron al norte industrializado entre 1930 y 1960, concretamente a Chicago, que se convertiría en la nueva capital del blues. Y aquellos viajes interminables, sobreviviendo en condiciones extraordinariamente precarias, en muchas ocasiones huyendo de la policía por haber robado comida o whisky en una tienda, de una partida de póker en la que aparecían seis ases o de un marido excesivamente celoso, conformaron la figura clásica del *rolling stone* glosada en cientos de clásicos del blues.

Minneapolis fue la primera gran ciudad en que viví. Llegué desde el desierto y me encontré con la escena beat, los bohemios, los be-bop, y todo estaba muy conectado entre sí. Saint Louis, Kansas City, ibas de una ciudad a otra y encontrabas el mismo panorama en todos esos lugares, gente que iba y venía, nadie con sitio fijo y sin ningún plan para más allá de una semana o dos. Había muchos poetas y pintores, vagabundos, expertos en una cosa u otra, que habían dejado la vida típica de trabajar de nueve a cinco en una empresa o negocio. Siempre había muchas lecturas de poesía, gente como T.S. Elliot o E.E. Cummings. Fue algo de eso lo que me despertó, Jack Kerouac, Ginsberg, Corso y Ferlinghetti. Eso tenía sentido para mí.

Bob Dylan, *Chronicles Vol. 1*

No solamente campesinos negros que huían del hambre y la miseria de las explotaciones agrarias encarnaron la vida y la personalidad del *rolling stone*. A comienzos de la década de los 50, miles de jóvenes blancos hicieron suya, adelantándose más de una década al movimiento *hippie* y a la contracultura de los 60 a la que fueron asimilados en gran medida, una filosofía y una forma de vida antiautoritaria, antimaterialista y anticapitalista, el movimiento *beat* que lideraron autores como Neal Cassidy, Allen Ginsberg, William Burroughs, Sam Shepard, Lawrence Lipton, Timothy Leary y muy especialmente Jack Kerouac, cuyo legendario texto *On The Road* —en español, *En el camino*— reflejó y encarnó el espíritu *beat* de aquella generación. Defensa de la libertad sexual en todas sus formas, rechazo al consumismo y la vida acomodada de la sociedad norteamericana de posguerra, al trabajo entendido como una forma de explotación y alienación de la personalidad... en modo alguno la generación *beat* y sus principales exponentes estaban lejos de ser unos *rolling stones*.

Y sin duda así debió sentirlo Bob Dylan cuando en 1965 escribió la historia de la «señorita solitaria» que daba limosnas a los *homeless* en sus buenos tiempos: «¿Cómo se siente cuando estás sola / sin una dirección para volver a casa / como una completa desconocida / simplemente como una *rolling stone*?».

Si para las mujeres y hombres negros la tierra prometida era Chicago, Detroit y la América industrializada del norte del país, para la generación *beat*, como lo había sido en la época de la fiebre del oro, el viaje era justamente en sentido inverso: la nueva tierra prometida era California. Y allí llegaron a través de una ruta ya casi desparecida en la actualidad, que así relató Nat King Cole con su trío en 1946: «Bueno, si alguna vez planeas ir hacia el oeste / intenta tomar mi camino / esa es la carretera / ¡eso es lo mejor! / dar tus golpes / en la ruta 66 / Bueno, serpentea de Chicago a L.A / Un camino de más de dos mil millas / da tus golpes / en la ruta 66».

La ruta de la generación *beat* a su paraíso de amor libre, poemas, drogas psicodélicas y plena libertad también fue versionada —el tema fue escrito originalmente por Bobby Troup— entre otros por Perry Como, Bob Dylan, Bing Crosby, Chuck Berry, Tom Petty & The Heartbreakers, Louis Prima, Van Morrison, en Argentina por Pappo y por los Ratones Paranoicos y...

... ¿lo adivinan? ¡bingo! los Rolling Stones. Fue una de las versiones que integró su primer LP en 1964.

Bueno, mi madre le dijo a mi padre / Justo antes de que yo naciera / Voy a tener un hijo varón / y va a ser un rollin' *stone / No, ¡seguro que no! / Sí, va a ser un* rollin' *stone / es un* rollin' *stone.*

Muddy Waters, *Rollin' Stone*, 1948.

La canción con la que todo empezó. Aunque en los créditos aparece firmada por McKinley Morganfield, nombre real de Muddy Waters, en realidad es una adaptación del *Catfish Blues* de Robert Petway a la que le cambió parte de la letra, añadió guitarras eléctricas y un ritmo diferente —en comparación con la original de Petway, *Rollin 'Stone* es un blues de tempo medio a lento en cuatro por cuatro en la tonalidad de mi mayor, en el cual, aunque la sección instrumental usa los acordes IV y V, la parte vocal permanece en el acorde I, dando a la canción una cualidad modal que se encuentra a menudo en las piezas de blues del Delta— y que fue producida por Leonard y Phil Chess, editándose como la primera referencia de la Chess Records en single, en julio de 1948. Dato que con frecuencia pasa inadvertido: Muddy Waters volvió a grabar una nueva versión de *Rollin'Stone* en febrero de 1950 que muchos medios equivocadamente fechan como la original de 1948.

Cabría imaginar que los Stones tomarían su nombre inspirados por el *Rollin'Stone* de Muddy Waters ¿cierto? Pues, sin embargo, y con esto deshacemos el primero de muchos falsos mitos que existen sobre la historia del grupo que nos ocupa, no fue esta canción la que dio el nombre que Brian Jones propuso a Mick y a Keith en 1961.

El nombre de The Rolling Stones se le ocurrió a Brian Jones pensando en otra canción de Muddy Waters que los propios Stones grabarían años más tarde: *Mannish Boy.* «Soy un hombre adulto / sí, soy un hombre / soy un *rollin'stone* / soy un tipo bien dotado / sentado ahí afuera / solos mi chica y yo», decía un fragmento de la letra de *Mannish Boy.*

No es de extrañar por tanto que alguien que tuvo que marcharse de su ciudad a finales de los años 50 estigmatizado por las habladurías y las maledicencias propias de la mentalidad ultraconservadora y provinciana de la Inglaterra de aquellos años, que recorrería

Europa en autostop, viviría en casas okupadas, ganaría lo justo para sobrevivir como músico callejero y pasaría más de una noche en el sótano de una comisaría alemana, se inspirase en el sórdido canto del blues para dar nombre a la banda que cambiaría la historia de la música popular contemporánea.

«Muchas noches dormía en estaciones de tren, otras conseguía ligar con alguna chica y entonces dormía en su casa, otras en pensiones de mala muerte; en Alemania y Holanda viví en casas abandonadas que habían sido ocupadas por estudiantes de izquierda radical... a veces, en todo el día solo podía comer un *frankfurt* y tomar una cerveza, pero sin embargo disfruté de aquella vida con una intensidad inigualable. Era la primera vez en mi vida en la que me sentía realmente libre, que no me importaba lo que ocurriera, que el futuro era solo lo que pudiera pasar al día siguiente. Creo que conocí todos

Muddy Waters, el legendario *bluesman* que despertó la pasión
por el blues a los Rolling Stones en sus comienzos.

los clubs de jazz, blues y rock de Suecia y Dinamarca, aprendí muchísimo y crecí muchísimo como guitarrista, y en Alemania toqué en el Star Club de Hamburgo antes de que nadie por allí hubiera oído hablar de los Beatles. Conocí gente muy interesante, leí libros fascinantes y con muchos amigos en Alemania estuve en contacto por carta durante años, incluso cuando ya estaba con los Stones» declaró Brian Jones en una entrevista a *New Musical Express* en 1968.

Bueno… yo creo que ahora ya sabemos lo que significa ser un *rolling stone* ¿verdad?

* * *

Los escenarios de la memoria (I)

DARTFORD, LA CIUDAD DE LOS LADRONES

Los nacidos en Dartford somos unos ladrones. Lo llevamos en la sangre. Hay incluso un poema popular en homenaje al carácter inmutable del lugar. «De Sutton el cordero, de Kirby la ternera, de South Darne el pan de jengibre y de Dartford, los ladrones». Las fortunas acumuladas en Dartford solían proceder de los asaltos al correo Londres–Dover a su paso por la antigua carretera romana, ahora Watling Street. La cuesta de East Hill era muy empinada, al superarla estabas en el valle del río Darent y después tenías que subir West Hill, que seguramente a los caballos de las diligencias les costaría un gran esfuerzo: era el lugar perfecto para una emboscada. Se cuenta que los cocheros ni siquiera se resistían ni discutían con los atracadores; asumían que había que pagar el «peaje de Dartford» y así poder continuar viaje sin sobresaltos a cambio de arrojarles una bolsa llena de monedas.

Keith Richards, *Life*, 2011.

De acuerdo, esto seguro que lo han leído en otros libros de los Rolling Stones, pero es necesario repetir el dato para poner en contexto esta historia. Con cinco meses de diferencia, Mick Jagger y Keith Richards nacieron en 1943 en la municipalidad de Dartford, distrito local del condado de Kent, Inglaterra. Es parte del área urbana contigua a Londres y limita con el distrito de Gravesham al este, el distrito de Sevenoaks al sur, el distrito londinense de Bexley al oeste y la autoridad unitaria de Thurrock en Essex al norte, al otro lado del río Támesis.

Datos conocidos acerca de esta localidad: durante la mayor parte de su historia fue un lugar cuya economía y modo de vida se basaban esencialmente en la agricultura, hasta que, como en otras muchas ciudades británicas, a mediados del siglo XIX comenzó un intenso proceso de industrialización. Fruto de ello fue en 1840, la construcción de la fábrica de mostaza de Saunders & Harrison, una de las más grandes del país, así como la de la Dartford Paper Mills en 1862, cuando se abolió el impuesto especial sobre el papel. Entre 1844 y 1939 se estableció en Bullace Lane la imprenta textil de Augustus Applegath, aprovechando el curso de las aguas del río que atraviesa la ciudad para incrementar de modo exponencial la producción de sus tejidos.

Incluso desde el punto de vista de la industria militar, Dartford alcanzó un notable relieve dentro del desarrollo del área cercana a la metrópoli londinense merced a la construcción en 1911 en Long Reach de uno de los primeros aeródromos de la Royal Flying Corps por parte de la Vickers Company Limited, compañía que jugó un papel esencial en la producción de repuestos, municiones y materiales que demandó la participación de Gran Bretaña en la Primera Guerra Mundial, lo cual produjo a largo plazo un gran impacto al alza en la economía local. La fábrica de productos químicos

Estación de tren de Dartford en la actualidad.
(Foto archivo personal Mariano Muniesa)

Burroughs-Wellcome, más tarde incorporada a Glaxo-Smith-Kline, convirtió a Dartford en un centro estratégico de producción de suministros para el ejército, vital en todo el periodo de entreguerras.

Probablemente por ese motivo, gran parte de toda esta riqueza se vio muy duramente afectada por la destrucción causada por los bombardeos alemanes durante la Segunda Guerra Mundial. Dartford fue un objetivo de la Luftwaffe durante toda la contienda y muy especialmente cuando en 1943 el III Reich empezó a perder la guerra. Como recordaba Keith Richards, «Mi madre decía que la BBC Radio nos anunciaba cada noche que la RAF estaba bombardeando Hamburgo, Essen y Rostock y que estábamos a punto de la victoria final, que tardó casi dos años en llegar. Al mismo tiempo, los alemanes dejaban caer bombas sobre Dartford día sí y día también».

Ello motivó que Dartford, fuera durante muchos años, hasta que finalizó por completo la reconstrucción de todo el país tras los destrozos de la guerra, un lugar muy inhóspito, que tardó mucho en recuperar la prosperidad de los años previos a 1939 y que por tanto, marcase la infancia de Mick Jagger y Keith Richards como

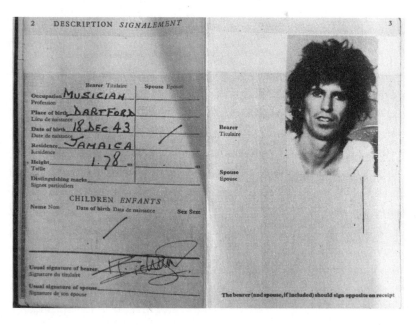

Reproducción del pasaporte de Keith Richards en los años 80 tal y como se regalaba a los miembros de su club de fans internacional. (Archivo personal Mariskal Romero)

una infancia en la que no pasaron grandes privaciones, pero sí vivieron las restricciones, el racionamiento y las precarias dificultades propias de las amplias zonas del Reino Unido en las que la economía tardó casi una década entera en alcanzar los niveles de bienestar social anteriores a la contienda.

> Crecí en un mundo donde el racionamiento era el pan nuestro de cada día. Recuerdo que en la escuela nos daban una botella de zumo de naranja una vez al mes y los profesores nos repetían: «Que nadie se olvide su vitamina C». Había muchos niños con raquitismo en Dartford porque no tomaban suficiente leche o vitamina C. Tampoco había apenas caramelos. Yo, como todos los niños, me moría por los dulces, pero como mucho podía tener una pequeña bolsita cada semana o dos semanas. (Keith Richards).

> *Si alguien me pregunta de dónde vienen los Rolling Stones, siempre me complace poder decir: Dartford y contarles todo al respecto de esa pequeña pero maravillosa ciudad. Dartford es probablemente mucho más famosa de lo que mucha gente cree.*
>
> Mick Jagger, declaraciones a www.greatbritishlife.co.uk, julio de 2020.

El 7 de diciembre de 1940 el profesor de Educación Física y entrenador de baloncesto Basil Joseph Jagger contrajo matrimonio con la exactriz aficionada australiana afincada en Inglaterra Eva Scutt en el juzgado de Dartford. Dos años y medio más tarde, el 26 de julio de 1943 nacía su primer hijo, Michael Philip Jagger.

Tanto Mick como Keith fueron dados a luz en la planta de maternidad del Livingstone Community Hospital de Dartford, cerca del cruce de East Hill con St. Albans Road. La casualidad o el destino, para aquellos que crean en ese concepto, hizo que, si la familia Jagger vivía en el 39 de Denver Road, la familia Richards lo hiciera a tan solamente dos calles, en el nº 33 de Chastilian Road, vivienda situada en una primera planta encima de un comercio que, a finales de los años 40 del siglo xx, era una tienda de frutas y verduras. Según decía Keith en *Life*, la calle no ha cambiado mucho desde entonces, a pesar de que la carnicería que estaba enfrente de su casa es ahora un supermercado de la cadena Co-op.

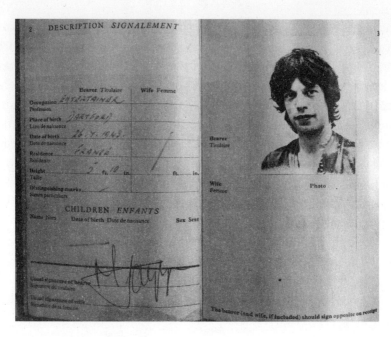

Reproducción del pasaporte de Mick Jagger en los años 80, tal y como se regalaba a los miembros de su club de fans internacional. (Archivo personal Mariskal Romero)

La casa de Keith Richards y su familia en Chastilian Road en la actualidad. A la derecha, la placa que recuerda que Keith vivió allí. (Foto archivo personal Mariano Muniesa)

En septiembre de 1950, Keith Richards y Jagger fueron compañeros de clase en la escuela primaria de Wentworth en Dartford, pero cuatro años más tarde, en 1954, Mick pasó a la Dartford Grammar School, mientras que Keith fue a la Dartmouth Technology College, antes de pasar la Escuela de Arte de Sidcup. En aquellos años se produjo también el cambio de residencia no solamente de la familia Richards que, como es sabido, se trasladó al 6 de Spielmann Road cuando Keith tenía unos once o doce años, sino que —y este es un dato apenas conocido— los Jagger también se marcharon de Denver Street, de hecho casi un año antes que Keith, trasladándose a Wilmington, un barrio de nueva construcción situado a las afueras de Dartford.

Mick y Keith no volvieron a encontrarse hasta la famosa mañana del 17 de octubre de 1961 en la plataforma 3 de la estación de tren de Dartford… y a partir de aquí, el resto de la historia sí que está en otros libros de historia de los Rolling Stones que han leído, incluidos alguno de los míos, ¿verdad?

> Creo que crecer en Dartford fue bueno para nosotros. Estábamos lejos de Londres, pero lo suficientemente cerca como para tener muchas influencias musicales que fueron decisivas después en los Rolling Stones. Era un lugar muy bueno para vivir. Siempre pasaban muchas cosas y todavía siguen pasando. No me arrepiento ni reniego de mis años de infancia y adolescencia en Dartford en absoluto. Me iba bien en los estudios, jugaba al fútbol, al cricket, escuchaba rock'n'roll, tuve mis primeras novias… fueron años de los que guardo un recuerdo muy agradable. Me dijeron que el ayuntamiento ha levantado una placa en el lugar exacto donde Keith y yo nos encontramos en la estación de tren de Dartford después de no vernos durante algunos años. La gente va y se queda parada bastante tiempo en el andén dos. Bueno, supongo que debe ser divertido, pero me siento halagado de todos modos. Es genial que si a la gente le gusta tanto tu música quieran visitar tus raíces. (Mick Jagger).

LA HUELLA STONES EN DARTFORD

Con motivo de los conciertos de los Rolling Stones en Hyde Park de julio del verano de 2022, viajé a la capital británica para no solamente ver una vez más en directo a la banda, sino para viajar a Dartford y visitar, como decía Mick Jagger en el párrafo antedicho, la ciudad que les vio nacer y crecer y conocer de primera mano muchos de esos lugares a los que tantas veces me he referido en crónicas, libros, artículos y que por unas u otras razones, no había tenido ocasión de ver presencialmente.

Aquella tarde de comienzos de julio de 2022, en la víspera del segundo concierto del grupo en Londres, hice exactamente el mismo trayecto que ellos hicieron infinidad de veces a comienzos de los años 60, desde la estación de Charing Cross hasta Dartford, recorriendo exactamente las mismas estaciones: Lewisham, Blackheath, Eltham, Bexleyheath, Barnehurst... y fin de trayecto: Dartford.

Imagen de los Rolling Stones en un puesto informativo en la entrada de la estación de Dartford (Foto archivo personal Mariano Muniesa)

Dartford todavía en 2022-23 es básicamente un pueblo, relativamente pequeño y rodeado de campo —Keith Richards decía en su autobiografía *Life* que de niño no se tardaba nada desde el centro de la ciudad a los bosques y la campiña cercana al río que cruza la ciudad— que obviamente ha cambiado, pero que conserva muchas de las características de aquel pueblo de comienzos de los 60 tan castigado por los bombardeos alemanes de la Segunda Guerra Mundial.

Debo decir que lo primero que me llamó poderosamente la atención es que si por ejemplo en una ciudad como Liverpool, la cuna de los Beatles, todo, absolutamente todo está impregnado de la historia Beatle y a cada rincón que se recorre hay una placa, un recuerdo, una insignia, algo por nimio que sea, que rememora la presencia de los Beatles en la ciudad, en Dartford la presencia de los Rolling Stones, siendo con diferencia el nombre que ha puesto a esta villa campestre en el mapa del mundo fuera del Reino Unido, es al margen de algunas placas, prácticamente testimonial. De hecho, en mi visita algunos ciudadanos me dijeron que habían señalado algo más los lugares

La antigua escuela a la que fueron Mick Jagger y Keith Richards, hoy el The Mick Jagger Centre (Foto archivo personal Mariano Muniesa)

relacionados con los Stones con motivo de la gira, como por ejemplo los *posters* en las marquesinas de información del callejero de la ciudad, pero solamente por tal motivo.

El único edificio que en cierta manera sí exhibe con generosidad y de manera muy visible el legado Stones es la antigua Dartford Grammar School, el colegio de enseñanza secundaria en el que Mick Jagger cursó sus estudios antes de matricularse en la London School Of Economics, que por una decisión unánime del consistorio decidió en 2000 rebautizarlo como The Mick Jagger Centre.

Ya no es un colegio, sino un centro cultural dedicado principalmente a las artes escénicas y la música, que posee dos auditorios para actuaciones musicales, un estudio de grabación, locales de ensayo, un bar y una galería para exposiciones, coronada por una gran foto de Mick. El auditorio pequeño tiene una capacidad de 150 personas sentadas, mientras que el más grande tiene un aforo de 350 personas sentadas o 600 de pie.

> Me dejó realmente impresionado la petición oficial que me hicieron llegar para que le pusieran mi nombre al colegio. Fui a la inauguración oficial y pronuncié algunas palabras. Me quedé muy gratamente sorprendido y cooperé con el proyecto donando algo de dinero para asentarlo y ayudar a su consolidación. Me gusta especialmente el proyecto Red Rooster, que ayuda a los niños a aprender a tocar instrumentos musicales. Me encanta ver eso, de verdad. He vuelto para algunas visitas informales desde que abrió y me gusta mucho como lo han transformado y las actividades que realizan. Todavía me gusta pasear alrededor de Dartford de vez en cuando y buscar viejos amigos y familiares. Al menos para mí, es divertido pensar que hay gente que viene desde Estados Unidos, Japón y de otras partes muy lejanas del mundo y les entusiasma ver donde Keith y yo fuimos a la escuela, pero al mismo tiempo me emociono mucho cuando veo esos lugares también. Me trae muchos recuerdos de vuelta, aún tengo raíces muy fuertes aquí. Me siento muy agradecido a los profesores y maestros que nos aguantaron en esos primeros días. (Mick Jagger).

Si bien, tanto las dos casas en las que Keith vivió en su ciudad natal hasta mudarse a Londres, las autoridades han erigido placas recordatorias de su estancia en esas viviendas, tanto en Chastillian Road como en Spielmann Road, en el 39 de Denver Road no existe ninguna placa e incluso, ignoro si deliberadamente o no, el número 39 ha sido eliminado de la casa a la que le debería corresponder, pasando del 37 al 41. En la estación de tren de Dartford, hay una placa conmemorativa del famoso encuentro entre Mick y Keith, aunque el personal de la estación asegura que el encuentro no se produjo en el andén 2, donde está colocada la placa, sino en el andén 3.

Acerca del lugar donde tanto Mick como Keith vinieron a este mundo, el hospital Livingstone se construyó y se puso en funcionamiento a finales de 1894 como un hospital de voluntarios. Los gastos de funcionamiento se cubrían con donaciones y honorarios de los pacientes. Inicialmente, el hospital tenía 16 camas y el costo de construcción y equipo de £ 4,000 se recaudó mediante suscripción pública. Alrededor del 70% de los costos de funcionamiento diarios provenían de la suscripción semanal de un centavo de los trabajadores de la zona.

El hospital recibió su nombre del Dr. David Livingstone, el misionero explorador, por sugerencia del Sr. Burroughs de Burroughs and

La vivienda que corresponde en la actualidad al 39 de Denver Road, donde Mick Jagger vivió durante su infancia. (Foto archivo personal Mariano Muniesa)

Imagen de la casa de Spielman Road en Dartford donde Keith Richards vivió durante su adolescencia. (Foto archivo personal Mariano Muniesa)

El autor junto a la placa conmemorativa que recuerda el tiempo que Keith Richards vivió en Spielman Road. (Foto archivo personal Mariano Muniesa)

Welcome, el principal benefactor del hospital. La primera piedra fue colocada por Sir Henry Morton Stanley —sí, el de la famosa frase de «doctor Livingstone, supongo»— en 1894. Se añadió una ampliación en 1910 aumentando el número de camas a 32 y, en 1938, la duquesa de Kent abrió un ala de maternidad. Esta fue la primera etapa de un moderno hospital para el que se planificó una capacidad de 100 camas. La finalización de este proyecto fue interrumpida por la guerra y luego se suspendió cuando el hospital pasó a formar parte del Sistema Nacional de Salud del Reino Unido en 1948. El ala de maternidad, donde Mick y Keith nacieron, se cerró en 1979.

El hospital continuó como un hospital de medicina general y en la actualidad permanece abierto, a pesar de que en la época de los gobiernos de Margaret Thatcher hubo más de una tentativa de cierre que se vio frustrada por la fuerte presión popular de la población de Dartford. Actualmente una de sus alas alberga el hospicio local... y tampoco tiene ninguna placa recordando que allí nacieron, mientras las bombas de la Luftwaffe caían sobre la ciudad, Mick Jagger y Keith Richards en 1943.

LA PATRIA CHICA DEL *TORITO GALÉS*

Cheltenham es una ciudad inglesa situada en el condado de Gloucestershire. Forma parte de la zona conocida como los Cotswolds o más popularmente, como la campiña inglesa, y se ubica a 150 kilómetros de Londres. Está aproximadamente a una hora de tren de la *city*, desde la estación de Paddington. En el Parking Nurse Home de esta localidad casi fronteriza con Gales, nació el 28 de febrero de 1942 el otro miembro fundador de los Rolling Stones, Brian Jones.

Aproximadamente en 1716, se descubrió un manantial de aguas medicinales medicinal al sur de la ciudad, en un lugar que ahora ocupa el Cheltenham Ladies College. La ciudad se desarrolló a partir de entonces como un balneario, cuyo apogeo se produjo entre 1788 y la década de 1840, tras la visita del rey Jorge III. A comienzos del siglo xx llegó a ser una de las ciudades con más población del condado de Gloucestershire.

Tal vez por tal motivo y por su situación geográfica y estratégica, hacia 1942-43, a mediados de la Segunda Guerra Mundial, cuando las posibilidades de victoria de los Aliados empezaron a decantarse de su lado, Cheltenham fue designada como una ciudad base para numerosos contingentes de tropas norteamericanas que se establecieron allí a la espera de entrar en combate cruzando el Canal de La Mancha o preparados para repeler una hipotética, aunque poco probable, incursión terrestre de tropas alemanas. Esta situación cambió por completo la naturaleza de la ciudad y a través de varias derivadas será de importancia capital en la vida de Brian Jones y en su decisión de dedicarse a la música.

Exactamente igual que como sucedió en España cuando en los años 60 empezaron a establecerse en ciudades como Torrejón de Ardoz, Rota o Morón bases militares norteamericanas, los jóvenes soldados al traer la música que escuchaban y que incorporaron a la programación de las emisoras de radio que instalaron en sus bases —el rock'n'roll llegó a España en los años 60 y se empezó a popularizar a través de la emisora Radio Torrejón, donde sonaban cada noche The Doors, Jimi Hendrix, la Creedence Clearwater Revival y por supuesto los Rolling Stones— abrieron un nuevo canal a las generaciones de jóvenes que vivieron esa época para descubrir una música que iba a cambiar la historia del mundo y sobre todo, iba a cambiar su propias vidas.

No es en modo alguno irrelevante este dato: más de un 60% de los soldados que llegaron a Cheltenham eran negros, lo cual hizo posible que con ellos llegara a la localidad dos estilos de música negra que influyeron decididamente en la personalidad de Brian Jones: el jazz y el blues.

Según afirman los más reconocidos biógrafos de Brian Jones, su padre odiaba la música negra, la cual además de no gustarle nada en absoluto, asociaba inequívocamente a la población negra, sobre la cual se había establecido en Cheltenham el mito de que eran violadores de mujeres inglesas blancas, fuertes bebedores, conflictivos —a comienzos de los 60 hubo más un enfrentamiento violento entre los soldados americanos negros y los *teddy boys*, una de las primeras tribus urbanas británicas manipuladas desde grupos y partidos de ultraderecha racista, en varios pubs, con numerosos heridos, altercados y detenciones— y dados a toda clase de comportamientos inaceptables para la moral de la época. Brian Jones, joven de temperamento contestatario, rebelde, que no se sentía cómodo en el ambiente provinciano y conservador de Cheltenham, menos aún en el de su familia, muy pronto empezó a escuchar, aprehender y amar la música negra, en primer lugar, el jazz —en cierto modo influido indirectamente por su madre Louise, pianista y profesora de música que le inculcó que escuchara a Stravinsky—, pero muy pronto por el blues.

Little Walter, Jimmy Reed, Muddy Waters, Slim Harpo, Howlin'Wolf o sobre todo Elmore James, descubrieron a aquel muchacho rebelde, aconvencional, con alma viajera y pleno espíritu *rolling stone,* una música que traducía en todos los aspectos su forma de vivir, de sentir y de estar en el mundo.

El 7 de abril de 1962, ya establecido en Londres desde hacía varios meses y buscándose la vida como músico, Brian Jones, bajo el seudónimo de Elmo Lewis, nombre elegido como disimulado homenaje a su admirado Elmore James, actuó haciendo un set de *standards* del blues con la banda de Paul Bond, en el que era uno de los locales de mejor reputación de Londres en lo que a música blues en directo se refiere: el Ealing Jazz Club.

Alexis Korner, que estuvo aquella noche en esa actuación, afirmó en su día: «Brian apenas se movía en el escenario. Tocaba con una enorme concentración, pero también con muchísimo sentimiento, con un *feeling* que se desprendía a borbotones desde el escenario al público, y era capaz de crear una conexión, una comunicación que muy rara vez yo había visto crear a un músico de su edad. Dominaba la escena como un líder nato, infinitamente mejor que el propio Mick Jagger cuando empezaron. Desde entonces supe que ese fanático del blues no era solo un músico con auténtica vocación, sino alguien predestinado a ser una estrella».

Aquella noche se encontraban entre el público dos adolescentes de Dartford amantes del blues y del rock'n'roll a los que les encantó la actuación de Elmo Lewis y al que fueron a saludar y a felicitar al acabar el show. Le comentaron que estaban pensando en formar un grupo y que tal vez, dada la afinidad musical que descubrieron tras un rato de charla y copas que existía entre ellos, podrían tocar juntos en ese nuevo proyecto. Jones declinó la proposición en tanto que ya tenía una banda formada con la que estaba dando conciertos, pero cuando algunas semanas más tarde su banda se disolvió, se acordó de aquellos dos chavales y —¡¡afortunadamente!!— no tiró el pequeño y arrugado papel en el que le dieron sus números de teléfono dos desconocidos provincianos en aquella época como eran Mick Jagger y Keith Richards.

Lo que siguió y sucedió después, sí que está en otros libros de historia y seguramente ya todos lo saben…

JAZZ EN LAS CASAS PREFABRICADAS DE LOS 50 EN EL ÁREA DE WEMBLEY A CARGO DE UN BATERÍA IRREPETIBLE

En cierto modo de manera similar a como les ocurrió a Mick Jagger y a Keith Richards, la infancia y los primeros años de la vida de Charlie Watts, el siempre reconocido «líder en la sombra» de los Rolling Stones, estuvo muy condicionada por el desarrollo de la Segunda Guerra Mundial. Nacido el 2 de junio de 1941 en el University College Hospital de Londres, se crio junto con su hermana Linda en el distrito de Kingsbury hasta que unos bombardeos de la aviación alemana literalmente arrasaron toda esta área y la familia tuvo que realojarse en unas casas prefabricadas en el 23 de Pilgrims Way en Wembley.

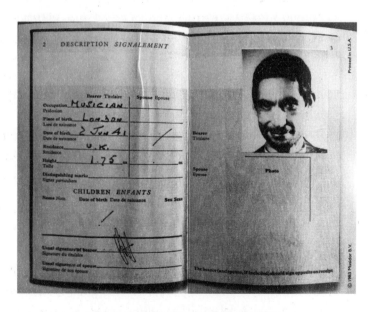

Reproducción del pasaporte de Charlie Watts en los años 80. (Archivo personal Mariskal Romero)

Se dice que de ahí le viene a Charlie la confianza y el buen rollo que le produjo siempre tocar en el estadio de Wembley con los Rolling Stones —«es como volver a casa», declaró en más de una ocasión— en contraposición al rechazo que siempre le ha producido a Mick Jagger tocar en su ciudad natal, en gran medida por sentirse el foco hacia el cual miran siempre todos los periodistas ingleses, normalmente muy hostiles a los Stones, dado el insoportable nivel de esnobismo y estupidez de la prensa musical británica.

En aquellas materialmente y técnicamente pobres viviendas prefabricadas del Londres en reconstrucción de mediados de los 50, y suponiendo que aquellos débiles tabiques no absorberían demasiado bien el sonido de discos a cierto volumen, menos aún de una batería, sin embargo, en la pequeña habitación de Charlie en el prefabricado del 23 de Pilgrims Way es donde se forjó Charlie Watts como músico. Primero, escuchando los discos que le despertaron su vocación de batería: fundamentalmente el jazz de Charlie Parker, Chico Hamilton con Gerry Mulligan, Billy Eckstine y Louis Armstrong, para empezar después con su primera batería Olympic de segunda mano, comprada por sus abuelos a un músico de un pub del barrio que se iba a retirar. Recordaba Charlie que cuando se la encontró en la habitación de su tía el día de Navidad tenía quemaduras de cigarrillo en el bombo y los parches manchados de cerveza, pero aun así, fue el mejor regalo que podía imaginar en aquel momento de su vida.

Los fans de los Rolling Stones estamos de acuerdo. ¡¡Gracias, Sra. Watts!!

Charlie vivió con sus padres en aquel prefabricado del barrio de Wembley hasta el 14 de octubre de 1964, el día en el que se casó con la que fue su esposa durante toda su vida, Shirley Ann Shepherd y se establecieron en un piso de Ivor Court, en el flanco suroeste de Regents Park.

COMPARAR A UN *ROLLING STONE* CON UN GITANO

Como decíamos en el anterior capítulo de este libro, la vida nómada, alejada de los convencionalismos y ácrata de los gitanos siempre ha estado cerca, muy cerca del espíritu *rolling stone*. Tal vez por ello no sea casual en modo alguno que cuando a finales de 1974 Mick

Taylor, el guitarrista de John Mayall & The Bluesbreakers que entró en los Stones para reemplazar a Brian Jones, dijera adiós al grupo, su sustituto fuera precisamente un gitano inglés: Ronald David Wood, o como todos le conocemos, Ronnie Wood, o simplemente Ronnie, nuestro querido Ronnie. El «pintor loco», como le presenta en los conciertos a menudo Mick Jagger.

La madre de Ronnie, Lizzie, había nacido a principios del siglo XX en un barco llamado The Orient' fondeado en Brentford Dock, mientras que su padre Arthur llegó a este mundo en The Antelope, una barca fondeada en Dock Road, perteneciendo ambos a lo que se conoce como los «gitanos del agua», una comunidad perteneciente a la etnia gitana especialmente característica de Gran Bretaña, que vivieron durante décadas en barcazas apostadas en las riberas de los ríos y viviendo de los portes, traslados y viajes que hacían de una punta del Támesis a la otra en aquellas barcas en las que trabajaban y vivían. Generaciones enteras de gitanos del agua nacieron, vivieron y murieron en aquellas barcas, siendo Ronnie Wood uno de los primeros de su generación que nació en tierra firme, concretamente el 1 de junio de 1947 en el West London Hillingdon Hospital.

Reproducción del pasaporte de Ronnie Wood. (Archivo personal Mariskal Romero)

Su familia ya no vivía, en los años 40 del siglo xx, en barcas a las orillas del Támesis y de hecho Ronnie acudió a una escuela normal como el resto de niños y tuvo una vida más propia de una familia convencional que del espíritu aventurero de los gitanos, aunque ese gen rebelde, aconvencional, iconoclasta, siempre ha vivido en él.

Recordaba en sus *Memorias de un Rolling Stone* cómo incluso en su infancia hubo siempre referentes que de una o de otra forma dejaron huella en su personalidad y en su carácter, que le llevaron a querer formar parte de ese mundo revolucionario del rock'n'roll. «Murió cuando yo era pequeño, pero mi abuelo Fred, un gitano del agua hasta la médula, vivió hasta una edad muy avanzada. Hacia el final de su vida tuvieron que cortarle una pierna por una trombosis, y con su pata de palo y su gran chaquetón me recordaba a un auténtico pirata. Todavía lo recuerdo junto a la entrada del número 101 de la Avenida Yew, saludando a la gente que pasaba con varios puros y una botella de ron asomados a los bolsillos de su mandil. Yo era un niño muy menudo, lo suficiente por lo menos a los ojos de Fred para ser tratado como una niña, así que me asignó el saludo de: "Hola, Ronda"».

La infancia y adolescencia de Ronnie Wood se desarrolló en el 8 de Whitethorn Avenue en Yiewsley, West London. Ese fue su hábitat natural hasta que, acabada la enseñanza secundaria, comenzaría a frecuentar las inmediaciones de Ealing Broadway, el lugar en el que muchos años antes que entrase en los Rolling Stones, entró ya en contacto con ellos...

EALING BROADWAY, DONDE TODO EMPEZÓ...

La Ealing Art School de Londres, sita en el barrio del mismo nombre fue creada en 1876 y a mediados del siglo xx era un centro de enseñanzas artísticas que, en cierto modo, venía a hacer la función de una facultad de Bellas Artes, algo que no existía en aquellos años en el sistema educativo universitario británico.

En los años 50 y 60 en Gran Bretaña la universidad era algo reservado a los hijos de la burguesía de clase alta o media-alta. Como cuenta Terry Rawlings en su biografía de Ronnie Wood *Rock On Wood: The Origin of a Rock'n'Roll Face,* cuando un chico de clase obrera terminaba a los 16 años la enseñanza secundaria, entraba a trabajar en una fábrica o como mucho, opositaba para obtener un puesto en los rangos inferiores de la administración pública. Pero como fue el caso de Ronnie, tanto él como sus padres intentaron que no se pasase el resto de su vida en una cadena de montaje y para ello se matriculó en la Ealing Art School, donde, dadas además sus buenas capacidades para el dibujo, su graduación allí tal vez pudiera permitirle trabajar como diseñador gráfico.

> Ealing fue un nuevo mundo para mí, tanto por el club de jazz como por el tipo de gente que conocí en la escuela y en los pubs del barrio. No era alumno de la escuela, pero Keith Moon, años después batería de los Who vivía por allí cerca y coincidí con él a menudo en el pub. También con Pete Townshend, que sí era alumno, aunque no estaba en mi clase. Me hice amigo de una alumna de la escuela, una chica muy guapa que se llamaba Linda Keith. Años más tarde, Linda fue pareja sentimental de Keith Richards y más tarde de Jimi Hendrix. (Ronnie Wood).

La casualidad o el destino quiso que el hermano mayor de Ronnie, Arthur, o Art como todo el mundo le llamaba, formase en 1963, el mismo año en el que Ronnie entró a estudiar en la Ealing Art School un grupo de pop-rock denominado The Artwoods, en el que estaba con él Jon Lord, años más tarde conocido como teclista de Deep Purple, Keef Hartley en la batería y Malcolm Pool de los Roadrunners uniéndose como bajista. En diciembre de 1964 la banda se profesionalizó, se convirtió en grupo residente en el 100 Club de Londres y firmó un contrato de grabación con Decca Records… la misma compañía que firmó a los Rolling Stones su primer contrato discográfico. Casualidades de la vida, ¿eh?

Pero antes de eso, a lo largo de 1962 y hasta la llegada de Long John Baldry, Art Wood había sido el cantante de la Alexis Korner Blues Incorporated Band, que a su vez era el grupo residente del Ealing Jazz Club, local abierto como club de jazz en 1959 en un sótano anexo a la estación de metro de Ealing Broadway, en donde además de Alexis Korner, todo un gurú del blues en la Inglaterra de comienzos de los 60, Art compartió escenario —la Blues Incorporated no era en realidad un grupo estable, era una suerte de orquesta en la que entraban y salían músicos en cada actuación y que funcionaba como una especie de *jam-session* continua— con músicos de la talla de Cyril Davies, Ginger Baker y Jack Bruce, quienes posteriormente formarían con Eric Clapton Cream, Dick Heckstall-Smith, pionero del rock progresivo británico de finales de los 60 con Colosseum y un joven y apocado batería amante del jazz... ¿adivinan su nombre? ¡bingo! ¡Charlie Watts!

La escuela de arte y el club de jazz no estaban lejos y de hecho en más de una ocasión Ronnie iba con su hermano a ver los conciertos que se programaban cada noche en el club, y una de esas noches, tomó una cerveza y habló animadamente con Charlie Watts. Fue su primer contacto con lo que más tarde serían los Rolling Stones.

El Ealing Jazz Club es un lugar que en tan solo unos pocos años atesoró un caudal de historia tan inmenso que merecería por sí solo todo un libro como este. Aunque en sus primeros años efectivamente hizo honor a su nombre y funcionó como club de jazz, sus responsables se dieron cuenta que, en torno a 1962-63, el blues era un tipo de música que, aunque no sonase en la radio, estaba ganando cada

La estación de metro y ferrocarril de Ealing Broadway.
(Foto archivo personal Mariano Muniesa)

vez más adeptos y por tanto orientó la programación de sus conciertos y actuaciones a ese nuevo mundo, llegando a convertirse en muy pocos meses en el local de referencia del blues y el rhythm'n'blues en Londres.

Allí se hizo famoso, como ya hemos mencionado, Alexis Korner y su Blues Incorporated Band, la cantera de muchos de los mejores y más relevantes músicos de rock británicos de la década de los 60. Tanto Alexis Korner como Cyril Davies habían sido miembros de la banda de Chris Barber, y miembros de la banda de acompañamiento de Ottilie Patterson, cantante de blues famosa por sus versiones de Bessie Smith, así como de la banda de Muddy Waters y Sister Rosetta Tharpe, la mujer que creó el rock'n'roll. Estas experiencias sin duda les motivaron para crear una banda de blues, Blues Incorporated, que hizo su primera actuación en el Ealing Jazz Club el 17 de marzo de 1962.

La revista Melody Maker definió el local en una noticia como «el primer club de R&B de Gran Bretaña» y no tardó en correrse la voz de que el club favorecía una política de, llamémosla así, «micrófono y escenario abierto». Ello atrajo allí a muchísimos jóvenes músicos, que se sentían influenciados por el blues como ese nuevo lenguaje que iba a desbrozar los caminos para la gran eclosión del rock pocos años más tarde. La Blues Incorporated fue la banda base en la cual muchos de esos jóvenes dieron sus primeros pasos en la música.

Repasemos alguno de los nombres más significativos. Pete Townshend y más tarde The Who, los Pretty Things del batería Dick Taylor, que fue miembro de los Stones del comienzo, Manfred Mann, Eric Burdon, el propio Ronnie Wood con su primera banda The Birds, Graham Bond, los Bluesbreakers de John Mayall, Mitch Mitchell, John McVie, Paul Jones, Rod Stewart y un joven y excepcional compositor, cantante y pianista llamado Reginald Dwight, conocido a partir de 1968 como Elton John fueron entre otros, habituales del Ealing Jazz Club, así como por supuesto Mick Jagger y Keith Richards. De hecho, la primera vez que Mick Jagger se subió a un escenario como cantante lo hizo como vocalista de la Alexis Korner Blues Incorporated Band. Y lo que pasó en el Ealing Club la noche del 7 de abril de 1962 ya lo hemos mencionado algo más arriba...

Durante varios años, The Ealing Jazz Club desempeñó un papel central en la escena londinense de R&B pero, ante su éxito, pronto

El autor, en las escaleras que dan al callejón donde se ubicaba
el Ealing Jazz Club, donde se formaron los Stones.

el modelo fue copiado por The Marquee, Kooks Kleek, Eel Pie Club, Crawdaddy Club, Flamingo, Ricky Ticky Club y muchos más locales. En cuestión de meses, había un club de blues en cada ciudad y casi en cada barrio, a medida que crecía un circuito que alimentaba sin parar el boom del *british blues*. El Ealing Club solo podía albergar a unas 200 personas, y en 1965 fue superado por lugares más grandes, por lo que cerró sus puertas al R&B y volvió a abrir como casino y luego como club nocturno tipo discoteca o sala de baile, pero sin actuaciones.

A pesar de todo, el legado que dejó este club donde se crearon los Rolling Stones ha perdurado en el tiempo, de tal manera que muchos años más tarde, un grupo de músicos locales y de fans crearon una asociación cultural sin ánimo de lucro para promover ese legado. En 2011 promovieron seis conciertos, algunos en el antiguo Ealing Club, para recaudar fondos para instalar una placa azul patentada de recuerdo y tributo en el sitio, que fue presentada por Bobbie Korner, viuda de Alexis Korner en el 50 aniversario de la apertura original. El Ealing Club también dispuso otra placa azul sobre el sitio de la tienda de percusión de Jim Marshall, donde Jim fabricó el primero de los amplificadores que han llevado su nombre a todos los escenarios importantes del mundo, seguido de un Hootie de celebración que es ahora un evento anual. Están profundamente involucrados en el festival de cine local y promueven la escena más autóctona de música en vivo, sobre todo aportando su concurso a la celebración del Ealing Blues Festival cada mes de julio, y los conciertos en el antiguo Club han incluido un tributo a Cyril Davies por parte de algunos músicos locales.

El Departamento de Musicología de la Universidad de Kansas imparte un curso sobre The Ealing Jazz Club como parte de la historia del blues británico, y la importancia de lo que creció y se desarrolló a partir de esos pequeños comienzos se está reconociendo cada vez más, hasta desde el punto de vista académico universitario. La chispa que se encendió en esa habitación del sótano iluminó el mundo, y si hubiera un santuario para el renacimiento del blues donde los fieles fueran a rendir homenaje, entonces el templo debería estar en The Ealing Club.

Como se muestra en alguna de las fotos que ilustran este libro, en julio de 2022 aprovechando mi anteriormente mencionada visita a Londres para ver el concierto de los Rolling Stones en Hyde Park, volví una vez más a esa mugrienta y abandonada escalera a 50 metros de la estación de metro de Ealing Broadway, para intentar sentir, imaginar, aprehender de alguna manera lo que en aquellos días de 1962 allí se vivió y que inició la historia más maravillosa que nunca se ha escrito en la música.

* * *

Los escenarios de la memoria (II)

102 EDITH GROVE: LA HERMOSA POCILGA

Cuando Bill y yo íbamos a visitarles, no solo no nos quitábamos
los abrigos, sino que al poco de estar sentados allí teníamos
la sensación de que hacía más frío todavía que en la calle, a
pesar de que estuviera nevando. Incluso a mediados de enero,
Keith enfermó de amigdalitis por el frío, y tuvimos que llevarle
en coche a casa de su madre en Dartford para que al menos
hasta que se curase, durmiera en una habitación caliente.

Charlie Watts, 1982.

Edith Grove es una calle ubicada en el distrito londinense de Chelsea, que comienza hacia el norte en la intersección con Fulham Road, cruza King's Road y luego termina en la intersección con Cremorne Road. En transporte público se llega a ella a través de la línea District en la estación de Fulham Broadway. Está en un barrio conocido popularmente desde hace muchísimos años como World's End, en castellano «el fin del mundo».

Tal vez fuera profético que Mick Jagger, Keith Richards y Brian Jones vivieran casi dos años en un *flat* sito en el 102 de esta calle. En el número 19 de Edith Grove hubo durante muchos años una sala de conciertos de música clásica en la que actuaron entre otros Jacques Thibaud, Pierre Monteux y Pedro Morales, así como el legendario violonchelista catalán Pau Casals.

Mick, Keith y Brian se instalaron en un *flat* de dos habitaciones más cocina y baño comunitario en la parte superior del edificio en septiembre de 1962. Un piso sórdido, rancio y que llevaba más de un año sin alquilarse antes de que los tres Stones se instalaran allí.

Entrada al 102 de Edith Grove en Londres, donde vivieron Mick Jagger, Keith Richards y Brian Jones entre 1962 y 1963. Los vecinos mas antiguos aseguran que no ha cambiado apenas desde entonces. (Foto Archivo personal Mariano Muniesa)

Según recordaban, las paredes estaban llenas de humedades que hacían que el papel que las decoraba se cayera podrido a trozos, los muebles carcomidos, las cortinas sucias y cuarteadas y una débil iluminación proporcionada por unas bombillas que solo funcionaban a base de introducir monedas en una suerte de rudimentario contador eléctrico que había en el pasillo de entrada. El *flat* tenía por calefacción una vieja y eternamente averiada estufa de gas, de manera que muchas veces se calentaban por las noches en el invierno de 1962-63, uno de los más fríos del siglo XX en Gran Bretaña, quemando periódicos y cartones que recogían de los contenedores de basura.

Brian Jones, que todavía trabajaba como dependiente de una tienda y Mick Jagger, que al estar matriculado como estudiante en la London School of Economics disfrutaba de una beca del Estado, costeaban el alquiler de la, así llamada por Charlie Watts, «hermosa pocilga». Keith estaba en paro, aunque contribuía en especie: su madre Doris enviaba desde Dartford los martes de cada semana paquetes de comida —latas de albóndigas, pan, pasta, tomates, patatas, lechugas, chuletas de cerdo, frutas— que les ayudaban a sobrellevar la espartana dieta que sus escasos ingresos les obligaban a mantener. Doris también se llevaba cada semana la ropa sucia y la lavaba en su casa de Dartford.

Para ayudar a pagar el alquiler, en enero de 1963 Mick Jagger, durante una de las actuaciones de los primigenios Rolling Stones en el Ealing Jazz Club, tomó el micrófono y dijo: «Buscamos alguien que quiera compartir piso con nosotros en Chelsea. Cualquiera que esté interesado que por favor nos lo haga saber. La renta es de cuatro libras a la semana. Y a continuación… *Sweet Lil'Sixteen* ¡Vamos, Keith!».

En palabras de Keith Richards, se presentó a esa llamada uno de los «chiflados habituales que podías conocer por el Soho, al que podías encontrarte en mitad de las escaleras que iban hacia el baño medio desnudo y con los calzoncillos en la cabeza» llamado James Phelge, un trabajador de una imprenta que acabaría prestando su apellido a la firma de varias de las primeras canciones que los Stones editarían al comienzo de su carrera. Una de las más conocidas, *Stoned*, que apareció firmada bajo el pseudónimo de Nanker&Phelge.

Nanker, palabra que no tiene traducción al castellano, en inglés nombra el gesto de desfiguración de la cara que se consigue apretando la nariz hacia arriba al tiempo que se estiran los ojos hacia abajo. Parece ser que esto fue idea de Keith Richards, quien quiso asociar este desagradable gesto a Phelge, del que opinaba que era «una de las personas de hábitos más repugnantes que conocí jamás».

Mick, Keith, Brian y Phelge vivieron en 102 Edith Grove hasta finales de septiembre de 1963 cuando, teniendo ya unos ingresos más regulares, habiendo grabado sus primeros singles y cobrando más por sus actuaciones, se mudaron a otro *flat* más grande, más cómodo y mejor acondicionado en el área de Kilburn, concretamente en el 33 de Mapesbury Road, donde estaba la famosa habitación con un piano en la que Andrew Loog Oldham, se dice, les encerró sin dejar salir a Mick y Keith hasta que no tuvieran una canción compuesta íntegramente por ellos.

Pero los meses en los que James Phelge convivió con ellos entre montañas de platos eternamente sucios, bolsas de basura y la famosa moqueta llena de mugre, cuyo estudio en palabras de Keith Richards constituiría la mejor tesis doctoral para cualquier investigador sobre ácaros, bacterias, hongos y las más inimaginables especies de insectos, forma parte de la historia de la banda y por ende, de la historia del rock'n'roll.

Tanto que Phelge escribió y publicó en 1998 un ameno e interesante libro, por desgracia nunca traducido al castellano ni publicado en España, llamado *Nankering With The Rolling Stones*, en el que narraba muchos de los recuerdos y experiencias que vivió con ellos en aquellos meses de 1963. Vale la pena recordar algunos párrafos que muestran, por un lado el carácter ácidamente irónico de aquellos jóvenes aspirantes a músicos del más crudo *underground* y por otro, esa pátina de humor inglés que los Stones, en especial Keith, nunca ha dejado de tener, sobre todo cuando se mete con Brenda, apelativo que él y Ronnie Wood aplican desde hace años de manera burlesca a Mick Jagger.

> Una mañana estaba haciendo café en la cocina de Edith Grove cuando sonó el timbre de la puerta y el cartero trajo un sobre a nombre de L.B.H. Jones. Llamé a Brian, que estaba buscando su inhalador para el asma debajo de la cama y le dije que había carta para él. Se la di, pero al entregársela me picó la curiosidad y le pregunté: «Sé que te llamas Lewis Brian Jones, pero ¿qué significa la

h? Siempre que traen una carta para ti viene con esa hache intercalada» a lo que me dijo: «Bah, ¿qué te importa?» y de inmediato vi que podía hacer sangre con ese asunto, así que le dije: «Claro Brian, comprendo, si es una H de Herbert es normal que te avergüence... ¿O tal vez es Howard? Los dos son nombres galeses», entonces Brian me respondió: «Te lo diré si no se lo cuentas a Mick y a Keith». Entonces adopté un tono tranquilizador, de amigo confidente y le di mi palabra de que no se lo diría. En un tono muy discreto, casi en voz baja, me dijo: «Es Hopkin».

«¿Hopkin?» y empecé a reír a carcajadas. «¡¡Mick, Keith, la H de Brian es Hopkin!!» y los dos por supuesto empezaron a reírse a mandíbula batiente conmigo a y gritar Hopkin por toda la casa. La broma duró varias semanas, en las que constantemente hacíamos chanzas y bromas gamberras del tipo: «¿alguien ha visto a Hopkin esta mañana?». —No —respondía Keith— creo que Hopkin ha ido al Drugstore a hacer unas compras. Oh, ¿te refieres a Hopkin Jones?—. Hasta que Brian me perdonó la jugarreta, estuvo sin hablarme bastante tiempo. (James Phelge).

El famoso Chelsea Drugstore que se menciona en la canción *You Can't Always Get What You Want* de 1969. (Foto Archivo personal Mariano Muniesa)

En el verano de 2022 la fachada y parte del 102 de Edith Grove estaban siendo sometidos a rehabilitación dentro de un plan de conservación de la estructura arquitectónica y estética del barrio, impulsado por el ayuntamiento de Londres. Al comienzo de la calle, en el cruce de Edith Grove con la A3217, se encuentra el famoso Chelsea Drugstore que se menciona en la canción *You Can't Always Get What You Want* —compuesta en su melodía principal justamente en Edith Grove, seis años antes de que fuera grabada— y al que iban a menudo a comprar los escasos víveres que les permitían sus exiguos ingresos, hasta que la entrada de Andrew Loog Oldham como mánager les permitió mejorar su nivel de vida.

Ese mismo año y dentro de las actividades que rodearon el Sixty Tour, la última gira que los Stones han hecho por Europa en el momento de escribir este libro, julio-agosto de 2023, así como para promocionar la exposición itinerante sobre su historia denominada Exhibition, Mick y Keith volvieron al 102 de Edith Grove para hacer un video, recordando sus experiencias allí. Historias de la historia.

* * *

Blues, solo blues, nada más que blues... ¡y solo rock'n'roll!

*La luna está saliendo, no hay tiempo que
perder. Es hora de empezar a beber.
Dile a la banda que toque un blues y yo pago las copas.*

Tom Waits.

*Esto es un blues
Que habla de mi dolor
Porque yo sé que en mi corazón todavía hace falta
un poco más de amor.*

Celeste Carballo, cantante, guitarrista y compositora argentina.

Para la mayor parte del gran público, tal vez para muchos de los que ahora estén sosteniendo en sus manos este libro, los Rolling Stones son conocidos por canciones como *(I Can't Get No) Satisfaction*, *Paint It Black* o *Jumpin' Jack Flash* en lo musical, es decir, como una banda de rock, la banda de rock más longeva de la historia y la que simboliza, personifica y encarna todo lo que el rock'n'roll significa. Bien, pero sin dejar ello de ser verdad en modo alguno, la auténtica esencia de los Rolling Stones, sus raíces musicales más profundas están en otro estilo musical. Mejor dicho: más que en un estilo, un lenguaje, una actitud, un sentimiento y hasta una forma de ver y vivir la vida: el blues.

El blues, el canto a veces triste, a veces alegre y esperanzado que llegó de África con los esclavos negros llevados a la fuerza a América para trabajar en los inmensos campos de algodón, fue siempre la música de los desheredados. Como bien apuntaba Philippe

Bas-Rabérin, a quien hemos mencionado anteriormente, en el sur, en las plantaciones de algodón, en los campos de trabajo, el blues fue la música de los desheredados de la tierra. Terminada la guerra de Secesión y abolida la esclavitud, los miles y miles de negros emigrados al norte que abandonaron la pobreza y la vida miserable que durante generaciones habían arrastrado en el campo, durante la primera mitad del siglo xx ya no eran esclavos, pero eran, o mejor dicho, eran considerados en las ciudades del norte inadaptados y potenciales delincuentes. Los negros emigrados del sur pasaron a ser en la América industrial una suerte de subproletariado más precario aún, con quienes tardaron muchos años en empatizar y en desarrollar una conciencia de clase más amplia, los trabajadores blancos de Detroit, Chicago o Nueva York.

Pero en esas circunstancias, el blues conoció una nueva etapa de evolución y desarrollo que hizo posible que dejara de ser una música casi desconocida más allá de las plantaciones sureñas y con el tiempo se popularizara por todo el país. Esos emigrantes llevaron a las ciudades su música y aunque de manera seguramente no consciente ni deliberada, lograron que el blues fuera mucho más conocido y que, aunque nadie pudiera imaginarlo, 30 años antes de que ese fenómeno se repitiera en Inglaterra, no fuera exclusivamente música de negros, sino que la población blanca empezara a escucharlo, en cierto modo a entenderlo y, sobre todo, a disfrutarlo. Desde el South Side y la Maxwell Street de Chicago, donde a lo largo de la segunda mitad de los años 30 se multiplicaron exponencialmente los clubes de blues, la herencia del blues agrario de Big Bill Broonzy, Memphis Minnie, Robert Johnson o Tampa Red pasó a las manos de Muddy Waters, Elmore James, Howlin'Wolf o Jimmy Reed, quienes en una época en la que poco a poco las grabaciones fonográficas y los discos, así como la radio extendida a gran escala facilitaban la difusión de la música y tuvieron la posibilidad de que el blues, con toda su carga de intensidad, de sentimiento, de desgarro, de fuerza, llegara a ser una de las músicas más populares de América.

Recomiendo muy especialmente en este sentido la lectura de la novela *Native Son* del escritor Richard Wright, en cuya trama y ambientación se explica muy bien ese proceso de popularización del blues y de su afianzamiento como sello de identidad cultural de la población negra proletaria de Chicago. No en vano Wright fue militante del Partido Comunista de los Estados Unidos y pionero y precursor del movimiento Black Power por la emancipación y las libertades de la población negra norteamericana.

LA MEJOR PARTIDA DE AJEDREZ (*CHESS*) DE LA HISTORIA DE LA MÚSICA

A finales de los años 40, al igual que diez años más tarde, compañías como la Stax Records o la Motown fueron el impulso fundamental y ejercieron como caja de resonancia de todo lo que fue el boom de la música soul, surgió en Chicago como heredera de la antigua Aristocrat Records una compañía que apostó por difundir todo ese nuevo blues que llenaba cada noche los clubes y cafés de Maxwell Street. Esa compañía se llamó Chess Records, y nació de la entrada como accionista y socio en el nuevo proyecto de compañía discográfica liderado por los hermanos Leonard y Phil Chess, de Sam Philips, el fundador del sello que dio a conocer al mundo entre otros a Rufus Thomas, Carl Perkins, B. B.King, Jerry Lee Lewis y Elvis Presley: Sun Records.

A partir de ahí empezó todo: Bo Diddley, Willie Dixon, Chuck Berry, Howlin Wolf, Muddy Waters, Buddy Guy... serían tan solo algunos de los nombres más sobresalientes de las figuras que hoy son clásicos imperecederos del blues y del rock'n'roll, que empezaron en 1948 a grabar y a editar sus discos bajo etiqueta Chess Records y que en muy pocos años iniciarían el cambio social y cultural más revolucionario de la segunda mitad del siglo xx.

En poco tiempo la Chess Records, desde su legendario edificio de oficinas en el 2120 de la South Michigan Avenue logró establecerse en el mercado americano con una gran solidez, merced a una magnífica red de distribución. Ante el éxito obtenido, no tardaron en buscar expandirse hacia otros mercados, especialmente el europeo —«si hemos conseguido que los chicos blancos de clase media de Filadelfia, Pittsburgh o Seattle compren discos de blues negro, ¿por qué no harían lo mismo los chicos de Londres o París si se lo ponemos a su alcance?», dijo en cierta ocasión Leonard Chess— y emprendieron muy pronto la tarea de buscar algún acuerdo comercial de distribución con compañías británicas, pero... en Inglaterra el blues era algo desconocido y muy ajeno a las mentalidades de compañías como EMI o Decca y la Chess tardaría varios años en encontrar un socio comercial en Europa.

Sin embargo, una decisión política y estratégica muy ajena a la música favorecería enormemente la difusión del blues en Europa a finales de los años 50 y primeros 60. El establecimiento de bases militares norteamericanas en lugares estratégicos del continente europeo, Gran Bretaña uno de ellos, produjo que centenares de técnicos, soldados, oficiales, personal diplomático y sus familias se instalasen a vivir en Inglaterra, pero llevando con ellos muchas de sus costumbres y hábitos de consumo; en las zonas cercanas a las bases

El edificio de la Chess Records en el 2120 de la Michigan Avenue de Chicago. (Foto archivo personal Mariano Muniesa)

militares americanas en Inglaterra se instalaron desde supermercados en los que se podía comprar manteca de cacahuete, cereales Kellogs, tabaco Winston o cerveza Budweiser a clubes de música, pasando por lo más importante: emisoras de radio.

Exactamente igual que sucedería diez años después en España con la instalación de las bases militares yanquis de Torrejón o Rota, cuyas emisoras de radio fueron el más potente amplificador para difundir el rock en España y crear toda una cantera de músicos, periodistas y comunicadores que escuchaban, en esas emisoras, lo que estaba vetado en las emisoras nacionales, es decir, The Doors, Jimi Hendrix, Creedence Clearwater Revival, Janis Joplin, Buffalo Springfield, etc. En los años 50 en Inglaterra, tanto los discos de blues que traían los soldados negros a las bases y que escuchaban en sus clubes y prestaban a sus amigos, como la música que sonaba en esas emisoras de radio, generaron en muy poco tiempo un interés y sobre todo, una demanda muy grande sobre esos discos.

Uno de los muchos jóvenes que se entusiasmó al escuchar la música negra y muy especialmente el blues que venía de las bases americanas cercanas a Cheltenham se llamaba Brian Jones. Les suena ¿verdad?

Ante las dificultades que la Chess Records encontraba para tener un socio en Europa y en Inglaterra, incluso con el interés que la música americana estaba despertando en Inglaterra tras el establecimiento de las bases yanquis, idearon una solución que se reveló sumamente eficaz para el asunto que nos ocupa. Contactaron con las principales tiendas de discos de toda Gran Bretaña y de algunas capitales europeas y editaron un boletín de novedades discográficas que enviaban a esas tiendas, para que los distribuyeran entre sus clientes interesados y que a través de su, llamémosla así, tienda de proximidad, pudieran pedir el disco o los discos que les interesaran y mandárselos desde América.

La venta por el correo americano —«Send Me By the US Mail» decían los Stones en *Dead Flowers*— a Inglaterra de discos de blues se disparó a partir de 1958-59 y la casualidad, la historia o el destino quiso que uno de los clientes habituales del servicio de venta de discos de importación de blues americano fuera un estudiante de la London School Of Economics llamado Mick Jagger. ¿A qué también les suena?

El famoso día en el que Mick Jagger y Keith Richards se encontraron en el famoso andén de la estación de tren de Dartford y Keith se fijó en los discos que Mick llevaba bajo el brazo, empezó la historia del rock'n'roll tal y como lo conocemos...

En 1978 los Jackson Five hicieron extraordinariamente popular aquella canción de *disco music* llamada *Blame It On The Boogie*. Haciendo un paralelismo si se quiere fácil, echémosle la —¡bendita!— culpa al blues de que los Rolling Stones se formasen y se decidieran a intentar hacerse un sitio en el panorama musical de los años 60.

Años más tarde, cuando los Rolling Stones terminaron su relación contractual con Decca Records y crearon su propio sello discográfico, la primera distribuidora para Estados Unidos de la RSR en colaboración con Atlantic Records... ¿adivinan cual fue?

...Sí, señoras y señores: La Chess Records. Era de justicia ¿no?

LOS ROLLING STONES Y EL *BRITISH* BLUES DENTRO DE LA HISTORIA DE LA EVOLUCIÓN DEL ROCK: UN CAPÍTULO DE LA HISTORIA CUYA PÁGINA SE HA ARRANCADO DE LOS LIBROS

Cuando se habla de las diferencias entre los Beatles y los Rolling Stones, sobre todo acerca de la proyección y la repercusión que unos y otros alcanzaron, siempre se ha obviado —a mi juicio incomprensiblemente— un dato que no debería haber pasado nunca desapercibido y que creo que explica muy bien cómo la trascendencia y la influencia de los Rolling Stones es infinitamente mayor de la que se les ha atribuido convencionalmente.

Los Beatles fue un grupo que desde su primer single y desde su primer disco de larga duración ya editaron canciones propias, canciones firmadas por John Lennon y Paul McCartney, con lo cual desde el primer momento su éxito atrajo fundamentalmente la atención hacia ellos mismos, pero haciendo un estilo de canción pop que logró un éxito inmediato y espectacular, y con ello abrieron una oportunidad a muchísimos músicos que intentando seguir su estela, iniciaron un movimiento musical formidable sin el cual no podría entenderse de ninguna manera la historia de la música popular contemporánea.

Por el contrario, los Rolling Stones, ciertamente tardaron en comparación con los Beatles en publicar discos con temas propios, —su primer álbum es íntegramente de versiones y en *The Rolling Stones nº2* de enero de 1965 solo hay tres canciones firmadas por Jagger y Richards— pero la influencia que a futuro esos dos álbumes dejarían no ha sido suficientemente estudiada ni valorada. Es por tanto el momento de dejar, al menos, datos suficientemente consistentes para que quede clara constancia del papel clave que los Stones jugaron como iniciadores de un movimiento que determinaría toda la evolución del rock en las décadas siguientes, en especial en los años 70.

Precisamente a través de esos discos y de muchos de sus singles de la época 1965-1969, los Stones dieron a conocer dentro de su propio estilo y su propio lenguaje musical el blues como música madre, como catalizador, como base sobre la cual era posible crear otro estilo dentro del rock que reflejase ese sentimiento de cambio, de transformación, de vehículo musical para expresar de una manera intensa, cruda, dura, sus anhelos, frustraciones, sentimientos... exactamente igual que habían hecho los *bluesman* de las plantaciones de algodón del sur de los Estados Unidos décadas antes.

Una banda creada casi al mismo tiempo que los Rolling Stones, de la cual alguno de sus miembros había sido compañero de Keith Richatds en la Escuela de Arte de Sidcup, The Yardbirds, con el tiempo serían una de las formaciones más influyentes en la creación de ese *british blues* a partir del cual se crearían bandas como Traffic, Chicken Shack, Ten Years After, Black Sabbath o Led Zeppelin.

En los Yardbirds estuvieron a lo largo de sus cortas pero intensas etapas como guitarristas Eric Clapton, Jeff Beck y Jimmy Page. Al calor del éxito de los Stones e incluso estimulados por su actitud iconoclasta y aconvencional, influida indudablemente también por ese mismo espíritu libérrimo del blues como música de los eternos emigrantes, de los marginados, de los *outsiders*, The Yardbirds hicieron suyo ese lenguaje musical, trabajaron y evolucionaron sobre él e hicieron con ello una contribución decisiva al gran cambio que el rock experimentó entre finales de los 60 y comienzos de los 70. Howlin' Wolf, Muddy Waters, Bo Diddley, Sonny Boy Williamson II y Elmore James fueron los *bluesman* a los que versionaron, tanto en estudio como en directo con sus *covers* de *Smokestack Lightning, Good Morning Little School Girl, Boom Boom, Boom Boom, I Wish You Would, Rollin' and Tumblin'* o *I'm a Man* que, según testimonio de uno de sus fundadores, Paul Samwell-Smith, fueron influencia directa de los Rolling Stones.

Cuando Eric Clapton dejó los Yardbirds, tras un fugaz paso por la banda de John Mayall, imaginó y creó una de las bandas más grandes de la historia del rock: Cream. Los Cream de Eric Clapton, Jack Bruce y Ginger Baker fueron una de las formaciones que, merced a su mentalidad abierta, su concepción del rock y del blues como una forma de hacer música que abría un infinito horizonte de expresión de todo lo que una nueva generación inconformista, anhelante de cambios profundos en la sociedad y sobre todo, ambicionando

The Yardbirds, continuadores de los Stones en la evolución del *british blues*.

mucha más libertad en todos los ámbitos, casi de inmediato fueron los líderes de esa nueva corriente musical que era el lenguaje de esos jóvenes rebeldes y descontentos.

Pioneros de las puestas en escena y los shows prolongados, con largas improvisaciones al más puro estilo jazzístico, rompieron con todo, sentaron las bases de lo que muy pocos años después fue el *heavy metal* y ya desde su primer álbum, *Fresh Cream* (1966), emularon a los Stones incluyendo tres versiones de clásicos del blues: *Spoonful* de Willie Dixon, *For Until Late* de Robert Johnson y *Rollin' And Tumblin'* de Muddy Waters. En *Disraeli Gears* (1967) incluyeron «Born Under A Bad Sign» de William Bell y Booker T.Jones y en *Wheels Of Fire* (1968), «Crossroads» de Robert Johnson.

Bill Wyman llegó a decir en una entrevista en Catalunya Radio con Jordi Tardá que Mick y Keith habían estado hablando de hacer una versión de «Crossroads» para *Let It Bleed*, pero que cuando escucharon la de Cream, desistieron de la idea. Se dice que Keith Richards la propuso para la intervención del supergrupo The Dirty

De izquierda a derecha: Eric Clapton, John Lennon, Mitch Mitchell y Keith Richards tocando como The Dirty Mac una versión del *Yer Blues* de los Beatles en el show televisivo *The Rolling Stones Rock'n'Roll Circus*, diciembre de 1968.

Mac en el *The Rolling Stones Rock'n'Roll Circus* con John Lennon, Eric Clapton y Mitch Mitchell, pero que John Lennon la rechazó.

No es en modo alguno casual que antes de la formación de Cream por Eric Clapton con dos antiguos compañeros de *jam-sessions* de Mick, Keith y Brian en el Ealing Club y en el Marquee, Jack Bruce y Ginger Baker, su paso por los Bluesbreakers de John Mayall dejara una profunda huella que tenía como referente absoluto el blues: Cuando se edita en febrero de 1967 el tercer álbum del grupo, *A Hard Road*, toda la crítica destacaría entre lo más inspirado del disco las versiones de *standards* del blues como «The Stumble» de Freddie King y «Dust My Broom» de Elmore James, que Brian Jones tocaba siempre con sus bandas previas a su entrada en los Stones en aquellos meses de 1962 en el Ealing Club. Importante señalar que el guitarrista que grabó este disco con los Bluesbrakers en sustitución de Eric Clapton fue Peter Green, el fundador de otra de las bandas clave del blues progresivo inglés de finales de los años 60, Fleetwood Mac, quienes en su álbum debut homónimo de 1968 grabaron *Hellhound On My Trail* de Robert Johnson y *Shake Your Money Maker* de Elmore James.

Cuando Jeff Beck abandonó The Yardbirds y formó la primera versión de su The Jeff Beck Group, su histórico debut discográfico de 1968, *Truth*, incluyó «I Ain' t Superstitious» y «You Shook Me» de Willie Dixon, una de las más notorias influencias de los Rolling Stones, que entre otras grabaron versiones de su «Little Red Rooster» convirtiéndolas en uno de sus primeros éxitos comerciales.

Precisamente otro ex de The Yardbirds, Jimmy Page, el fundador de Led Zeppelin, grupo nacido dentro de la eclosión del blues progresivo pero que estallará en los 70 como la formación pionera de lo que hoy conocemos como *heavy metal,* de ninguna manera fue ajeno a esa huella del blues clásico que popularizaron los Stones: Repitió en el primer álbum de Led Zeppelin, su debut homónimo de 1969 el *You Shook Me* de Willie Dixon que ya había hecho el The Jeff Beck Group y *I Cant'Quit You Baby,* aunque esta versión quedó descartada hasta que se incluyó en el disco de rarezas y descartes de Led Zeppelin *Coda* en diciembre de 1982.

Cuando en 2016 los Rolling Stones editaron su disco de homenaje al blues que fue su escuela más primigenia, *Blue And Lonesome,* el disco terminaba con una versión de este mismo tema, «I Can't

Quit You Baby», que debo decir que es una de las ocasiones en las que he escuchado cantar a Mick Jagger con más intensidad, sentimiento, dureza y garra de toda su trayectoria. Aun siendo inmenso admirador de Led Zeppelin y de Robert Plant en particular, Mick Jagger destrozó en esta interpretación no solo a Robert Plant, sino a cualquiera que hubiera grabado una versión de este tema anteriormente.

Incluso en su segundo trabajo, *Led Zeppelin II*, el grupo siguió rindiendo homenaje al blues, aunque ya matizadamente, pues su «The Lemon Song» era en realidad una readaptación del «Killing Floor» de Howlin'Wolf y su «Bring It On Home», una versión muy pasada por su peculiar tamiz del clásico de Willie Dixon que popularizó en su día Sonny Boy Williamson II.

Concluyendo: El primer grupo que abrió a los jóvenes británicos, y por ende al resto del mundo, sus sentidos a conocer, apreciar, disfrutar y amar la madre de todas las músicas en los años 60, el blues, fueron los Rolling Stones, algo que nunca se ha apreciado ni valorado lo suficiente por parte de su propio público, ni mucho menos por la prensa. El rol que ejercieron como conducto, como canalizadores, como anunciadores de una nueva música que transmitía un sentimiento cargado de humanidad, de intensidad, de dolor y de alegría, de rebeldía y de resignación, resultó absolutamente determinante para que toda aquella generación coetánea de los propios Stones a los que hemos mencionado —Jeff Beck, Eric Clapton, Peter Green, John Mayall, Jimmy Page, Alvin Lee, Steve Winwood— crease una nueva música que incorporaba un nuevo lenguaje, una forma de expresión, un sonido que cambió la historia y creó una cultura sin la cual es hoy imposible explicar ni entender como ha sido la evolución social en occidente de los últimos 60 años.

Cabría que alguien se preguntase: Una vez hecha esa tarea ¿abandonaron los Stones el blues, en especial cuando su principal valedor, Brian Jones, dejó la banda? La respuesta es no. En modo alguno, el blues ha seguido siempre siendo una fuente inagotable de inspiración para el grupo, y de una o de otra forma, más pura o más ecléctica, más en contacto con otras músicas o menos, el blues y los Rolling Stones nunca se han abandonado mutuamente. A continuación, mostramos una amplia y heterogénea muestra de esa constante presencia del blues en la música de los Stones.

SENTADOS JUNTO AL FUEGO DE VUESTRO CÁLIDO DESEO… TENEMOS EL BLUES

Brights Lights, Big City

Cuando los Stones estaban decidiendo el *setlist* para su primera sesión de grabación en los IBC Studios en Portland Place de Londres en marzo de 1963, toda la banda acordó grabar el clásico de Jimmy Reed *Bright Lights, Big City*. Las canciones que grabaron ese día en un *revox* de dos pistas, incluida otra canción de Reed llamada *Honey What's Wrong?*, se consideraron demasiado poco comerciales por los ejecutivos de Decca para lanzarlas, pero eran canciones que influyeron claramente a los Rolling Stones en sus años de formación. «A todos nos encantaron estos temas, pero fue Brian quien realmente quedó impresionado con ellos», recuerda Bill Wyman. «Estaba más orgulloso de esos temas que de cualquier otra cosa que hubiéramos grabado. Años más tarde solía tocar estas canciones para amigos o conocidos que venían de visita». El acetato de la canción se vendió posteriormente en una subasta en la casa Sotheby's por un precio cercano a las 4000 libras.

Little Red Rooster

Mick Jagger, Keith Richards y Brian Jones quedaron asombrados cuando en 1962 vieron a Howlin' Wolf tocar en Manchester en el American Folk Blues Festival. El Lobo grabó muchas canciones que influyeron en los Rolling Stones, pero probablemente esta fue la que, al menos en su etapa inicial, más les marcó y por ello dos años después de esa actuación, lograron llevar una versión de *Little Red Rooster* al más puro estilo blues clásico, con un impagable *bottleneck* de Brian Jones en la guitarra al número uno de las listas del Reino Unido por primera vez en la historia. «La razón por la que grabamos *Little Red Rooster* no ha sido porque quisiéramos llevar el blues a las masas», aseguro Keith Richards en una entrevista en 1964. «Hemos estado hablando y hablando sobre el blues, así que pensamos que ya era hora de que dejáramos de hablar e hiciéramos algo al respecto. Nos gustó esa canción en particular, así que la grabamos y la compañía discográfica nos dio el OK».

A destacar que Charlie Watts reveló más tarde que su parte de batería se inspiró en la de Sam Cooke, que también versionó este *standard* de Howlin' Wolf unos años antes. Willie Dixon en 1970, The Doors, Grateful Dead y un exmiembro de los Stones en solitario, Mick Taylor también la grabó en 1990 en su álbum *Stranger In This Town*.

I'm A King Bee

Cuando entraron en los estudios Regent Sound a principios de 1964 para grabar su álbum debut, la banda quiso incluir dentro de la selección temas de blues que habían preparado *I'm A King Bee* de Slim Harpo. Su importancia entre las canciones que más influyeron a los Rolling Stones en esta etapa inicial es clara, tanto que Mick Jagger insiste siempre en que preferiría que los fans de los Stones escucharan antes el original que su propia versión. Por tal motivo no faltó en el primer disco del recopilatorio *Confessin'The Blues*.

I Just Wanna Make Love To You

Erróneamente atribuida durante años a Muddy Waters, quien fue el primero en grabarla, es en realidad una composición de Willie

Willie Dixon, influencia fundamental para los Rolling Stones más enraizados en el blues.

Dixon, quien de hecho tocó el bajo en esa primera versión de Muddy Waters, que contó en aquella grabación además, con Little Walter con la armónica, Jimmy Rogers en la guitarra, Otis Spann en el piano y Fred Below en la batería; nada más y nada menos. Se editó como single por la Chess Records en 1954 con el título de *Just Make Love To Me* y alcanzó el número cuatro en la lista de ventas de rhythm'n'blues de la revista *Billboard*.

Durante años, por suerte o por desgracia este clásico del blues se hizo extraordinariamente popular en España y en otros muchos países como música de fondo de un anuncio de la marca de refrescos Coca-Cola en los años 90, pero treinta años antes los Stones lo dieron a conocer en la versión que grabaron en ese mítico álbum debut en el cual el blues dejó esa impronta y esa profunda huella a la que hemos hecho mención. Formó parte habitual de los *set-lists* de sus shows entre 1964 y 1965 y fue grabada igualmente por Etta James, Foghat y en 1968, regrabada por el propio Muddy Waters en su álbum *Electric Mud*.

I Can't Be Satisfied

La primera versión de este tema —esta vez sí— fue grabada por su propio autor, Muddy Waters, todavía por la antigua Aristocrat Records, la precedente de la Chess, en junio de 1948. Cuando los Stones la grabaron para su segundo LP, editado en enero de 1965, una vez más destacó sobremanera el *bottleneck* de Brian Jones, quien como en otras ocasiones, gracias no solamente a su destreza sino a la pasión y el sentimiento que volcaba en cada versión de blues que grababa, contribuyó mucho a que este intenso blues haya quedado como uno de los más logrados y mejor acabados de esta etapa de los Stones.

The Spider & The Fly

Este fue uno de los primeros blues de los Rolling Stones que ya no fueron versiones o adaptaciones de *standards*, sino que aparecieron firmados por Mick Jagger y Keith Richards. Ha pasado a la historia como la cara B del celebérrimo *(I Can't Get No) Satisfaction*, pero acumula mucha más historia detrás.

El título toma su nombre de un célebre poema metafórico sobre la seducción amorosa de 1829 de Mary Howitt, célebre escritora inglesa que vivió en Escandinavia, que tradujo al inglés muchos de los cuentos de Hans Christian Andersen y de la que Lewis Carroll aseguró que fue una influencia determinante para él cuando escribió *Alicia en el país de las maravillas*. La letra habla de lo que hará la banda, especialmente su líder, una vez finalizado su concierto, metamorfoseándose en sentido figurado en la araña que trata de atraer a su red a la mosca, es decir, un chico que busca compañía femenina. Temática clásica del blues, la soledad de la vida en la carretera, la búsqueda del amor, aunque sea un romance furtivo y de una noche.

«Sentado, pensando, hundiéndome, bebiendo / preguntándome qué haré cuando termine esta noche / fumando, deprimido, tal vez solo esperando / ojalá aparezca alguna chica», decía un fragmento de la letra.

The Rolling Stones en una imagen promocional de 1965.

Mick Jagger explicó en una entrevista de 1995 con la revista *Rolling Stone*: «Cuando escuchas *The Spider And The Fly* aún me parece un buen blues. La definiría como un blues de Jimmy Reed, con un toque de *britpop*».

Los Stones han interpretado *The Spider and the Fly* en vivo muy raramente: lo hicieron durante dos épocas de sus giras en 1965-1966 y durante el Voodoo Lounge Tour de 1994-95 en formato acústico y en los conciertos en locales pequeños. Una versión de este blues se incluyó en su álbum en directo acústico de 1995 *Stripped*, grabado a lo largo del Voodoo Lounge Tour.

Doncha Bother Me

Como se señala en otros apartados de este libro, *Aftermath*, el álbum de los Rolling Stones de 1966, concebido en principio como banda sonora de una película que nunca se llegó a rodar, fue un disco que abrió al grupo ese camino de evolución que el rock estaba empezando a iniciar, ese cambio que reflejaba cómo estaba cambiando en el fondo toda la sociedad y cómo la música era un espejo de todo ese cambio. Prueba de ello fue ese experimento de once minutos de duración llamado *Goin' Home* que se incluyó dentro de un disco en el que, a pesar de la marcada evolución que el grupo comenzaba, seguía bebiendo de la inagotable fuente del blues. La prueba fue este *Doncha Bother Me*, un blues clásico, lejana pero fuertemente emparentado con la atmósfera musical de Nellcote y *Exile On Main Street* y que, como sucederá a lo largo de toda su trayectoria, nunca dejará de estar presente en sus discos y sus conciertos. Y de nuevo, la dupla guitarrística de Brian Jones con su *bottleneck* y de Keith Richards reforzando el estribillo junto a la armónica de Mick Jagger, es apoteósico. Los Stones en estado puro, tocando blues como auténticos genios.

High'n'Dry

Un blues acústico contaminado de folk y country también perteneciente a *Aftermath* en el que quizá por primera y única vez, la armónica no la toca Mick Jagger sino Brian Jones. La eterna historia de desamor —eterna en el blues— de un chico abandonado por una chica de mayor posición social que piensa que él la quiere por su dinero. El chico se queda *High'n'Dry*, que en castellano sería sinónimo de quedarse tirado, en la estacada.

No Expectations

Entre 1966 y 1968 los Rolling Stones aparcaron su devoción por el blues para experimentar y adentrarse en otros terrenos musicales, lo cual se plasmó de manera más evidente en su álbum de 1967 *Their Satanic Majestic Request,* pero pasado ese momento, cuando entraron en los Olympic Studios de Londres para grabar *Begars Banquet,* sus influencias más primigenias volvieron a habitar las paredes de aquellos estudios.

Una vez más, una historia clásica del blues, que narra la desesperanza ante la imposibilidad de poder mantener una relación fuerte y sólida, basada en un amor sincero, cuando se vive en la carretera de una ciudad a otra cada noche durante meses y meses. «Nuestro amor era como el agua / que salpica sobre una piedra / nuestro amor es como nuestra música / estaba aquí y luego se fue / así que llévame al aeropuerto / y súbeme a un avión / no tengo esperanzas / de pasar por aquí otra vez», decía la letra.

Aunque en *Let It Bleed* llegaron a incluirse algunas pistas de guitarra grabadas por Brian Jones, *Begars Banquet* fue el último disco del grupo en el que su fundador realmente participó de forma activa, al menos en parte de sus canciones. «Esa fue la última vez en la que Brian estuvo realmente implicado y motivado en una grabación con los Stones, en *No Expectations.* Había perdido el interés en todo lo relacionado con el grupo y muchas veces, ni siquiera venía por el estudio durante la grabación del disco», aseguró Mick Jagger en 1969.

Prodigal Son

¿Se imaginaban ustedes que una banda, que a finales de los años 60 era considerada satánica, demoniaca y propagadora del mal, grabó un blues compuesto por un ministro de la Iglesia en Misisipi? La única canción que no escribieron Jagger y Richards de *Begars Banquet* fue «Prodigal Son», que había sido compuesta por un poco conocido *bluesman* llamado Robert Wilkins allá por 1929, el cual años más tarde se hizo reverendo de la Iglesia de Dios en Cristo de Memphis.

Robert Wilkins realizó sus primeras grabaciones de blues para el sello Victor en 1928 y aunque parezca increíble, la primera canción que registró era... *Rolling Stone Blues, Parts I & II.* Sí, pueden creerlo, es rigurosamente cierto.

Un año después, 1929, Wilkins grabó *That's No Way To Get Along*, un precedente de *Prodigal Son*, usando la misma melodía y líneas de guitarra, solo que con letras de blues —disponible hoy en una reedición del LP Mississippi Blues 1927-1940, Biblioteca Origin Jazz OJL-5— y a lo largo de su vida, hasta que despertó su vocación religiosa, Wilkins trabajó como portero de finca urbana y empleado de granja, cantando y grabando de forma paralela.

Afortunadamente, Wilkins tenía 72 años cuando los Stones pusieron su canción en el centro de atención y disfrutó en los últimos años de su vida del impulso de las ganancias por derechos de autor que ayudaron a financiar su trabajo como ministro religioso. Quien lo hubiera dicho, ¿eh?

Love In Vain

Robert Johnson fue siempre una de las mayores inspiraciones de los Stones e indudablemente, su «Love In Vain» resultó una de las piezas más recordadas de *Let It Bleed,* el álbum de los Rolling Stones de 1969.

«*Love In Vain* era una canción maravillosa», afirmó Keith Richards, quien añadió acordes adicionales para diferenciar la versión de los Stones de la original. «A Mick y a mí nos encantó, y en ese momento yo estaba trabajando y tocando con Gram Parsons. Comencé a buscar una manera diferente de presentarla, porque si íbamos a grabarlo no tenía sentido tratar de copiar el mismo estilo de Robert Johnson, así que le dimos un aire más country, lo que a Mick le pareció muy buena idea».

Considerado uno de los blues más sombríos de la historia, Walter Trout la grabó para su álbum *Prisoner of a Dream* de 1990 y Keb 'Mo' para *Slow Down*, su disco de 1998. A excepción de la gira americana de 1969 y la europea de 1970, los Stones no volvieron a tocarla en directo salvo en algunos shows acústicos de la gira de Voodoo Lounge.

You Gotta Move

Una de las canciones de blues que más influyó en los Rolling Stones, reconocido por ellos mismos, fue *You Gotta Move*, cuya autoría de nuevo erróneamente se atribuyó al *bluesman* de Mississippi Fred McDowell. Es cierto que su versión fue la más famosa y la que inspiró a la grabada por los Stones, pero su origen está en una antigua canción espiritual tradicional afroamericana y desde 1940, fue grabada por diversos músicos de góspel, generalmente como *You Got to Move* o *You've Got to Move*. Sobre este particular hay que referirse a The Two Gospel Keys, dúo formado por Emma Daniels y Mother Sally Jones, quienes grabaron *You've Got to Move* como single de 78 rpm en 1948 así como a Sister Rosetta Tharpe, que grabó otra versión en 1950.

Fue una pieza clave en sus *set-lists* hasta finales de los años 70 y ha pasado a la historia al formar parte del grupo de canciones de *Sticky Fingers* que se grabaron en los Muscle Shoals Sound Studios en Alabama y que quedó perfectamente documentada en la película *Gimmie Shelter*.

> *You Gotta Move* era una gran canción de Fred McDowell que solíamos tocar todo el tiempo en los ensayos. Me gustaba tocarla con una vieja Fender Telecaster de 1954 que usé mucho en el estudio en mis primeras grabaciones con los Stones, y creo que le imprimió una sonoridad y una personalidad muy característica. (Mick Taylor).

I Got The Blues

Otra joya blues que, para muchos fans, ha hecho de *Sticky Fingers* un clásico imperecedero en la historia de los Rolling Stones. Un blues puro, cuya críptica letra siempre se dijo que versaba acerca de la ruptura entre Mick Jagger y Marianne Faithfull. Fue la primera canción que grabó el pianista Billy Preston con el grupo, dándole con su órgano Hammond una intensidad inmensa a la canción, igual que la sección de viento que incorporaron Jim Price y Bobby Keys.

Stop Breaking Down

—Cuando escuché por primera vez *Stop Breakin' Down Blues*, le dije a Brian: «¿Quién es ese?», —escribió Keith Richards—. «¿Sabes? crees que estás aprendiendo a tocar blues, y luego escuchas a Robert Johnson, algunos de los ritmos que está haciendo, tocando y cantando al mismo tiempo, y piensas: ¿cómo lo hace? Aquel tema me fascinó y aunque no entró en *Let It Bleed* sí conseguí que la montásemos para *Exile On Main Street*».

Una de las muchas leyendas que existen sobre Robert Johnson asegura que esta fue la última canción que grabó en su vida, concretamente en Dallas, Texas, en diciembre de 1937. Antes de que los Stones la grabasen en el verano de 1971 en el sur de Francia, hicieron

El legendario cruce de caminos de Clarksdale, donde la leyenda asegura que Robert Johnson vendió su alma al diablo para conseguir el éxito.

lo propio en 1945 Sonny Boy Williamson I, aunque con variaciones en la letra, Baby Boy Warren en 1954 y Forest City Joe en 1959, de cara a ser incluida en el recopilatorio *The Blues Roll On* que se editó en 1960. Junior Wells la grabó junto a Buddy Guy para los álbumes *Coming at You Baby* de 1968 y *Southside Blues Jam* de 1969, aunque formando parte de *medleys* con otros temas.

La versión de los Stones, titulada simplemente *Stop Breaking Down* es una auténtica joya en la que destaca muy especialmente la sensibilidad y la destreza como guitarrista y pianista de Mick Taylor. Keith Richards siempre ha reconocido que uno de los mejores trabajos de Taylor con los Stones, puede incluso que el mejor, fue su trabajo en esta canción, donde la armónica de Mick Jagger es igualmente brillante.

Down In The Hole

De nuevo, de vuelta a las raíces. Otra historia cruda, dura, en la que Mick Jagger canta con verdadero sentimiento mientras que Keith Richards y Ronnie Wood hacen de nuevo una dupla guitarrera heredera de la más pura *old school* del blues, al que tanto deben y al que tanto aman, mientras Sugar Blue es quien pone la armónica en este tema.

Se grabó a mediados de agosto de 1979 en los Pathé Marconi Studios de París para ser incluida en su siguiente disco, *Emotional Rescue* y según recordaba Mick Jagger, fue de las canciones que más rápidamente se montaron y grabaron en aquellas sesiones: bastaron dos tomas para tener la canción terminada. Tristemente y a pesar de ser un blues de primerísima calidad, nunca ha sido interpretado en directo.

Black Limousine

Aunque se grabó una primera versión en febrero de 1978 durante las sesiones de *Some Girls*, se recuperó para la grabación de *Tattoo You*, su álbum de 1981. Es un blues acelerado, un medio tiempo con ritmo boogie sensacional, que esta vez sí que el grupo lo tocó en directo en sus giras de 1981 y 1982.

Su letra, una historia típicamente blues: el recuerdo de los buenos tiempos de alguien que ahora vive en otra situación distinta, en una suerte de diálogo que bien podría haber estado dedicado a Marianne Faithfull o a Anita Pallenberg. «Solíamos montar, montar / en una larga limusina negra / esos sueños se han ido, nena / olvidados y nunca vistos / bueno, ahora mírate, nena, mira tu cara / mírate y mírame a mí».

Might As Well Get Juiced

Mick Jagger definió este interesante experimento musical como «un falso blues de los 90» y la definición resulta realmente acertada: un blues clásico en lo que se refiere a su composición, pero grabado en mayo de 1997 para su álbum *Bridges To Babylon* con los Dust Brothers, nombre de culto en el mundo del metal industrial, el hip-hop y la música electrónica.

Cabe imaginar que los puristas del blues se rasgarían las vestiduras, y yo mismo debo confesar que no fue de las canciones que más me gustó de *Bridges To Babylon* a las primeras escuchas, pero lo cierto es que pocas veces se ha hecho, tanto en el blues como en el mundo de la música electrónica, un experimento más original. Obviamente, el comienzo de la canción recuerda al de *Won't Get Fooled Again* de los Who y su sintetizador VCS3 y aunque la batería de Charlie obviamente está puesta en bucle, no deja la misma sensación de frialdad que dejó por ejemplo en *Undercover Of The Night*, que pretendía conseguir un efecto similar con una caja de ritmos.

Magnífico el rol jugado en este tema por los colaboradores invitados, Woody Watchel, guitarrista de los X-Pensive Winos, de Keith Richards en solitario y por Doug Wimbish en el bajo, reputadísimo músico en cuya hoja de servicios figuran nombres como los de Sugarhill Gang, Grandmaster Flash y sobre todo, Living Colour —banda descubierta por Mick Jagger en el CBGB de Nueva York en 1987 y a los que les consiguió su primer contrato— y que llegó a hacer una audición con los Stones en 1993 cuando buscaban sustituto para Bill Wyman.

Y, como no podía faltar en ningún auténtico blues, Mick Jagger con su armónica vuelve a poner un punto de genialidad único en este transgresor ejercicio de innovación que le dio un notable punto de originalidad a *Bridges To Babylon*.

Back Of My Hand

> En el estudio donde estábamos haciendo las primeras grabaciones de *A Bigger Bang*, en el castillo que Mick tiene en Francia en el verano de 2004 yo tenía una habitación donde dormía que tenía en la planta de arriba la sala principal del estudio. Una noche mientras estaba leyendo en la cama pensé que estaba escuchando algún tema de Muddy Waters que no conocía, y resultó que era Mick tocando la *slide* en una primera versión de *Back Of My Hand*. ¡No me lo podía creer! Mick ha sido siempre muy bueno con la acústica, pero tocando la *slide* en eléctrico parecía un demonio salido del infierno. (Keith Richards).

Mick Jagger más tarde comentó que tocó ese blues que tanto impresionó a Keith con una Sears Silvertone 1457 comprada por apenas 44 dólares, en afinación abierta G.

El genial blues que los Stones incluyeron en su álbum de 2005, *A Bigger Bang* es una *masterpiece* que, de hecho, es un blues que tiene mucho más de Leadbelly, del blues más arraigado y doliente de los campos de algodón que del *Chicago Blues* de Muddy Waters o Willie Dixon. Tiene una atmósfera pesada y lenta, que se corresponde a la perfección con ese tipo de blues, que incorpora además, en este caso, una figura clásica del blues que sin embargo no había aparecido nunca antes en las letras de los blues *stonianos*: El predicador. Un predicador al más puro estilo Anthony Perkins en *La pasión de China Blue* que, desde sus soflamas en las esquinas de cualquier ciudad norteamericana, anuncia el apocalipsis con la misma claridad con la que puede ver el dorso de su mano.

Este blues es, en toda regla, una obra de Mick Jagger: En *Back Of My Hand* además de cantar, toca la armónica, el bajo y partes de la *slide*. Keith llegó a decir que ojalá hubieran grabado este blues en los Chess Studios de Chicago en 1964.

Rollin' Stone Blues

El último álbum de los Rolling Stones *Hackney Diamonds*, esta suerte de disco-testimonio que recupera todo lo fundamental de su historia, tanto en el videoclip de *Angry* como en sus letras y su contenido musical, tenía necesariamente que volver su mirada al blues, la matriz de la que nacieron y hacerlo además con una canción que fuera absolutamente definitoria de lo que los Rolling Stones son, han sido y serán para la posteridad; un tema que 60 años después volviera a reafirmar todo lo que significa ser un Rolling Stone, e incluso para sus fans, el ser *stone*. Vivir, respirar, sentir, amar, pelear, llorar, reír, beber, viajar, mirar al cielo y a la vida como un *stone*. ¿Recuerdan lo que explicaba en el primer capítulo?

Nadie como su gran maestro, nadie como su gran fuente de inspiración —estoy seguro que a la hora de concebir este *cover* en sus ensayos, Brian Jones se asomó por allí, aunque fuera solo en su recuerdo- nadie como el hermano mayor, el padre al que rindieron tributo aquella inolvidable noche de noviembre de 1981 en el Checkerboard Lounge de Chicago, el gran Muddy Waters podía darles los mimbres para recrear esta maravilla.

CERRANDO EL CÍRCULO: *BLUE AND LONESOME* Y *CONFESSIN' THE BLUES*

Aunque a finales de 2016 nadie albergaba la menor duda de que los Stones iban a continuar en la carretera —estaba anunciada una gira europea para el verano de 2017 que se aplazó al otoño por un problema de salud de Ronnie Wood— y desde 2010 se hablaba de que estaban grabando lo que hoy es *Hackney Diamonds*, no faltó quien interpretó en la prensa musical esta suerte de cierre del círculo que significó su disco de versiones *Blue And Lonesome* por un lado, el recopilatorio de los *standards* de blues originales que más influyeron en su carrera, y *Confessin' The Blues* por otro, ambos lanzamientos perfectamente complementarios con un mensaje de despedida. Obviamente no fue así en modo alguno.

De hecho, la idea de editar un disco como *Blue And Lonesome* surgió de manera en modo alguno premeditada ni preconcebida, sino que se improvisó durante unos ensayos para seguir trabajando temas cara a ese eternamente anunciado álbum de estudio que llevaban grabando desde hace muchos años en el otoño de 2015. Como es norma habitual en ese tipo de ensayos, empezaron para calentar tocando versiones de blues, y se sintieron tan a gusto haciendo esas canciones, observaron que les salían de una manera tan fluida y tan natural que, en tan solo tres días, los días 11, 13 y 14 de diciembre de 2015 dejaron terminado *Blue And Lonesome*, el tributo definitivo de los Stones a sus raíces, a la música con la que crecieron y de la que todo lo aprendieron. El álbum se puso a la venta justo un año después, el 2 de diciembre de 2016 y les valió una nominación al Grammy.

Producido por Don Was, incluye la canción principal que daba título al disco, grabada originalmente por Little Walter, más otras muchas excelentes versiones de otras canciones que el grupo eligió también para *Confessin' The Blues*, incluidas «Hoo Doo Blues», «Just Your Fool», «All Of Your Love», «I Can't Quit You Baby», «Little Rain», «Commit A Crime» y «I Gotta Go». Capítulo especial merece señalar la versión de *Ride' Em On Down* de Eddie Taylor, grabada originalmente en 1955 para el sello Vee-Jay, una vez más por el excepcional trabajo de Mick Jagger como armonicista. En noviembre de 2016, antes de la edición comercial internacional del disco, lanzaron una versión de este tema en vinilo azul de 10" de edición limitada de una sola pista para el Record Store Day, que incluía un sensacional solo de armónica de Jagger. «Este es el mejor disco que Mick Jagger haya hecho jamás como instrumentista», dijo Richards sobre las habilidades de su compañero con la armónica.

Datos más o menos anecdóticos para la historia: Es el primer álbum desde *Dirty Work* de 1986 que no incluye ninguna guitarra de Mick Jagger, quien se concentró completamente en la voz y la armónica, con independencia de que el libreto interior del álbum aparece tocando la guitarra durante las sesiones de grabación del álbum. También es el primer álbum desde *It's Only Rock'n'Roll* en el que no hay ningún tema en el que aparezca la voz de Keith Richards e igualmente, también fue el primer álbum desde *Dirty Work* en lanzar un sencillo principal que no era una composición de Jagger/Richards con *Just Your Fool*.

Por supuesto, y por ello tiene su lugar en la historia: fue el último álbum de estudio que grabó Charlie Watts con los Rolling Stones, antes de su muerte en agosto de 2021.

> *Nena, aquí estoy, delante de ti*
> *Con el corazón en la mano*
> *Te lo puse a ti, mami*
> *Esperando que lo entiendas.*

The Rolling Stones, *Confessin' The Blues*.

El 9 de noviembre de 2018 se lanzó en todo el mundo *Confessin'* *The Blues*, un álbum de clásicos del blues elegidos, recopilados y cuidadosamente seleccionados por los propios Stones, que formaron parte en su día de ese inmenso bagaje musical que les dio como grupo su personalidad, su estilo y su esencia musical.

Cuatro discos que recogen las canciones más influyentes para ellos, que van desde *Rollin' Stone* de Muddy Waters a *Little Queenie* de Chuck Berry, pasando por *Little Red Rooster* de Howlin' Wolf y *You Can't Judge a Book By It's Cover* de Bo Diddley, junto a otros clásicos de Elmore James, Little Walter, John Lee Hooker, Mississippi Fred McDowell, Jimmy Reed, Robert Johnson, B. B. King y Buddy Guy. Se puso a la venta en varios formatos, incluido un pack de dos CD, un juego de vinilo LP doble y un paquete de vinilos especial, destinado a imitar el empaque original de los discos de 78 rpm que la Chess enviaba por correo a Inglaterra a finales de los 50. Todas las versiones venían comentadas por el periodista musical inglés Colin Larkin y la portada, como no podía ser de otra manera, fue un dibujo del «pintor loco» de los Stones, Ronnie Wood.

Además de constituir un excelente recopilatorio que indudablemente es una de las mejores maneras de entrar a conocer el blues para quienes no lo conozcan o tengan simplemente un conocimiento superficial sobre todo este mundo musical, su edición supuso un más que relevante apoyo por parte de los Rolling Stones al mundo del blues en la actualidad. Tanto el grupo como la compañía que editó este trabajo, BMG, donaron la mitad de los ingresos obtenidos por su venta a la Blues Heaven Foundation de Willie Dixon.

Palabras de la presidenta y directora ejecutiva de la fundación, Jacqueline Dixon: «Nos sentimos sumamente honrados y agradecidos de que la Fundación Blues Heaven de Willie Dixon haya sido incluida en un proyecto tan sorprendente. Significa mucho que el sueño de mi padre de crear una organización que promueva, proteja y preserve el blues para las generaciones futuras esté siendo reconocido y apoyado por artistas que han logrado tanto como los Rolling Stones».

Y hay quien seguirá diciendo que Mick Jagger es tacaño...

* * *

Los Rolling Stones en el
audiovisual (1): Las películas

*Una de las ambiciones frustradas de Mick Jagger siempre
ha sido triunfar como actor de cine y ser una estrella
de Hollywood. Va muy con su carácter. Si lo hubiera
logrado, no sé qué hubiera sido de los Stones.*

Keith Richards, 1988.

1966: LA PRIMERA PELÍCULA QUE NUNCA SE HIZO

En la llamada década prodigiosa, a diferencia de lo que sucede en la actualidad, muy por encima de la televisión, en Inglaterra el cine era el medio de comunicación y entretenimiento más indiscutiblemente masivo a nivel popular. Al igual que en la actualidad todo fenómeno social, cultural o mediático que aspire a tener un mínimo de relevancia debe tener una serie en Netflix, en los 60 tener una película estrenada en cines de Londres, Manchester o Leeds significaba haber traspasado una línea, haber logrado una popularidad y una relevancia que te situaba en otro nivel.

Brian Epstein se dio cuenta de ello y a pesar de que los Beatles ya eran un fenómeno y una industria en sí mismos, quiso que el grupo contase con su propia presencia en el celuloide y ya en 1964, cuando habían empezado a conquistar el mundo, fichó a Richard Lester para que dirigiera su primera película, *A Hard Days'Night* —estrenada en España como *¡Qué noche la de aquel día!*— y tan solo un año más tarde su segunda cinta, *Help!*

Sin lugar a dudas, Andrew Loog Oldham, que nunca dejaba de fijarse en lo que hacía Epstein, sobre todo cuando tenía éxito, bien fuera para copiarlo o para hacer lo contrario, lo tuvo claro desde el primer momento: entre 1964 y 1965 los Rolling Stones debían tener su primera película y a ello se dedicó con todas sus fuerzas, aunque la primera intentona finalmente nunca se llevó a cabo.

Este proyecto comenzó a tomar forma durante la gira que los Stones hicieron por Estados Unidos entre octubre y diciembre de 1965 al calor del inmenso éxito que habían logrado con el nº 1 de *(I Can't Get No) Satisfaction* en los *charts* americanos. Durante ese *tour*, Andrew negoció con Allen Klein que fuera el productor de la película y se aseguró que, en esos meses, ya hubiera un primer contacto con Nicholas Ray para que fuera el director de la cinta.

Nada más terminada la gira, el 6 de diciembre de 1965 empezaron unas sesiones de grabación en los RCA Studios de Hollywood, California, que se prolongaron hasta la noche del día 10 y en las que dejaron registradas las siguientes canciones: *Mother's Little Helper, Sittin'On A Fence, Goin'Home, Don't cha Bother Me, Think, Sad Day, Take Or Leave It, Ride On Baby* —que grabaría en 1966 Chris Farlowe con producción de Mick Jagger— *19th Nervous Breakdown* y dos cortes que permanecen todavía inéditos: *Looking Tired* y *Aftermath*.

Estas canciones iban a conformar el grueso de la banda sonora de la primera película de los Stones, que Andrew Loog Oldham anunció en una rueda de prensa el 17 de diciembre de 1965, cuyo título sería *Back, Behind And In Front* y que se empezaría a rodar el 10 de abril de 1966 en Londres, con localizaciones y escenas filmadas en cuatro países del Pacto de Varsovia. En aquella conferencia de prensa, Oldham confirmó que un equipo de cámaras había estado filmando a los Stones durante su última gira americana para tener recursos cara a la película, que Allen Klein sería el productor ejecutivo y distribuidor para América del film y que el compositor Mike Leander —que había hecho los arreglos de cuerda de *As Tears Go By*— haría algunas piezas de música incidental. Se ignora si se dijo expresamente o no en ese momento, pero lo cierto es que la prensa publicó poco tiempo después que Marianne Faithfull, pareja sentimental de Mick Jagger posteriormente sería la protagonista femenina de *Back, Behind And In Front*, noticia que se desmintió unos días más tarde por parte de Andrew Loog Oldham y Allen Klein.

El proyecto empezó a torcerse casi nada más empezar, en especial porque desde Decca Records, la compañía discográfica de la banda, no se apoyó esta idea ni se dio ninguna facilidad para llevarla a cabo: los directivos de Decca pusieron sobre la mesa el contrato que exigía un nuevo álbum de estudio del grupo para el mes de abril de 1966, con lo cual, el rodaje de la película, según Decca, interferiría con las actividades de promoción del disco y también aseguraron que no editarían el disco de la supuesta banda sonora. Por otro lado, Mick Jagger quería a David Bailey, íntimo amigo suyo, como director de la película, pero parece ser que Allen Klein se negó a tal pretensión e insistió en que debía ser un director norteamericano quien dirigiera la película, a efectos de facilitar más su distribución comercial en Estados Unidos.

Entremedias, el grupo pasó el mes de febrero en gira por Australia y Nueva Zelanda y entre el 6 y el 12 de marzo volvieron a los RCA Studios para grabar más material para el disco que había que editar en primavera. En esa semana, los Stones dejaron registradas *Lady Jane*, *Paint It Black*, *Flight 505*, *High'n'Dry*, *It's Not Easy*, *I Am Waiting*, *Long, Long While*, *Out Of Time*, *Stupid Girl*, *Under My Thumb*, *What To Do* y otra pieza aún inédita: una versión de *Tracks Of My Tears* de Smokey Robinson & The Miracles. La mezcla de estas grabaciones y las de diciembre de 1965 dieron como resultado el gran álbum de los Rolling Stones *Aftermath,* editado el 15 de abril de 1966 y que marcó en gran medida un antes y un después en la evolución musical del grupo.

Cuando los Stones estaban grabando en Los Ángeles es cuando se tomó la decisión de abandonar el proyecto de la película *Back, Behind And In Front* ante todas las dificultades, problemas y desacuerdos que se habían generado alrededor de esta idea, y cuando el grupo regresó a Londres, se anunció oficialmente durante las entrevistas de promoción de *Aftermath* que la película finalmente no se rodaría, pero…

1966: LA SEGUNDA PELÍCULA QUE TAMPOCO SE HIZO

Al mismo tiempo que se anunció el abandono de la idea de *Back, Behind And In Front*, se confirmó, en cambio, que el grupo se involucraría en un nuevo proyecto cinematográfico: una adaptación al cine de la novela de ciencia ficción de Dave Wallis *Only Lovers Left*

Alive, publicada dos años antes y que había sido un inesperado éxito editorial.

El proyecto, si se hubiera llevado a buen término, *a priori* no podría resultar potencialmente más atractivo: el relato de Wallis era lo que hoy llamaríamos una fantasía distópica según la cual, en un futuro relativamente cercano, todos los adultos habrían muerto suicidándose a base de consumir las letales pastillas Easyway, quedando en el planeta solamente jóvenes que, a partir de ese momento, se liberan de todas las ataduras y convencionalismos de las generaciones anteriores y que por un lado, hacen todo aquello que quieren sin restricción alguna, organizando muchos de ellos bandas violentas que compiten entre sí y que, como se decía en la hoja de promoción del libro, cometen todos los pecados existentes excepto uno: la hipocresía. Por otro lado, una parte de esos jóvenes menos hedonistas y más concienciados, intentarán crear un nuevo tipo de sociedad.

Portada de la novela *Only Lovers Left Alive* de Dave Wallis.

Una novela que se movía en un peculiar terreno muy característico de la literatura de la época, la ciencia-ficción desarrollada en un contexto sociopolítico que proponía una reflexión crítica sobre la sociedad y el modo de vida capitalista occidental, como lo eran *La naranja mecánica* de Anthony Burgess o *Absolute Beginners* de Colin McInness. Fue un libro cuya lectura impresionó vivamente a Mick Jagger y a Brian Jones y del que se dice que era uno de los favoritos de Jim Morrison, el mítico líder de The Doors.

En la rueda de prensa en la que se hizo este anuncio, Andrew Loog Oldham insistió en que el grupo serían los protagonistas activos del film, «los personajes de la película serían una proyección de ellos mismos» ante lo cual, con la ácida ironía que caracterizaba y caracteriza a la prensa musical inglesa, alguien preguntó si eran ciertos los rumores que apuntaban a que para que el personaje que tenía que interpretar Charlie Watts fuera más creíble, la película iba a ser muda. El batería y el resto de la banda se tomaron la broma con bastante deportividad.

Ciertamente, el proyecto sí se tomó mucho más en serio que el de *Back, Behind And In Front* y, de hecho, el crítico musical Keith Altham publicó unas semanas más tarde en la revista *New Musical Express* un reportaje en el cual entrevistó a Keith Richards y a Brian Jones en la nueva casa que Brian había adquirido en Londres y en la que le decían que ambos estaban acudiendo regularmente a clases de interpretación, locución y arte dramático para preparar lo mejor posible el rodaje. En *Melody Maker* Brian Jones había declarado poco antes: «Estamos realmente muy ilusionados con la idea de hacer esta película. Es algo de lo que llevábamos tiempo hablando y ahora por fin podemos hacerlo. Si quieres que te sea sincero, hasta ahora el cine nunca me interesó demasiado. Desde que estoy inmerso en esta idea, voy al cine por lo menos dos veces por semana y he habilitado en mi nueva casa un espacio en el que he instalado una gran pantalla para proyectar películas».

Pero nuevamente, poco después todo se volvió a torcer y a complicar. Por un lado, la mujer de Dave Wallis concedió una entrevista a *The Times* en la cual se mostraba totalmente en contra de que los Rolling Stones protagonizaran una adaptación cinematográfica de la novela de su marido, asegurando que el contenido, la naturaleza y la reflexión que proponía el texto quedaría totalmente banalizado y vaciado de contenido si la hacían los Rolling Stones y que estaba segura de que sería una malísima película. Mick Jagger respondió sensiblemente disgustado a estas acusaciones en la revista *Disc* asegurando que tratarían la historia y el argumento con toda la seriedad y el respeto que pensaban que merecía y que «yo nunca diría que una película es mala antes de haberla visto».

Pero el problema principal volvió a surgir en torno a quién dirigiría la película: al igual que con *Back, Behind And In Front*, Nicholas Ray fue la primera opción, así como Gillian Freeman, autor de otra novela de culto en el mundo de la contracultura, *The Leather Boys*, —un curioso y poco conocido precedente de *Brokeback Mountain*: la historia de un chico homosexual en un entorno absolutamente masculinizado como el de las bandas de moteros—, que asimismo fue el adaptador para la película que se hizo en 1964 basada en la novela como coguionista. Pero Allen Klein, para variar, vetó literalmente a Nicholas Ray para este proyecto por sus problemas con el alcohol y las drogas que, según se decía, había disparado los costes de producción de sus últimas películas al llegar al plató y no estar en condiciones de dirigir. Se consideraron otras opciones pero, o bien no creyeron en el proyecto o estaban ocupados en otras producciones en ese momento, con lo cual pasados unos meses y teniendo el grupo que empezar nuevas y prolongadas giras, por segunda vez la idea de una película protagonizada por los Rolling Stones se quedó en un mero proyecto del que se no se rodó ni un centímetro de celuloide.

En 2013 Jim Jarmusch hizo una película con el mismo nombre, y aunque tomaba algunas referencias del relato novelístico, nunca fue una adaptación propiamente dicha de la novela.

¿LOS STONES PROTAGONIZANDO *LA NARANJA MECÁNICA*?

Sí, aunque pueda resultar difícil de imaginar, existió esa posibilidad. En 1966 se produjo la primera intentona de llevar al cine el clásico de Anthony Burgess a la gran pantalla y los Stones estuvieron involucrados en el proyecto, pero una vez más, la iniciativa resultó fallida. Aunque antes, una vez más otro proyecto de película volvió a quedar reducido a conversaciones y algunos apuntes a modo de borrador.

Esta vez la idea no implicaba tanto a los Stones como grupo, sino más particularmente a Mick Jagger. El cantante del grupo anunció en 1966 que iba a protagonizar e incluso a coproducir con su amigo David Bailey un cortometraje experimental llamado *El Asesinato de Mick Jagger*, cuyo argumento se basaba en su propia muerte, inducida y llevada a cabo por un grupo de personas de mediana edad de un entorno ultraconservador y anticuado que querían acabar con el clima de libertad, ruptura con lo establecido y cambios radicales que los jóvenes y el rock'n'roll habían despertado en Inglaterra.

¿Premonición? En 1967 toda la estructura de poder político, mediático y judicial del Estado británico no quiso matar a Mick Jagger, al menos aparentemente, pero sí meterle en la cárcel. Y lo lograron, aunque solo fuera durante 78 horas.

Por razones que se desconocen, Jagger decidió en un momento determinado abandonar la idea de llevar a cabo este cortometraje, aunque David Bailey siguió adelante con la idea, cambiando obviamente los personajes. El cortometraje pasó a llamarse *G.G. Passion* y fue protagonizado por Eric Swayne, un amigo de David Bailey fotógrafo y exnovio de Patti Boyd, pareja sentimental posteriormente de

Malcom McDowell en el papel de Álex, el protagonista de
La naranja mecánica que pudo encarnar Mick Jagger.

George Harrison y Eric Clapton. En el reparto apareció no obstante Chrissie Shrimpton, exnovia del propio Mick Jagger y fue producido por Roman Polanski quien, estimulado por la buena sintonía que descubrió con David Bailey, se animó a poner en marcha otro proyecto en el cual también se quiso contar con los Rolling Stones: La versión cinematográfica de *La naranja mecánica*.

La idea de Bailey era que Mick Jagger hiciera el papel de Alex, el jefe de la banda, con los otros Stones como sus secuaces, pero esta vez la operación se abortó por problemas de dinero: Oldham quería comprar los derechos de explotación para cine y televisión de la obra de Anthony Burgess y según Bailey, sus propietarios pidieron una cantidad de dinero tan exagerada para autorizar el rodaje y la comercialización de la película, que tanto Oldham como Bailey abandonaron la idea. Fue el último intento de ALO por hacer una película con los Rolling Stones.

Como es sabido, en 1972 Stanley Kubrick rodó la adaptación al cine de *La naranja mecánica* y de hecho la productora del film, antes que a Malcolm McDowell propuso a Mick Jagger el papel que le habían ofrecido seis años antes, pero por aquel entonces el grupo estaba en Francia grabando en la mansión de Keith Richards en Villefranche Sur Mer su álbum *Exile On Main Street* y Jagger declinó la oferta. Dos años más tarde la productora que iba a llevar al cine la ópera-rock *Tommy* de los Who ofreció a Jagger el papel del Primo Kevin, un joven sádico y cruel que disfruta sometiendo a su primo Tommy a toda clase de vejaciones, pero el vocalista afirmó que la cantidad que le sugirieron le pareció un insulto.

CHARLIE IS MY DARLING: CINEMA VERITÉ EN LA IRLANDA DE MEDIADOS DE LOS 60

A medio camino entre el documental experimental y el cortometraje, ya sin pretensiones de grandes estrenos en los cines del centro de Londres, sin Allen Klein como socio y con otra perspectiva completamente distinta, Andrew Loog Oldham produjo por fin una cinta, que ni siquiera llegó a estrenarse hasta que se recuperó, restauró y se le añadió material inédito para presentarla en los festivales de cine de Nueva York y Chicago de 2012 y 2013 respectivamente: *Charlie Is My Darling*.

Paradójicamente, esta fue la única película que, aunque no se estrenó comercialmente en salas de cine y no fue concebida como tal, sin embargo sí llegó a convertirse en un mediometraje que durante décadas fue, aún en sus versiones *bootleg*, un preciado tesoro para coleccionistas, fanáticos y cazadores de rarezas.

La historia de *Charlie Is My Darling* es en esencia muy sencilla: Andrew Loog Oldham ya tenía en la cabeza, como hemos señalado anteriormente, que si no solamente Elvis Presley o los Beatles tenían sus películas, sino incluso grupos de mucha menor popularidad como Gerry & The Peacemakers habían hecho lo propio, los Stones tenían que competir también en ese terreno, en especial cuando el impacto mundial que supuso el éxito de *(I Can't Get No) Satisfaction* les había elevado al estatus de estrellas absolutas ya en todo el planeta. Era el momento, pero antes de lanzarse a la aventura, quiso comprobar cómo se comportaba el grupo ante una cámara, si la cámara se enamoraba de ellos o no, en definitiva, hacer algunos ensayos y contrastar opiniones.

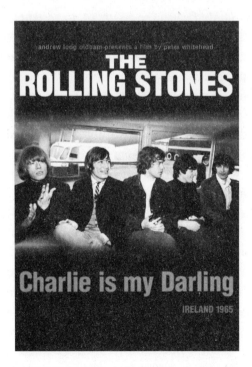

Portada de la edición en DVD de la película sobre los
Stones en sus comienzos, *Charlie is my Darling*.

Para ello llamó a un joven cineasta formado tanto en la cinematografía tradicional como en el *free cinema* inglés, Peter Whitehead, quien ese año había logrado un importante éxito con su documental *Wholly Communion*, un resumen de la famosa reunión de los más destacados poetas de la *beat generation*, incluidos Allen Ginsberg y Lawrence Ferlinghetti en el Royal Albert Hall de Londres. Poco después, sería el artífice de uno de los documentales más afamados y celebrados sobre lo que fue todo el Swinging London y la eclosión del pop y del rock en la capital británica, *Tonite Let's All Make Love in London*. La idea era que Whitehead les acompañase los días 3, 4 y 5 de septiembre de 1965 a los conciertos que el grupo daría en Irlanda, más concretamente en Dublín y Belfast, e irles filmando en diferentes situaciones a modo de test ante la cámara, Más tarde, Peter montó un cortometraje con una selección de diferentes escenas y trató de sacarlo, pero... en los 60 todo estaba sucediendo muy deprisa, y en muy poco tiempo, el curso de los acontecimientos provocó que *Charlie Is My Darling* quedara relegada al olvido.

Andrew Loog Oldham en declaraciones a *Rolling Stone* en 2012, cuando *Charlie Is My Darling* se recuperó, se restauró, se mostró en festivales de cine y se lanzó comercialmente en DVD: «Pensándolo con la perspectiva del tiempo, tal vez fue un error intentar que los Stones hicieran películas, porque ello implicaba seguir una tendencia, o una moda si se quiere: "Si los Beatles lo hacen, nosotros también" pero ello implica seguir lo que otros hacen, no liderar tu propio proceso. De todas formas, también fue una gran oportunidad para ver cuál de los Stones le gustaba a la cámara y resultó ser Charlie Watts, de ahí el título de la película. En cuanto a lo que sucedió con *Charlie Is My Darling* fue simplemente que, por un lado en ese momento no podíamos quedarnos tranquilamente a vivir de las rentas de *Satisfaction*. La industria del disco funcionaba de manera muy diferente a como funciona ahora, tenías que tener un single en *charts* cada dos meses y, de hecho, nada más terminar los conciertos de Irlanda volamos a Los Ángeles para grabar nuestro siguiente single, que fue *Get Off My Cloud* y poco después, empezábamos una gira por Alemania y después otra por Inglaterra, así que no había tiempo de dedicarse en serio a la película. Y, por otro lado, se quedó muy anticuada en cuestión de meses. Nuestro mundo estaba cambiando a un ritmo tremendo. Vietnam, disturbios civiles y raciales, revueltas en la universidad de Kent, San

Francisco, los *hippies*, las drogas como nueva forma de vida... *Charlie Is My Darling* parecía "los chicos de Bowery van a merendar a Belfast" en comparación con lo que estaba pasando».

ABCKO Music, la empresa que actualmente dirigen los herederos del ya fallecido Allen Klein fue quien restauró la cinta original, con la inestimable colaboración del director de cine Mick Gonachour, se añadió mucho material inédito encontrado en los archivos de Peter Whitehead años más tarde y la puso en circulación en DVD.

Sobre el contenido de la película en sí, es posiblemente el único y el último documento que nos mostraba a los Rolling Stones como lo que realmente eran en sus comienzos, mucho antes del salto a la popularidad masiva, los jets privados y las alfombras rojas. Unos Stones trabajando en lo que se convertiría en *Sitting on a Fence* en el sofá de un hotel, tonteando estridentemente —y a veces con evidentes signos de haber tomado una o dos copa de más— con las melodías de los Beatles y Elvis, agachándose y zigzagueando desesperadamente mientras los fanáticos corren por el escenario, estos son los Stones casi, pero aún no del todo formados, tomando conciencia de su asombroso poder y pronosticando con frialdad los explosivos cambios sociales y sexuales en el horizonte cercano en los que serían protagonistas. El estilo, el planteamiento, los planos, la técnica es muy propia de lo que se llamó *cinema verité*, que también ponía el acento en mostrar a los protagonistas de la cinta en su contexto, con mucha atención a los escenarios, los ambientes, de un modo veraz, realista y huyendo de toda artificiosidad. Y por supuesto, impresionante la crudeza, la energía y la radical honestidad de unos Rolling Stones que son fuego puro en el escenario en sus versiones en vivo de *Time Is on My Side, Everybody Needs Somebody To Love* y *(I Can't Get No) Satisfaction*. «Suenan como los Sex Pistols en el 77», afirmó el director Mick Gochanour. «Es crudo. Es real. ¡Es rock'n'roll! ¡Nunca obtendrías ese sentido de los shows de televisión como *Hullabaloo* y *Shindig*!».

Jagger se muestra en alguna de sus declaraciones con una sorprendente visión de futuro para un joven de 22 años. «Los jóvenes han comenzado un cambio de mentalidad. Están en contra de la guerra, aman a todos y sus vidas sexuales se han vuelto más libres», dice en la película. «Toda una especie de nueva base para una nueva sociedad... pero dependerá de ellos continuar con esos ideales en lugar de caer en la misma vieja rutina en la que han caído sus padres».

A DEGREE OF MURDER (TÍTULO ORIGINAL: MORT UND TOTSCHLAG): BRIAN JONES COMO COMPOSITOR DE BANDAS SONORAS

Es conocido que Brian Jones era un extraordinario instrumentista, que tocaba con una destreza, una sensibilidad y una maestría propia de un genio no solamente la guitarra, sino la armónica, el sitar, el saxofón, el piano, la flauta, el acordeón y un largo etcétera de instrumentos, pero... nunca fue capaz de escribir música, de componer como Mick y Keith lo hacían. Andrew Loog Oldham se dio cuenta de ello muy pronto y por tanto y a pesar de que Jones era, en los comienzos de la historia del grupo, su verdadero líder, muy pronto apostó por el tándem Jagger/Richards como motor creativo de las canciones que harían a los Stones grandes a nivel comercial. «Si de Brian hubiera dependido, los Rolling Stones nunca habrían dejado de ser una banda de versiones de blues que jamás habría tocado en un local de un aforo mayor a 200 personas a las afueras de Londres», aseguró Oldham en una entrevista a *Creem* en 1972.

¿Cierto?

Pues entiendo que cabe poner en duda tal afirmación. Brian Jones podía componer música y escribir canciones, pero no era ni lo que más le gustaba ni lo que se le daba mejor. Un ejemplo notable de la capacidad de Brian Jones como productor, por ejemplo, lo encontramos en el famoso disco editado por la Rolling Stones Records en 1971 titulado *Brian Jones Features The Pipes Of Pan At The Jajouka*, en donde, partiendo de las grabaciones que hizo en 1968 con los célebres músicos de Jajouka en las profundidades del Sahara marroquí, se sacó un disco que debería haber sido considerado el mayor y más cualificado precedente de lo que tiempo después se conoció como World Music.

Pero al margen de los Rolling Stones, se sabe por un lado que incluso antes de la noticia oficial de su salida del grupo en junio de 1969, ya llevaba desde diciembre de 1968 ensayando regularmente con John Lennon y Jimi Hendrix con la idea de sacar algún tipo de material e incluso con la idea de formar un grupo juntos, proyecto que fue inmediatamente abortado por los mánager de sus respectivos grupos. En el mercado *bootleg* han circulado durante años maquetas con la música que los tres grabaron, que eran en parte composiciones de Brian Jones y que se hicieron en su casa poco antes de su muerte, formando parte de todo lo que fue robado la trágica noche del 2 al 3 de julio de 1969.

Pero mucho antes, en 1967, algunas de sus composiciones se editaron y fueron lanzadas comercialmente, solo que no en un disco al uso, sino en la banda sonora de una película alemana dirigida por Volker Schlöndorf titulada originalmente *Mort Und Totschlag*, nunca estrenada en España —en castellano se traduciría como *Un grado de asesinato*—, un film independiente que tuvo una muy reducida distribución y cuya banda sonora, gracias a la intervención de Brian Jones, llegó a ser más conocida que la propia película y circuló en varios formatos de discos piratas.

En el verano de 1966, siguiendo una recomendación del fotógrafo alemán Werner Bokelberg, el director Volker Schlöndorff realizó una prueba de pantalla con Anita Pallenberg, la novia de Brian desde el otoño de 1965. Como le dijo el director alemán a Laura Jackson en *Golden Stone: The Untold Life and Tragic Death of Brian Jones*: «Anita Pallenberg era de una belleza y de una sensualidad salvaje. No tuve ninguna duda de que ella sería la protagonista. Antes incluso de que se desarrollara, sabía que haríamos esto juntos, aunque ella nunca había trabajado en una película y le costaba mucho seguir las indicaciones que le hacíamos en el rodaje». Anita sugirió que Brian compusiera la banda sonora de la película, pretensión que Schlöndorff aceptó sin poner pegas en tanto que se hizo muy buen amigo de la pareja durante el tiempo en el que ambos se quedaron en el apartamento de Volker en Múnich mientras se filmaba la película entre octubre y noviembre de 1966.

Cuando se le preguntó qué sabía sobre la música de Jones, el director ahora admitió: «Francamente, nada en absoluto. Solo sabía que estaba con los Rolling Stones. Cuando se instalaron en mi apartamento en Múnich, Brian se trajo de Londres multitud de instrumentos y pude ver que estaba involucrado en la música todo el tiempo. No componiendo exactamente, sino jugueteando, experimentando, probando cosas. Era obvio que estaba tan obsesionado con la música y tan involucrado en la idea, que no había duda en mi mente de que él podría hacer perfectamente la banda sonora».

Sobre el argumento de la cinta y tal y como caracterizaba la corriente experimental del cine de la segunda mitad de los años 60 en general, *A Degree of Murder* es una película no convencional, que no se ajusta a cánones cinematográficos académicos y desde luego en modo alguno similar a las cintas que el aún activo Schlöndorff haría en las décadas siguientes, como *The Lost Honor of Katharine Blum* (1975), *The Tin Drum* (1979) y *La leyenda de Rita* (2000).

Muy sintéticamente, la trama de la película contaba la siguiente historia: Sin intención de matarle sino para defenderse, Marie, el personaje interpretado por Anita Pallenberg le dispara a un exnovio que intentaba reanudar su relación con ella por la fuerza en su apartamento. Luego, la mayor parte de la película se dedica a explicar las vicisitudes para deshacerse del cuerpo sin informar a las autoridades. Marie solicita la ayuda de un par de jóvenes, Gunther y Fritz, de sospechosa condición criminal con los que disfruta de las semiaventuras que tal circunstancia provoca. Todo ello se hace con bastante naturalidad, sin mucho suspense, ritmo o ambigüedad.

Portada de la edición en DVD de la película *Mort Und Totschlag*
protagonizada por Anita Pallenberg y banda sonora compuesta y
grabada por Brian Jones. (Archivo personal Mariano Muniesa)

Como Schlöndorff lo expresó en *Brian Jones: The Making of the Rolling Stones de Paul Trynka*: «La trama versaba sobre la ausencia total de valores conservadores antiguos; una historia criminal sin resolver, sin redención, sin moral. No era una historia de buenos y malos».

Sobre la música que Brian Jones hizo para esta película, fue un trabajo ecléctico y vanguardista muy interesante y muy propio de la época, que combinaba partes de armónica de blues, flauta dulce de sabor clásico recordando su trabajo en *Ruby Tuesday*, sitar distorsionado, algo de orquestación clásica con unos muy sutiles arreglos de cuerda, así como un interludio de piano clásico y fragmentos de órgano fúnebre, banjo y violoncello. Incluso hay un poco de *blues boogie* que recuerda a los primeros Stones y una guitarra de *hard rock* con matices psicodélicos, que algunos cronistas de la época atribuyen en realidad a Jimmy Page. A menudo, los elementos más experimentales juegan con temas de una sonoridad y una musicalidad alegres para reforzar el contraste con la dureza de la trama. Si bien es principalmente instrumental, algunas voces débiles se escuchan muy ocasionalmente, pero sin posibilidad de averiguar o intuir el sentido de la letra.

En cualquier caso, en modo alguno se escucha un *riff* de guitarra memorable o melodías que hubieran podido ser la base de una canción. En realidad, no hay mucho más de veinte minutos de música en total. Hubiera sido difícil ensamblar un LP completo con la banda sonora sin agregar algunas grabaciones que no se escuchan en la película, como, por supuesto, hacen muchos álbumes de bandas sonoras, aunque esto no sucedería con *A Degree of Murder*.

En el comunicado de prensa oficial de la película en 1967, Schlöndorff expresó su gran satisfacción por los resultados. «La música de Brian Jones ha funcionado maravillosamente», declaró. «Su creación encaja maravillosamente en la película, y no creo que nadie más que él pudiera haberlo hecho». Años más tarde, sin embargo, adoptó un punto de vista mucho más crítico y probablemente mucho más realista. «Aunque había fragmentos realmente muy inspirados, el resultado final fue muy decepcionante. En la localización, cuando se determina dónde y durante cuánto tiempo se debe usar la música, ideamos el tiempo para mucha más música de la que Brian hizo. Al escuchar las primeras maquetas, todo parecía estar bien. Pero cuando llegamos a la grabación, él estaba en muy mal estado físico y mental, supongo que por las drogas, y no había preparado mucha música. Así que todo lo que tenemos fue algo improvisado en el estudio, con solo unas pocas notas garabateadas en el papel que tenía. No obstante, lo poco que había allí funcionó bien. Me hubiera gustado tener más. Y a veces, lo que había allí era muy repetitivo. Fue incompleto».

El director en cualquier caso también intentó echar un capote a la labor de Brian en la BSO de *A Degree Of Murder*. «Brian en realidad no sabía muy bien sobre qué tipo de historia tenía que hacer música. Él nunca realmente, como hacen otros compositores de películas, siguió la acción. Eso sí, en ese momento no teníamos DVD ni VHS, por lo que no podía tener una grabadora de video encima del piano. Así que tenías que tomar notas mientras marcabas la música en la mesa de corte, en la mesa de edición. Él no lo hizo, así que lo hice más tarde y se lo envié. Pero nunca trabajó realmente en la interacción entre la imagen y la música. En general, teníamos una idea bastante vaga de la secuencia y sobre ello es sobre lo que trabajaba. Entonces, en ese estado de ánimo, compuso algo o grabó algo. No era como cuando marcas una secuencia en la que de alguna manera sigues la imagen. Era como una grabación aleatoria, cubriendo más o menos la duración de la secuencia».

Cuando se le preguntó si Brian podría haberse establecido como compositor para otros proyectos similares, Schlöndorff aclara: «En cuanto a su talento y su pasión por la música y el cine, absolutamente. El problema, al menos en 1966 era su carácter tendente a la depresión, que acentuaba mucho su adicción a las drogas y sus problemas con el alcohol».

Es realmente increíble que una banda sonora como la de *A Degree Of Murder* sea apenas conocida en el mundo del rock, no ya solo por la presencia de Brian Jones, sino por el elenco de formidables músicos de rock que participaron con el Stone en esta BSO: Jimmy Page, en ese momento guitarrista de The Yardbirds y que todavía era músico de sesión de Inmediate Records, el sello de Andrew Loog Oldham, el batería de los Small Faces y posteriormente de The Who, Kenny Jones y el pianista Nicky Hopkins, que era ya colaborador habitual de los Rolling Stones, así como con el ingeniero de sonido Glyn Johns, toda una leyenda de las mesas de mezclas

Schlöndorff confirma que, aunque nunca aparecieron en los créditos, otros Stones ayudaron, incluido Keith Richards e incluso Mick en algún momento. Era su estudio, de todos modos; trabajaban casi todas las noches allí. Keith realmente se metió en eso, y no solo tocó la guitarra, sino que también coordinó a algunos de los otros músicos, solo para que lo hiciéramos. Él no compuso, pero sí ayudó a ejecutar la grabación.

En *Rolling Stone*, Jimmy Page recordó: «Brian sabía lo que estaba haciendo y realmente fue hermoso formar parte de lo que inventamos en ese momento; algunas de las piezas que cortamos eran cosas que mostraban que era un músico con una enorme imaginación. Su problema quizá era que se cansaba pronto del estudio, aunque no le importaba ensayar cuatro o cinco horas, era raro que estuviera grabando más de dos horas seguidas. Pero estaba avanzando, estaba tocando el mellotrón, el violín, la armónica. Si hubiera tenido un poco más de disciplina consigo mismo, habría convertido aquello en una obra maestra».

Rara vez se ha visto *A Degree of Murder* desde su lanzamiento en 1967, en parte debido a algunos problemas complicados de distribución, aunque Schlöndorff admite: «No la considero una buena película». Según explicaba, «alguien de Universal que estaba en París, la vio allí en una proyección privada, y le gustó porque en realidad estaba enamorado de Anita Pallenberg. Había algunos actores ingleses en ese momento que se estaban haciendo famosos, y tenían interés en estas películas británicas de la nueva ola. Era una época en la que había varias películas con modelos como protagonistas y se pensó que con el tirón de los Rolling Stones, podría funcionar. Y para nuestra propia sorpresa, Universal compró la película. Luego la estrenaron en Londres y no funcionó, así que la retiraron de la distribución, y eso fue todo. En esos casos, cuando un gran estudio compra una película, es casi a perpetuidad. Es por eso que nunca pudimos volver a trabajar con ella, lo único que teníamos eran los derechos para su exhibición en Alemania y ni siquiera yo, sino el productor. Pero tampoco hizo mucho con eso porque la película en general fue un fracaso. Recuerdo que la pusieron en un cine en Frankfurt y fuimos a verla con Anita y Keith Richards. Por supuesto, estaba en alemán. A Keith no le importó. ¡Dijo que lo disfrutó! (risas)».

Con solo 25 años en el momento de estrenarse *A Degree Of Murder*, Anita Pallenberg —quien para mí y para muchos fans fue un miembro más de los Rolling Stones, hasta el episodio de la ruleta rusa en la cama de Keith Richards en 1979— no aparecería en muchas más películas, aunque coprotagonizó con Mick Jagger *Performance* e interpretó a la Reina Negra en la psicodélica película de ciencia-ficción *kitsch* de Roger Vadim de 1968 *Barbarella* con Jane Fonda.

¿Por qué no tuvo más papeles? «Porque era tan perezosa como Brian», declaró Schlöndorff. «Ella no tenía absolutamente ninguna ambición. Traté de hacer que funcionara, que se creyera que podía ser una gran actriz porque creía que podía serlo, pero no lo conseguí de ninguna manera. Era perezosa, relajada, despreocupada, y una adicta invencible a la marihuana. Pero en fin, fue su decisión».

La banda sonora de *A Degree of Murder* nunca se editó en disco, y como por desgracia pasó con mucho, muchísimo material Stone, no solo porque puede que no hubiera suficiente música para llenar un LP, sino por la interminable pelea con Allen Klein y su ejército de abogados, que exigían parece ser una serie de condiciones que no fueron aceptadas.

La relación de Schlöndorff con los Rolling Stones y su música, por cierto, no terminó con *A Degree of Murder*, algo que muy poca gente sabe. Su excelente película *The Legend of Rita*, centrada en la historia de un grupo revolucionario de izquierda radical alemán de los años 70, incluía la grabación original de *Street Fighting Man* en su banda sonora. «Los Stones, esa era la música de la época, el período y el sentimiento, era el rock que escuchaban los activistas de la extrema izquierda alemana en ese momento, comienzos de la década de los 70», aseguraba Volker Schlöndorff.

Licenciar los clásicos de los Stones de los 60 no era fácil, sobre todo si estabas enfrentado a Allen Klein, pero Schlöndorff tenía la solución al problema. «Siempre he mantenido de alguna manera una relación muy amistosa con Keith Richards hasta el día de hoy. Así que le pregunté y le dije que no podía pagar el valor de mercado de la canción. Y me la cedió, pero por un tiempo limitado. Creo que fue durante cinco años. Y no firmé nada; bastó su palabra. Ese tipo de gente es Keith Richards».

Volker Schlöndorff está trabajando actualmente en un documental sobre medio ambiente, cambio climático, árboles y agricultura.

La información sobre sus películas se encuentra en su sitio web, en la que también hay cosas sobre su relación con los Stones. Se puede visitar en www.volkerschloendorff.com.

JEAN LUC GODARD Y LOS ROLLING STONES: *LA NOUVELLE VAGUE* BAILA ROCK'N'ROLL

La política vino a por nosotros, nos gustara o no, a finales de los 60 en el extraño personaje de Jean-Luc Godard, el gran innovador cinematográfico francés, que vino a los Olympic Studios en los primeros días de junio de 1968 para filmar cómo estábamos haciendo Sympathy For The Devil. *Después de muchas tomas, la canción pasó de ser una canción folk dylanesca, bastante ampulosa, a una samba rockera con un ritmo brasileño que luego endurecimos añadiéndole guitarras eléctricas con mucha distorsión. Todo esto fue grabado en cuatro o cinco días por Jean Luc Godard, que veía en los Stones un síntoma del cambio que estaba revolucionando Francia y gran parte de Europa y otros países.*

Keith Richards, *Life*.

Si hablamos de los Rolling Stones y el cine, es inevitable poner en contexto y en cierta manera en conexión lo que supuso el cambio revolucionario que, en los años 60, trajeron a la cultura occidental tanto el rock en el ámbito de la música como los fenómenos del neorrealismo en Italia, que había arrancado ya en la década anterior, el *free cinema* en Inglaterra o por supuesto la *nouvelle vague* francesa en el mundo del cine, junto a las nuevas propuestas que llegaban hasta del este de Europa con la *nueva ola negra* yugoslava o incluso las cinematografías de países emergentes como Argelia o Cuba.

Una nueva técnica, un cambio de paradigma, una manera diferente de contar historias y una filosofía que pretendía abandonar la concepción del cine norteamericano como mera fábrica de productos de consumo fácil y entretenimiento masivo, para reflejar críticamente las realidades de las sociedades en las que esos cineastas vivían, sus contradicciones y en especial en la segunda mitad de los 60, sus conflictos, expresados sobre todo a través de la contracultura y los movimientos juveniles que cuestionaban el *estabilishment* y que, en ese momento, habían hecho del rock'n'roll su banda sonora.

Coincidiendo con el 50 aniversario del estreno, en el otoño de 1968, de la afamada película del director de cine francés Jean Luc Godard, *One Plus One,* el MoMA de Nueva York estrenó en una función exclusiva la recientemente restaurada colaboración de los Rolling Stones y Godard *Sympathy for the Devil (One Plus One).* Martin Scorsese en una entrevista realizada por aquellos días, observó: «Simpatía por el diablo: ahora eso es la quintaesencia. Esa película, con las viñetas que Godard intercala con las sesiones de ensayo, la convierte en una película todavía poderosa e inquietante. Te hace repensar; redefine tu forma de ver la vida, la realidad y la política».

One Plus One —o *Sympathy For The Devil,* ambos títulos se usan indistintamente y se refieren a la misma película— es con toda seguridad el ejemplo más característico de esa nueva forma de hacer cine y de ese lenguaje que la *nouvelle vague* trataba de imprimir en el cine francés y sobre todo en sus espectadores en una época como el año 1968, en el que Francia vivió un movimiento revolucionario popular y juvenil de proporciones inéditas hasta ese momento en occidente y que unió en las barricadas parisinas a obreros, estudiantes y artistas, bajo los retratos de Mao Tse-Tung y Ché Guevara, con la música de los Rolling Stones de fondo.

Rompedora en el ritmo, el lenguaje y las formas, la película de Godard resultó un atractivo, aunque difícil desde el punto de vista de la comprensión cinematográfica tradicional, ejercicio de transgresión de los *standards* habituales para mostrar un *collage* no exento de un deliberado surrealismo sobre los movimientos revolucionarios que estaban surgiendo en 1968. En *One Plus One,* los Rolling Stones aparecen grabando en los Olympic Studios *Sympathy For The Devil* con escenas de militantes del *black power* en un depósito de chatarra de automóviles de Battersea, recitando textos de LeRoi Jones y Cleaver, disparando a chicas en camisón blanco; una entrevista en un exuberante bosque verde con Eve Democracy (Anne Wiazemski) que responde sí o no a las preguntas que definen el temperamento liberal; una librería pornográfica donde el Sr. Quarrier lee *Mein Kampf* mientras los clientes hacen el saludo nazi y luego abofetean a dos jóvenes vendados que cantan por la paz en Vietnam. Todo ello en un conglomerado deliberadamente anárquico, dadaísta, revolucionario en el fondo y en la forma.

Jean-Luc Godard a *Rolling Stone* en 1969: «Mi objetivo cuando filmé a los Stones en 1968 era mostrar el proceso creativo artístico en construcción como una parte de la construcción de la cultura popular. Para demostrar que la democracia no estaba en ninguna parte, ni siquiera en lo constructivo. No de manera destructiva, por supuesto, simplemente diciendo: "Estamos en contra de la guerra" pero sin hacer nada por la paz, sin tener la fuerza para seguir al hombre negro que va a ser un revolucionario. En cuanto a la secuencia en sí, ahora querría que hubiera sido más corta, porque en el momento de la filmación aún no sabemos qué tipo de canción es, y de hecho al final sería muy distinta de lo que se puede intuir en la película porque los Rolling Stones todavía están en el principio de esa creación».

Keith Richards recodaba en su autobiografía una significativa anécdota sobre la visita de Jean Luc Godard a los estudios Olympic durante el rodaje de *One Plus One,* así como su personal visión de

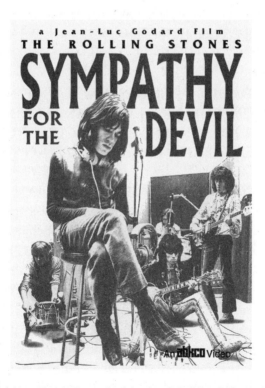

Portada del cartel promocional y del video de la película 'One Plus One' dirigida por Jean Luc Godard, con participación de los Rolling Stones.

lo que el director francés quería en realidad hacer: «Godard estaba fascinado por todo lo que estaba pasando en Londres en 1968 y quería hacer algo radicalmente distinto de todo lo que se hubiera hecho antes en el mundo del cine. Para ello probablemente se tomó algunas sustancias inadecuadas —dada su falta de costumbre— para ambientarse un poco, pero creo que nadie sabía en realidad qué es lo que quería hacer. Lo cierto es que la película resultó una mierda. Ojo, Godard era un gran director y hasta entonces había hecho películas de una confección impecable, incluso comparables a las de Hitchcock, pero aquello... nunca lo entendí, al margen de que casi destruyó los estudios. La sala 1 de los Olympic Studios, donde estábamos ensayando había sido una antigua sala de cine. Para difuminar la luz, cubrió algunos focos muy potentes que había en el techo con papel de seda y en pleno rodaje, todo el papel de seda y, en cuestión de segundos, todo el techo del estudio por efecto del calor que desprendía la maquinaria y los focos empezó a arder a velocidad de vértigo. Era como estar en el Hindenburg: toda la estructura metálica que sujetaba el techo se vino abajo en llamas. Como los últimos días anteriores a la caída de Berlín».

UNA VERDADERA *PERFORMANCE*, UN PINTOR DEL HAMPA LONDINENSE Y LAS SETAS ALUCINÓGENAS DE ANITA PALLENBERG: LA PELÍCULA QUE PUDO HABER ACABADO CON LOS ROLLING STONES

Mientras los Stones terminaban de grabar en los Olympic Studios *Begars Banquet* en la primavera-verano de 1968, a través de Anita Pallenberg, ahora pareja sentimental de Keith Richards, entró en el entorno de los Stones un personaje que una vez más intentó que el grupo, o más concretamente Mick Jagger, tuvieran una proyección en el mundo del cine que, gracias a este proyecto, *Performance*, se consiguió en parte.

Este personaje era Donald Cammell, un artista plástico inglés ganador de una beca para la Royal Academy a la edad de 16 años. Cultivó entre otras muchas facetas de la pintura el retrato combinado con el diseño publicitario y ante la precaria situación económica en la que vivía, se dice que hizo algunos trabajos para el hampa londinense para le permitieron disponer de un dinero extra y conocer el mundo de la delincuencia británica de alto nivel, algo clave para hacer después una película como *Performance*.

Donald Cammell nunca ocultó su relación y su admiración por los hermanos Reggie y Ronnie Kray, los conocidos líderes de las redes de delincuencia organizada más grande y peligrosa de Inglaterra en los años 50 y 60, resultando evidente incluso el parecido físico de Harry Flowers, el jefe gánster en *Performance* con uno de los hermanos Kray. E incluso algunos antiguos delincuentes reales, exmiembros de la banda de los hermanos Kray, supervisaron el guion e incluso aconsejaron a James Fox sobre la forma en la que debía interpretar a Chas.

Tras pasar una temporada en Italia, Donald Cammell se mudó a Nueva York para vivir con la modelo Deborah Dixon, quien era amiga de Keith y Anita —viajó con ellos en la célebre excursión a Marruecos de 1967 en el Bentley del guitarrista de los Stones, en donde se inició la relación sentimental entre ambos— y posteriormente, a comienzos de los 60 se mudó a París y allí es donde conoció y entabló una amistad más estrecha con Anita Pallenberg y donde se interesó por el cine, en un primer momento como guionista.

De hecho, gracias a Anita Pallenberg conoció al director Robert Parrish, que le contrató como guionista para una película a medio camino entre el thriller policiaco y la comedia llamado *Duffy*, producido por la Columbia Films y que contaba en su reparto en los principales con James Mason, James Fox —el coprotagonista junto a Mick y Anita de *Performance*— y Susannah York. El film, realizado en 1967 y estrenado en 1968, tuvo un resultado de taquilla inferior a lo esperado, en opinión de Cammell, porque Parrish no era un buen director ni había trabajado bien su guion. Decidió por tanto que su siguiente paso en el cine sería el de director y, a través de su amistad con Anita, parece ser que ella influyó decisivamente cara a convencer a Mick Jagger para aceptar uno de los papeles protagonistas en la historia que estaba escribiendo, *Performance*. Si Jagger aceptaba el papel, sería mucho más fácil conseguir que una productora potente asumiera la producción y que la película tuviera una distribución que asegurase importantes ganancias.

Obviamente, Mick Jagger aceptó y una productora, digamos, del escalón medio de la industria cinematográfica británica, Goodtimes

Enterprises —productora dirigida por David Puttnam que siempre apostó por el cine inglés experimental y de vanguardia, produciendo cintas musicales como *That I'llBe The Day* o muchas de las películas basadas en la música de Ken Russell, como *Mahler* o *Lisztomania*— y negoció que la película fuera distribuida por Warner Bros. Aunque la dirección no fue exclusiva de Cammell, sino que, por exigencia de la Warner, compartió el trabajo detrás de la cámara con Nicholas Roeg.

La historia de *Performance a priori* podía dar como resultado una muy buena película: Chas, personaje interpretado por James Fox, delincuente que pertenece a la banda de extorsión y chantaje más importante del East London, dirigida por el implacable gánster Harry Flowers, aparece como un personaje controvertido, con inclinación a prácticas sexuales de tipo sadomasoquista, pero disciplinado, eficaz, fiel a sus jefes y considerado un hombre de la máxima

Cartel de promoción para exhibición en cines de la película
Performance, 1970. (Archivo personal Mariano Muniesa)

confianza de Harry Flowers. Pero la rivalidad con un antiguo enemigo de Chas en el hampa que entra en la banda provoca su ruptura con Flowers y la necesidad de escapar a América para no ser directamente ejecutado por sus antiguos compañeros, por orden de Flowers. Mientras viejos amigos le fabrican un pasaporte falso para que pueda huir del país, de casualidad escucha una conversación en una estación en la que un músico de rock —no sé si deliberadamente o no— de inequívoco parecido físico con Jimi Hendrix, cuenta a su madre que deja libre una habitación de un *flat* de Notting Hill Gate y contacta con esta casa para ocupar la habitación libre, que pertenece a una estrella de rock retirada de la música que parece vivir aislada del mundo con dos mujeres. Este músico, llamado Turner, es el papel que interpreta Mick Jagger.

Chas se queda en la casa y las increíbles experiencias que vivirá en el oscuro, surrealista y claustrofóbico entorno de Turner transformarán su personalidad y su carácter mucho más de lo que él mismo podría imaginar, hasta que llega el final de la aventura, sometido a muchas interpretaciones y que, si bien se analiza al ver la película, en modo alguno es lo que parece...

Performance no puede decirse que fuera un fracaso de taquilla, pero sí es cierto que se quedó muy por debajo de las expectativas que había creado ante las apariciones estelares de Mick Jagger y Anita Pallenberg, al margen de que los críticos la destrozaron. Nadie pareció entender que era una historia cuya aparente anarquía interna a partir de un momento determinado del desarrollo de la historia era coherente con el espíritu de la época y con la atmósfera onírica, misteriosa y surrealista, cuando no lisérgica y alucinante pretendidamente recreada, reflejando ese mundo singular que Turner se había construido para aislarse del mundo del que había querido escapar.

Especialmente duras fueron las críticas contra Mick Jagger, al que más de un crítico acusó de interpretarse a sí mismo, que en esencia es lo que el guion de Donald Cammell exigía. Como si ello resultara fácil, hasta para alguien como el propio Mick Jagger. Personalmente, siempre he discrepado de ese punto de vista: Turner no es ni mucho menos un sosias del *frontman* de los Stones y menos aún del Mick Jagger de finales de los años 60. Turner vive encerrado en mundo oscuro y fantasmagórico que él mismo se ha fabricado, Jagger es alguien que forma parte del paisaje del pop y del rock, que vive para ser observado. Eso sí, encarnó un papel que reforzó su imagen escénica sin copiarla.

A pesar de que la cinta estaba prevista que se estrenase en diciembre de 1968, no fue hasta el verano de 1970 cuando finalmente *Performance* pudo ser exhibida en los cines, por problemas con la censura y con los distribuidores. En los pases previos para la prensa y los productores, la reacción no pudo ser peor: quienes esperaban encontrar una visión original del *Swinging London,* si acaso con algún toque surrealista y provocador, se encontraron con una película que, en su opinión, no era sino una cinta próxima a la pornografía, que penetraba en una oscura y nada edificante relación entre el sexo, la violencia y los supuestamente liberadores efectos del consumo de drogas alucinógenas. Warner exigió editar determinadas partes de la película, algo a lo que Donald Cammell se negaba y que le creó fricciones con Nicholas Roeg.

> *Todas las historias sobre la filmación de esas escenas de*
> *sexo con Michele Bretón y Anita Pallenberg son tan buenas,*
> *son tan buenas que no voy a negar ninguna de ellas.*
>
> Mick Jagger, *Performance: The Making of a Classic,* 2018.

La atmósfera claustrofóbica y destructiva que se crea en *Performance* desde el momento en el que Chas entra en la casa —siempre me recordó al escalofriante momento en el que Jonathan Harker cruzó *por su propia voluntad* el umbral de la puerta de entrada al castillo del conde Drácula— en cierta manera se apoderó de todo el entorno de sus protagonistas, incluido el propio Donald Cammell. Es evidente que desde el primer momento se supo que durante el rodaje Mick Jagger y Anita Pallenberg tuvieron una intensa relación sexual más allá de las *exigencias del guion*, lo cual distanció a Mick y a Keith. «Sabía lo que estaba pasando, y aquello abrió una brecha considerable entre Mick y yo, pero sobre todo por parte de Mick, no tanto por la mía», aseguraba Keith Richards en *Life,* su autobiografía; «pero no quise hablar de ese asunto con Mick. No le dije nada del asunto con Anita y decidí esperar a ver en qué acababa todo. No era la primera vez que habíamos competido por una mujer, había ocurrido más de una vez con algún ligue pasajero en nuestras primeras giras, pero claro, eso no sienta una base muy sólida para la amistad ¿verdad? Y además, durante el rodaje de *Performance* yo me estaba acostando con Marianne. Vaya lo uno por lo otro ¿no?».

Marianne Faithfull, pareja de Mick Jagger en 1968 en su *Autobiografía*: «Mientras duró el rodaje, Keith no se acercó ni un solo día por el plató. Sabía que aparecer por allí habría significado un choque frontal con Mick y si eso sucedía, sería el final de la banda. Una noche, estábamos juntos Robert Fraser, Keith, Anita y yo en casa de Robert y Keith cogió la guitarra y empezó a rasguear y a tararear lo que un año después fue *You Got The Silver*. Era una hermosa canción de amor dedicada a Anita. Por eso fue tan difícil y tan dolorosa la traición de Mick y Anita para él. Pero tuvo la suficiente autocontención e inteligencia como para no enfrentarse a ellos provocando una catástrofe, sino que vertió toda su hostilidad, frustración y confusión en canciones. Y el resultado fue un álbum como *Let It Bleed*».

Performance arrastró una suerte de maldición para muchos de los involucrados, que parecían tocados por una mano sombría y diabólica que dirigió sus vidas hacia el desastre. Donald Cammell, el creador de la historia se quitó la vida disparándose en la cabeza con una escopeta en su casa el 24 de abril de 1996. Su viuda contaba que Donald desde muy joven padecía problemas de depresión y que sus últimos fracasos en la pantalla indudablemente le llevaron a tomar tal decisión y que de hecho no murió instantáneamente. En su último momento de lucidez mientras agonizaba, Donald suplicó a su viuda, China Cammell, que le pusiera un espejo delante del rostro, ante el cual preguntó: «¿No ves ahí a Borges?». Cabe recordar que a lo largo de *Performance*, en la decoración de la casa se ven en más de una ocasión libros del insigne literato argentino, sugiriendo que tanto Turner como sus acompañantes eran lectores de sus obras.

Por su parte James Fox se retiró del mundo del cine tras el rodaje de *Performance* y estuvo casi 15 años fuera de los platós y estudios hasta que decidió aceptar un papel en 1984 para la película *Pasaje a la India*. A lo largo de todo ese periodo, vivió anónimamente en el entorno de una suerte de secta religiosa llamada The Navigators que según contaba el propio James Fox, ya había contactado con él antes del rodaje de la película.

Anita Pallenberg vivió durante más de una década una tormentosa y durísima adicción a la heroína que la llevó a estar detenida en más de una ocasión y que en 1979 fue la causa de la ruptura de su relación con Keith Richards. Singularmente especial es el caso de Michele Breton, la casi adolescente actriz francesa descubierta por Godard que interpreta a Lucy y de la que solamente se sabe que también terminó por hacerse heroinómana, no volvió nunca a ser contratada para ninguna película y de hecho, hoy está virtualmente desaparecida. Ni siquiera se sabe si está viva o muerta.

En realidad, solo sobrevivieron a *Performance* los propios Rolling Stones, pese a la crisis que vivieron en ese momento y que impidió que grabasen la banda sonora del film, que fue llevada a cabo por el pianista colaborador eventual de los Stones Jack Nitzsche y cuyo single, *Memo From Turner*, coescrito entre Mick y Keith y lanzado varios meses antes del estreno de la película como single de Mick Jagger en solitario, obtuvo un relativo éxito en los *charts* británicos.

Para los cazadores de rarezas: existen al menos tres versiones de esta canción. La primera de ellas, solo conocida en discos piratas de *outtakes*, es una versión tipo balada grabada por Steve Winwood en todos los instrumentos excepto en la batería, que es interpretada por Jim Capaldi y obviamente con Mick Jagger a la voz, grabada en octubre de 1968. La segunda versión, que es la que aparece en el álbum de rarezas *Metamorphosis* lanzado en junio de 1975 por Allen Klein es muy diferente, más directa, más parecida a la que finalmente se editó como single y fue grabada por los propios Rolling Stones el 17 de noviembre de 1968 en los Olympic Studios y según sea la fuente consultada, de ella se hicieron dos tomas, una con los Stones al completo y otra en la que Al Kooper sustituyó a Keith Richards en la guitarra y Jim Capaldi a Charlie Watts en la batería.

La tercera y definitiva versión de la canción se grabó en Los Ángeles a mediados de enero de 1970 y utilizó la pista vocal de la primera versión lenta de octubre de 1968. La cinta con la voz de Jagger se envió a Jack Nitzsche, quien se valió, para la versión que fue la que se sacó como single pocas semanas más tarde, de Ry Cooder y Russ Titelman como guitarristas, Randy Newman en el piano, Jerry Scheff al bajo y Gene Parsons a la batería.

NED KELLY: LA ENÉSIMA INTENTONA FALLIDA

> *Hice* Ned Kelly *porque en ese momento los Stones necesitábamos un* break *para afrontar el trabajo con el grupo después de todo lo que nos había pasado en los dos últimos años y era una buena oportunidad para mí para poder desconectar. Creo que no era mala idea, pero todo empezó a salir mal. Hasta que no la haces, nunca sabes si una película resultará ser un montón de mierda, y si lo hace, todo lo que puedes decir es: «Bueno, eso fue un montón de mierda», y tratar de asegurarte de no volver a hacer algo así.*
>
> Mick Jagger, *Creem*, 1972.

Tal vez porque la infinidad de problemas, discusiones y contratiempos que se habían organizado en torno a *Performance,* que casi un año después de haber sido rodada no se sabía cuándo se estrenaría, ni siquiera si llegaría a proyectarse algún día en las pantallas de cine, por el difícil momento personal que Mick Jagger vivía, con su amistad con Keith Richards pasando un momento de distanciamiento tanto personal como creativo, abatido y dolido, tanto por la decisión de que Brian Jones dejara a los Stones como por su muerte el 2 de julio de 1969, de la que en algún tiempo se culpó en cierta manera y su relación sentimental con Marianne Faithfull ya en la antesala de la ruptura, el cantante aceptó una oferta de Tony Richardson: hacer una nueva película en Australia, durante aquel controvertido verano de 1969, por lo que pasó entre julio y septiembre rodando una nueva película, basada en la biografía del llamando Robin Hood de Australia, el legendario forajido Ned Kelly. Tony Richardson también propuso para el papel femenino principal a Marianne Faithfull, a quien estaba dirigiendo en la función de teatro *Ofelia.*

La idea de hacer esta película fue de los principales directivos de la productora cinematográfica británica Woodfall Film Productions, el productor Harry Saltzman y el director Tony Richardson, quienes habían producido en los 60 algunos de los films de más éxito del *free cinema* inglés, como el célebre *La soledad del corredor de fondo,* pero que al final de la década no atravesaban su mejor momento y apostaron por popularizar un género que se dio en llamar el *bushranger western,* es decir películas al estilo de los westerns americanos pero ambientadas en la época de las revueltas sociales en la Australia de finales del siglo XIX. Desde mediados de los 60 el *spaghetti western* había funcionado comercialmente muy bien y pensaron, con poco acierto, bajos presupuestos y mala suerte, reinventar este género. La jugada no salió bien.

La misma noche en la que Mick y Marianne Faithfull aterrizaron en Sydney, ya se produjo un grave incidente que indicaba que las cosas en *Ned Kelly* no iban a ir bien. Marianne ingirió nada más llegar a la capital australiana, con clara y confesa intención de suicidarse, una sobredosis de Tuinal, un tranquilizante prescrito con receta médica, pero cuyo consumo en dosis superiores a la indicada puede ser mortal. Salvó milagrosamente la vida, pero tuvo que ser sustituida en el rodaje de la película.

Toda una serie de desgraciados accidentes, que fueron desde una intoxicación alimentaria que arrasó con el equipo de producción varios días, un incendio que destruyó gran parte del vestuario y la caída de un carro de caballos del coprotagonista Mark McManus, que se salvó por poco de una lesión grave, fueron tan solo algunas de las vicisitudes que se sucedieron durante el rodaje, incluido otro accidente en el que se vio involucrado el propio Mick Jagger. Mientras filmaban la escena del enfrentamiento a tiros de Ned Kelly en el asedio de Glenrowan con la policía, la pistola de fogueo que tenía que disparar falló, clavándole varias esquirlas de metal en la mano y produciéndole quemaduras graves que le obligaron a tener dos semanas el brazo en cabestrillo. «Ned Kelly resultó herido durante el asedio de Glenrowan hoy, pero no por la policía», decía sarcásticamente un reportaje del *Sydney Morning Herald* fechado el 20 de agosto de 1969. «Las tropas del gobierno no podían apenas creerlo: Ned resultó herido en la mano cuando su pistola salió disparada por la culata».

La película fue un fracaso de taquilla sin paliativos incluso en la propia Australia, las críticas fueron durísimas y el propio Mick Jagger las asumió y estuvo de acuerdo. El *Daily Telegraph* escribió en su reseña del film: «Mick Jagger puede hacer que las chicas griten cuando canta rock and roll, pero no hubo gritos para él cuando interpretó a Ned Kelly… a menos que se cuenten como tales los gritos de angustia».

En cualquier caso, *Ned Kelly* sí dejó una banda sonora decente, en la que los Stones no intervinieron en nada, a excepción de Jagger, quien no obstante solo intervino como cantante en una canción de la BSO, *The Wild Colonnial Boy*, una balada folk tradicional australiana, siendo el resto del disco una serie de canciones de estilo country a cargo de Kris Kristofferson y Waylon Jennings.

A su vuelta de Australia el grupo terminó de grabar su álbum *Let It Bleed*, volvieron a hacer su primera gira americana en tres años, sacaron un formidable álbum en directo de aquella gira, el inmenso *Get Year Ya-Ya's Out – The Rolling Stones in Concert!*, crearon su propio sello discográfico, llevaron a Allen Klein a los tribunales, se exiliaron en Francia, al no poder asumir la deuda que acumularon con la hacienda británica y, en medio de todo aquello, Mick Jagger dejó aparcados *sine die* sus anhelos de llegar a ser una estrella de cine. Aunque los Stones seguirían vinculados al mundo del cine y de hecho, en ese mismo año crucial de 1969 una película será el más vívido testimonio del episodio más trágico de toda su trayectoria.

GIMMIE SHELTER: SIMPATÍA POR LA TRAGEDIA

Cuando tienes la oportunidad de ver la película en el cine, hay una escena que nunca deja de provocar una gran carcajada, incluso en medio del horror. Sí, estoy hablando del perro. Los Stones están en medio de Sympathy for the Devil, *pueden ver cómo su festival degenera en un horrible estallido de violencia y de repente, un perro pastor alemán sube al escenario y pasea junto a la banda. Pobre Mick. Está tratando de controlar la situación aquí, acaba de llegar a la Revolución rusa, pero ahora aquí está este perro convirtiendo todo en un tragicómico sketch de los Monty Python. Durante años, este perro mantuvo el récord de la mejor actuación canina de todos los tiempos en una película sobre la pesadilla de Altamont de 1969 hasta el año pasado, cuando la corona fue reclamada por el perro de Brad Pitt en el* Érase una vez en Hollywood *de Quentin Tarantino.*

Rob Sheffield, *Rolling Stone USA*, diciembre de 2020.

Tal vez porque se arrepintieron de haber desaprovechado aquella oportunidad, los Stones siempre han pasado muy por encima cuando se les ha preguntado por qué rechazaron la oferta de Michael Lang para haber formado parte del cartel del festival de Woodstock de 1969. Pero Mick Jagger, que había quedado muy descontento de la actuación del grupo en Hyde Park, al darse cuenta de que no habían ensayado lo suficiente y estando en medio del rodaje de una película, no podía organizar unos ensayos en condiciones para tener la seguridad de que el grupo haría una actuación memorable en un festival de tal envergadura, dijo no a Woodstock.

En noviembre de 1969, con el grupo ya nuevamente bien engrasado y habiendo protagonizado una gira americana en la que estaban haciendo actuaciones sensacionales, Jagger dijo: «¡Haremos nuestro propio Woodstock!».

De hecho, contrató para la producción del concierto que se celebraría en Altamont, California el 6 de diciembre al propio Michael Lang —se le puede ver en persona en alguna de las secuencias de la película— y dado que, de las grandes citas anteriores en lo que a festivales de rock se refiere como Monterey y Woodstock, se habían hecho largometrajes, encargó a los hermanos Albert y David Maysles, una pareja que ya tenía una más que consolidada reputación en el mundo del cine documental, merced a sus trabajos *Orson Wells In Spain* (1963) o especialmente *What's Happening! The Beatles In the USA* (1964), que acompañaran al grupo en sus últimas actuaciones de la gira americana del otoño de 1969 y sobre todo, en la fecha final que debería ser el corolario de todo el *tour*: el festival de Altamont, cuyo cartel contaría con la presencia de Santana, The Flying Burrito Brothers, Crosby Stills Nash & Young, Jefferson Airplane, Grateful Dead y por supuesto y como estrellas del evento, The Rolling Stones.

Sin necesidad de dar clases de arte dramático ni pasar horas y horas esperando en un plató el momento de ponerse ante la cámara ni memorizando guiones, los Rolling Stones en esta ocasión pudieron hacer y de hecho creo que hicieron —¡por fin!— una gran película, aunque al menos en parte, no por los motivos que hubieran deseado. Un film documental que debía mostrar a los Stones por dentro, tanto en gira como trabajando en el estudio, se convirtió en gran medida en un gran documental igualmente, pero sobre la investigación de un asesinato ocurrido durante el concierto y con los miembros del grupo como aterrados e impotentes testigos desde el escenario.

Gimme Shelter es en realidad, dos películas en una. La primera mitad es el final de la gira de los Stones por Estados Unidos, desde las inolvidables y maravillosas actuaciones del Madison Square Garden de Nueva York, hasta las sesiones de grabación de los Muscle Shoals. La segunda mitad es Altamont. La primera mitad es sexo, la segunda es violencia; la primera mitad es una banda haciendo historia, la segunda es la historia contraatacando contra la banda. La segunda parte es la razón principal por la que este documental de rock es un clásico, al convertirse en un magnífico documento sobre la tragedia que aún hoy todavía se discute sobre si se pudo o no evitar, aunque la primera mitad es musicalmente mucho más interesante.

Para la historia quedan por un lado los fragmentos de los Stones en directo atacando con una fuerza, una energía y una fortaleza extraordinarias versiones en directo tan salvajes como las de *Jumpin'Jack Flash* o *(I Can't Get No) Satisfaction*, como sentidas e intensas de *Love In Vain* en los conciertos de Nueva York. Ver a Mick y a Keith bailando en su habitación de hotel Brown Sugar y, sobre todo, grabando y escuchando en los Muscle Shoals, *Wild Horses*. Sin olvidar las surrealistas conversaciones del abogado del grupo, un peculiar y controvertido personaje llamado Melvin Belli, que en una de sus discusiones por teléfono, sentencia: «Ya sé que los festivales de rock son un jodido dolor de cabeza. No me conviertan en un proctólogo y díganme simplemente en qué puedo ayudar aquí».

Cartel promocional para exhibición en cines de la película *Gimmie Shelter*, 1970.

Dato que muy pocas veces se ha revelado: Melvin Belli, el abogado de los Stones en los USA en 1969, fue el abogado defensor de Jack Ruby, el asesino de Lee Harvey Oswald, procesado bajo la acusación de ser el autor material del asesinato de John Fitzgerald Kennedy, presidente de los Estados Unidos en 1963. ¿Coincidencia? En 1968, Belli fue también el abogado defensor de Sirhan Sirhan, único acusado y condenado por el asesinato de Bob Kennedy, hermano de JFK y candidato a la presidencia en junio de 1968. No hace falta decir que las conclusiones del tribunal establecieron que tanto Ruby como Sirhan actuaron solos... —sí, de acuerdo, les permito una irónica sonrisa, yo también la estoy esbozando mientras escribo—.

Imagino qué pensaría Belli si escuchó alguna vez la canción de los Rolling Stones *Sympathy For The Devil* y oyó a Mick Jagger exclamar: «Y grité: ¿Quién mató a los Kennedys?».

La segunda parte de *Gimmie Shelter* es la cuenta atrás del funesto suceso desde primeras horas de la mañana, conforme apuntan los primeros rayos de sol, en un tenso *in crescendo* hasta la marcha de los Stones, ya de noche cerrada, en helicóptero sobrevolando el escenario del crimen. Musicalmente tiene momentos muy válidos, como las actuaciones de los Flying Burrito Brothers y Jefferson Airplane, más allá de la escena en la que los Ángeles del Infierno golpean al cantante de Jefferson Airplane, Marty Balin.

Y por supuesto, el momento en el que, en medio del caos provocado por el exceso de drogas, alcohol, cansancio y hostilidad de la audiencia contra la conocida y controvertida banda de moteros de los Ángeles del Infierno, a quienes se encomendó la seguridad del concierto, la tardanza de los Stones sin motivo aparente en comenzar su actuación y la tensión acumulada resultante de todo lo antedicho, las cámaras involuntariamente captan el momento en el que un Ángel del Infierno llamado Alan Passaro apuñala cinco veces en la espalda y el cuello a uno de los asistentes, el joven negro Meredith Hunter, quien llevaba consigo un arma de fuego, y que fallece a consecuencia de la graves heridas por arma blanca que se le infiere por parte del Ángel del Infierno.

La película se estrenó un año más tarde, en el otoño de 1970 y esta vez sí que fue todo un éxito de taquilla y dejó en las cuentas bancarias de los Stones unos más que suculentos beneficios. Es, de hecho, todo un clásico del cine documental musical que, con frecuencia, se repone en muchos festivales de cine de esta temática.

Datos para la historia que apenas se conocen: Aunque se filmó material, por cuestiones de burocracia contractual entre compañías discográficas no se incluyó en la película nada de Santana ni de CSN&Y y, parece ser que por cuestiones de metraje, tampoco se incluyó nada de lo filmado por los hermanos Maysles en el concierto que los Stones dieron justo unos días antes de su actuación en Altamont, su show como cabezas de cartel en el West Palm Beach de Florida el 30 de noviembre de 1969, donde también participaron Country Joe & The Fish, Grand Funk Railroad, Spirit, Iron Butterfly, Vanilla Fudge, Jefferson Airplane, Johnny Winter y Janis Joplin.

En el equipo de operadores de cámara que compusieron el equipo de filmación de *Gimmie Shelter*, se encontraba un joven que, pocos años más tarde, se convertiría en todo un icono del cine de aventuras y ciencia ficción espacial: George Lucas, el creador de mitos cinematográficos como *La guerra de las galaxias* e *Indiana Jones*.

Las filmaciones de *Gimmie Shelter* fueron una de las pruebas presentadas por la defensa de Alan Passaro en el juicio en el que se le acusó del asesinato de Meredith Hunter. Condenado en primera instancia, en el recurso que presentó su defensa, las filmaciones de la película mostraban cómo Meredith Hunter muestra visiblemente el revolver que llevaba en actitud amenazadora, por lo que el tribunal determinó que Passaro actuó en defensa propia y por tanto, fue puesto en libertad.

En honor a la verdad, hay que decir que el hecho de que *Gimmie Shelter* fuera una película que en un momento determinado se transformara en un documento de investigación casi policiaca sobre un trágico acto de violencia, con el resultado de la muerte de una persona, amplificó, exageró y creó un absurdo halo de atracción de la violencia y la maldad en torno a los Rolling Stones, que nunca tuvo absolutamente nada que ver con la realidad. *Gimmie Shelter*, indudablemente contra la voluntad de todo el equipo que filmó la película y por supuesto del grupo, fue convertida en un estigma que asoció al grupo con la violencia y el crimen que tuvo consecuencias aberrantes en determinados casos.

El célebre promotor catalán de conciertos Gay Mercader, en más de una ocasión me ha comentado cómo, cuando estaba prácticamente cerrada la celebración del primer concierto de los Rolling Stones en Barcelona en junio de 1976 en la localidad de La Roca Del Vallés, el ayuntamiento de la ciudad revocó todos los permisos y prohibió la celebración del concierto allí, cuando alguien tuvo la desafortunada idea de proyectar *Gimmie Shelter* en un cine local y mucha gente pensó que el mismo tipo de sucesos se iban a producir el día que los Stones tocaran allí.

En la historia del rock ha habido sucesos infinitamente más luctuosos, pero obviamente con mucho menos significado simbólico que lo que ocurrió en Altamont. Los once muertos aplastados contra las puertas de acceso del Riverfront Coliseum de Cincinatti en diciembre de 1979, en un concierto de The Who, las dos víctimas mortales por aplastamiento en el festival de Donington de 1988 durante la actuación de Guns N'Roses o, si se quiere, la masacre perpetrada por un grupo terrorista islamista radical en la sala Bataclan de París durante el concierto de Eagles Of Death Metal en noviembre de 2015.

Por no dejar de mencionar el desastre de Woodstock 1999, en el que además de un muerto, se desató un estallido de violencia que parece un milagro que no produjera muchas más víctimas mortales. O las tragedias sucedidas en ámbitos como el del fútbol, con episodios como el de la masacre del estadio Heysel en Bruselas en 1995 en la final de la Copa de Europa entre el Liverpool y la Juventus de Turín, o el asesinato a manos de un grupo terrorista de ultraderecha llamado Bastión, disfrazados de seguidores del Atlético de Madrid, de un joven vasco, Aitor Zabaleta, seguidor de la Real Sociedad en diciembre de 1998. Pero por suerte o por desgracia, no había allí un equipo de cámaras de cine profesional para plasmarlo en una película. Ni estaban los Rolling Stones, *of course...*

INVOCATION OF MY DEMON BROTHER: EL TEATRO DEL ABSURDO

¿Mick Jagger discípulo de Satán? Por favor...
si acaso, ¡discípulo del satén!

Marianne Faithfull, *Autobiografía*, 1995.

En otros capítulos de este libro abordaré alguno de los falsos mitos y estupideces varias que se han vertido sobre los Rolling Stones y el satanismo, en especial por ese heteróclito y delirante conglomerado de Iglesias o mejor dicho, pseudoiglesias que especialmente en Estados Unidos y América, fuertemente financiadas por *lobbys* de extrema derecha, organizan podcasts, reuniones y toda clase de cuchipandas para advertir a sus acólitos que el rock'n'roll y los Rolling Stones son la encarnación del mal en la música.

Pero ahora que estamos inmersos en la relación del cine y los Rolling Stones, hay que hacer una mención a un episodio casi nunca mencionado en las biografías del grupo: La participación de Mick Jagger como músico y extra en un cortometraje titulado *Invocation Of My Demon Brother*, producido y dirigido por un peculiar personaje llamado Kenneth Anger, cineasta norteamericano, confeso seguidor del fundador de la corriente filosófica *Thélema*, considerada próxima al satanismo de Aleister Crowley y de Anton Szandor La Vey, fundador en Estados Unidos de la primera Iglesia de Satán.

Kenneth Anger se hizo más famoso antes que por sus veleidades satanistas, por su controvertido libro *Hollywood Babilonia*, publicado en 1959, en el que destapaba supuestos escándalos de las estrellas del cine y que le hizo famoso en los ambientes en los que se movía ese entorno de artistas, directores de cine, escritores y demás gente que rodeaba a Marianne Faithfull y Anita Pallenberg. En opinión de Marianne, Kenneth Anger era uno más de los muchos homosexuales como Andy Warhol o Tom Driberg, político laborista que quiso en 1968 captar a Mick para el Partido Laborista inglés, que querían involucrarle en sus proyectos cara a tener una oportunidad de acostarse con él. Fuera o no esa su intención y dado que conocía bien a Donald Cammell, el co-director de *Performance* —Cammell había participado como actor en *Lucifer Rising*, otra de las películas satánicas de Anger— logró que Mick le compusiera y grabara la banda sonora de *Invocation Of My Demon Brother*.

Esta cinta, un cortometraje que apenas supera el cuarto de hora de duración, era un supuesto ejercicio de cine experimental, un extraño experimento cuya misteriosa música —teclados y sintetizador— fue compuesta y grabada por Mick Jagger y en el que Anger mezcla, de manera totalmente inconexa y sin relación aparente entre sí, escenas de sexo homosexual, soldados en la guerra de Vietnam, una suerte de danza ritual en una ceremonia satanista, imágenes de los Rolling Stones tocando en el concierto homenaje a Brian Jones en Hyde Park y la aparición del fundador de la Iglesia de Satán en Estados Unidos, Anton La Vey en persona. La filmación mezcla unas escenas con otras superponiéndose entre sí, jugando con la iluminación para crear una atmósfera misteriosa, siniestra, tétrica y en la que, como dijeron algunos críticos de la época, mostraba cómo podía ser un *bad trip* de ácido. De hecho, el fondo que hay en la sala donde el oficiante baila en el ritual era como los collages que Pink Floyd ponían en sus actuaciones en el club UFO de Londres.

En cuanto a la *banda sonora* compuesta por Jagger, se ignora si Kenneth Anger le pagó algo o no, pero lo cierto es que no es más que un bucle de secuencias de sonido electrónico, que se grabaron con un sintetizador Moog en la casa de Cheyne Walk de Mick y Marianne en Londres, repetitivo hasta la saciedad y que no creo que sea ni mucho menos de lo que Mick Jagger pueda sentirse más orgulloso de su carrera en solitario.

En tanto en cuanto Mick Jagger se prestó a hacer una breve aparición de apenas unos segundos en la película y compuso su *banda sonora*, los Stones aparecieron tocando en Hyde Park en un corto en el que aparecía Anton Szandor La Vey y un miembro de la *familia* de Charles Manson, Bobby Beausoleil, quien sería meses más tarde sentenciado a la pena de muerte, posteriormente conmutada por cadena perpetua por asesinato. Todo esto acentuó la supuesta relación de los Stones con el satanismo, el ocultismo y la demonología. En otras partes de este libro se explica cómo todos estos disparates, constituyen la mayor parte de los falsos mitos que existen sobre los Rolling Stones.

COCKSUCKER BLUES: LOS STONES ENCERRADOS EN SU PROPIA TRAMPA

De esto sí que habrán oído hablar y habrán leído en otros libros sobre los Rolling Stones. La famosa canción, *Cocksucker Blues* —el *Blues del chupapollas*—, sobre un chico que llega de provincias a Londres y pretende ganarse la vida en el mundo de la prostitución homosexual, buscando quién puede darle por culo y a quién podría chuparle la polla que escandalizó de tal manera a sir Edward Lewis, el director de la Decca Records, que se negó a su edición como single, el single con el cual los Stones concluían contractualmente el contrato con este sello. Con independencia de que Decca la quisiera editar o no, al entregarla de esta suerte los Stones quedaron liberados de cualquier obligación con el sello y *Cocksucker Blues* —dicho sea de paso, ninguna maravilla como canción: un blues acústico lento y muy poco trabajado, en el que se evidencia que la marihuana firmaba el corte junto a Jagger y Richards—, convertido en un mito de la leyenda negra de los Stones.

A partir de esta canción, en el transcurso de la célebre gira americana de 1972, el grupo quiso que se filmase una película-documental acerca de cómo era la vida de los Rolling Stones en gira, que de entrada y para *facilitar* las cosas, su director Robert Frank quiso que se llamase precisamente *Cocksucker Blues*.

Bien, hasta aquí la historia conocida. Ahora bien, si les pregunto quién era Robert Frank... ¿qué me dicen?

Robert Frank fue un fotógrafo nacido en Zúrich en 1924, emigrado a Estados Unidos en 1947. Allí, sus atrevidas fotografías llamaron la atención del legendario director artístico de *Harper's Bazaar*, Alexey Brodovich, para el cual trabajó como fotógrafo para desfiles de moda, lo cual le permitió obtener una beca Guggenheim en 1955. Posteriormente, durante dos años a lo largo de todos sus viajes por Estados Unidos estuvo fotografiando toda clase de paisajes, escenarios y situaciones de la América real, de los negros, de los marginados, acumulando un material fotográfico que quedó plasmado en un libro que sigue siendo, a día de hoy, un clásico de los libros de fotografía contemporánea, a pesar de que fuera editado antes en Francia que en Estados Unidos: *The Americans*. Dijo Robert Frank sobre este trabajo: «Estados Unidos es un país interesante, pero hay muchas cosas que no me gustan y que nunca aceptaría. También intento mostrar esto a través de mis fotos».

Robert Frank tuvo el privilegio de contar para este libro con el prólogo de otro de los narradores más certeros de la América desconocida, cátedra viva de la *beat generation*: Jack Kerouac. En la introducción que escribió para *The Americans*, decía: «Esa loca sensación en América cuando el sol calienta las calles y la música sale del *jukebox* o de un funeral cercano, eso es lo que Robert Frank ha capturado en tremendas fotografías sacadas mientras viajaba por carretera, alrededor de casi 48 estados, en un viejo coche usado y con la agilidad, el misterio, el genio, la tristeza y el extraño secreto de una sombra ha fotografiado escenas que nunca antes habían sido vistas en película. Por esto sin duda será celebrado como un gran artista en su campo. Después de ver estas imágenes, terminas por no saber si un *jukebox* es más triste que un ataúd».

Puro espíritu *rolling stone*... ¿o no?

Ante el éxito de este libro, no fueron pocos quienes le animaron, ante el enfoque de sus trabajos, a probar suerte en el mundo del cine, el primero de ellos el propio Jack Kerouac. Fruto de ello fue *Pull My Daisy*, una mirada al alma de la generación *beat*, con la participación del propio Kerouac como guionista y de poetas como Allen Ginsberg, Peter Orlovsky y Gregory Corso.

Pull My Daisy está considerada una de las obras más importantes del cine de vanguardia americano del siglo xx e indudablemente ello influyó sobre manera para que Mick Jagger le encargara filmar a los Stones en gira, para el proyecto de película *Cocksucker Blues*, unido al hecho de que Robert Frank fotografió muchas de las imágenes que formaron el formidable *collage* de la portada y contraportada de *Exile On Main Street*.

Asimismo, Frank había filmado a los Stones en febrero de 1972 mientras terminaban la grabación de *Exile...* en los Wally Heider Studios, caminando por la calle principal de Los Ángeles, un distrito comercial de clase trabajadora cerca de Skid Row, y posaron para él en el exuberante jardín de la mansión alquilada por Jagger en Bel Air. El metraje espasmódico, manual, de baja resolución y supuestamente sin editar, de hecho, está intercalado con tomas de un hombre afroamericano tocando una guitarra de juguete en el Bowery de Nueva York e imágenes fugaces del bebé de Jagger. De vuelta en Main Street, se ve a la banda paseando sin obstáculos por las aceras del centro, pasando delante de carteles de cines, limpiabotas, cafeterías y casas de empeño. Luego, después de posar para fotos de grupo y primeros planos individuales en el jardín, la escena vuelve al Bowery, donde se ve a otro hombre afroamericano bailando animadamente entre los automóviles en la calle, mientras trata de ganar propinas por limpiar parabrisas.

Este metraje en bruto termina tan abruptamente como comenzó. La informalidad del trabajo refleja la estética clandestina y rupturista de Frank, y aunque la película es breve y enigmática, sugiere que Frank asoció a los Stones con esos extraños marginados, casi siempre invisibilizados, de *The Americans*. Indudablemente, formaría parte de *Cocksucker Blues*.

La película aún participa de esa mentalidad experimental y aconvencional de los años 60, quizá demasiado. Equipado con su Eclair de 16 mm, Frank y su técnico de sonido y operador de cámara auxiliar Danny Seymour, tenían acceso ilimitado —excepto a las orgías de la mansión Playboy—, y el relato contiene varias secuencias claramente delimitadas, algunas de ellas bastante sensacionalistas, como la supuesta orgía durante un vuelo, que en realidad nunca fue tal o la escena en la que Jimmy Miller se inyecta una dosis de heroína. Pero fuera de las escasas escenas de los Stones en directo, el resto de la cinta se diluye en un contenido por momentos curioso, por momentos banal: una visita entre bastidores de luminarias como Andy Warhol, Lee Radziwill, Ahmet Ertegun y Truman Capote o un recorrido por el sur rural en el que Jagger, Richards y otros escapan del séquito, se encuentran con un cantante de country blanco y visitan un *juke joint* afroamericano, mostrando su compromiso con las dos formas de música de raíces vernáculas estadounidenses que informaron el contenido y la naturaleza de *Exile On Main Street*.

«Robert, has hecho un trabajo excelente, pero si esta película se estrenase en Estados Unidos, no podríamos girar por allí nunca más», parece ser que dijo Mick Jagger cuando visionó el montaje final de *Cocksucker Blues*. Todo el ambiente que la película sugiere, y las escenas explícitas relacionadas con el sexo y las drogas, convertían la cinta en una producción que perjudicaría, mucho más, la imagen de un grupo que tenía prohibida la entrada en varios países y a los que la policía seguía mirando con lupa, fueran donde fueran, en especial a Keith Richards. Así pues, el proyecto nunca se llegó a estrenar.

Desde que las maniobras legales de los Stones aseguraron la prohibición de su lanzamiento comercial, *Cocksucker Blues* ha existido más como un mito que como una realidad, vista solamente en proyecciones semiclandestinas ocasionales o en copias de copias de video que simplemente exacerban la mala calidad visual del original. Al igual que *Un perro andaluz* (1929) de Luis Buñuel y otras películas *dadá* tempranas, se negó a sí misma la posibilidad de su propia existencia en las instituciones del cine convencional. Al hacer *Cocksucker Blues*, un single que no podía ser comercializado, Jagger había cumplido y vencido la obligación contractual de los Stones con Decca; al hacer *Cocksucker Blues*, Frank, aunque sin quererlo, reprodujo la estrategia de Jagger, legando un testimonio tan complejo como realista de las contradicciones de los Stones, pero tan incriminatorio que tuvieron que evitar su exhibición.

Avanzaban los 70, las tendencias empezaron a cambiar en el séptimo arte y el cine experimental vio cada vez más reducido su ámbito de desarrollo. Por consiguiente, esta sería la última película de vanguardia de los Stones. Al menos en algunos años…

LADIES AND GENTLEMEN… THE ROLLING STONES! (O CÓMO HACER UN CONCIERTO CINEMATOGRÁFICO)

El género cinematográfico de la película-concierto, o del documental basado en un concierto de rock a mediados de los 70, ya había conocido un notable grado de desarrollo e incluso puede decirse que vivía su época de auge: Desde *Monterey Pop* de D.A. Pennebaker, *Woodstock* de Michael Wadleigh o la propia *Gimmie Shelter* de los hermanos Maysles de finales de los 60 y primeros 70, a *The Song Remains The Same* de Led Zeppelin o *Pink Floyd en Pompeya*, estábamos ante cintas que conformaban todo un nuevo género en el mundo del celuloide.

Entre 1973 y 1974 los Stones quisieron hacer algo que rompiera ese molde y lo consiguieron sobradamente. Las películas o documentales a los que hemos hecho mención incluían *breaks* con entrevistas, encuestas y/o participación del público, escenas de *backstage*, en definitiva, elementos que se intercalaban entre las actuaciones. *Ladies And Gentlemen…* propuso una idea de película musical totalmente diferente y rompedora al máximo en ese sentido.

Intentando brindar al cinéfilo y al fan de la banda una experiencia de concierto ideal, *Ladies and Gentlemen…* es un espectáculo más completo que cualquier película de rock anterior, que se presenta como un sustituto cinematográfico de un concierto. Pero a diferencia de cualquier película de rock'n'roll anterior, ningún *break* o cualquier otra clase de contexto narrativo interrumpe el espectáculo del concierto en sí. No se muestra ni una sola imagen fuera o detrás del escenario, y aunque se escucha a la audiencia, no se la vislumbra hasta el final.

La película comienza en el silencio y la oscuridad que, tras el logo de la gira y el título, son interrumpidos gradualmente por las voces de los técnicos de escena, el sonido de alguien tocando escalas fugaces en el piano y extraños destellos de luz. Una voz anuncia: «Señoras y señores, ¡los Rolling Stones!», y la multitud ruge. Los focos encuentran a Watts y Richards en el escenario, seguidos de Jagger, quien insta a su compañero con un apenas audible «Vamos, Keith», agita las caderas y salta en el aire mientras se lanzan a atacar llenos de energía *Brown Sugar*.

En su reseña, la revista *Variety* hizo esta distinción genérica crucial: «La premisa detrás del documental de rock *Ladies and Gentlemen... The Rolling Stones!* es, como lo dejan claro sus créditos, presentar un *concierto cinematográfico* en lugar de un *concert film*, es decir, una película con forma narrativa o incluso documental». Rodada en 16 mm y grabada en treinta y dos pistas, la película se amplió a 35 mm y el sonido se mezcló en Quadrasound de cuatro pistas.

Cartel para promoción y exhibición en cines de la película *Ladies And Gentlemen... The Rolling Stones!* (Archivo personal Mariano Muniesa)

Su modo de distribución intentaba hacer que la experiencia del visionado de la película fuera lo más similar posible a la del concierto. Se vendió a un grupo inversor de la distribución y exhibición en América y recibió un estreno limitado en 1974, solo en las principales ciudades de Estados Unidos, en salas habilitadas para la ocasión, con equipación sonora especial y la asistencia de un mezclador de sonido profesional, acoplando así el sonido y las imágenes de manera que se lograse con una inmensa fiabilidad recrear la experiencia de un concierto real.

Tristemente, los Stones se adelantaron muchos años a su tiempo con esta, por otra parte, magnífica idea. Hoy la tecnología permite, y de hecho cada vez más fomenta, hacer de la proyección de una película lo que hoy se denomina *una experiencia inmersiva*, que era exactamente lo que el grupo ambicionaba. Pero la inmensa mayoría de cines en América, Europa y Gran Bretaña no estaban convenientemente equipados en 1974 para ofrecer una película en estas condiciones y por tanto su exhibición fue mucho más reducida de lo que se pretendió. De hecho, en España no se estrenó hasta 1976, y con el sonido *standard* sin todas las mejoras técnicas.

Con toda seguridad por ese motivo *Ladies And Gentlemen...The Rolling Stones!*, toda vez que fue retirada del circuito de exhibición en salas de cine, no se editó ni en Betamax ni VHS en el mundo del video en los años 80, a excepción curiosamente de Australia, único país del mundo en el que sí se comercializó en formato VHS; ni tampoco en DVD hasta 2010 —de manera habitual desde mediados de los 90 circulaban DVDs piratas de la película en ferias de discos y entre coleccionistas— año en el que de hecho, se reestrenó en cines de todo el mundo, ya con la tecnología adecuada para disfrutar de la experiencia tal y como fue concebida. En 2017 se editó, como disco en directo, la banda sonora original de la película.

FITZCARRALDO: OTRO PROYECTO FRUSTRADO

Diez años después de la experiencia de *Performance* y tal vez cuando ya no lo esperaba, a Mick Jagger se le presentó una vez más la oportunidad de protagonizar una película: *Fitzcarraldo*, un proyecto tan delirante y mastodóntico como la historia en la que estaba basado;

idea del controvertido director alemán Werner Herzog, conocido por sus clásicos *Aguirre, la cólera de Dios* (1972), *El enigma de Kaspar Hauser* (1974) o *Nosferatu, Vampiro de la noche (1979)*.

La película narra la historia del comerciante y explotador de caucho peruano de origen irlandés Carlos Isaías Fermín Fitzcarrald, cuya desbordante pasión por la ópera le llevó a finales del siglo xix a tratar de construir un fastuoso teatro en el corazón de la ciudad peruana de Iquitos, con la idea de llevar a cantar allí al legendario tenor Enrico Caruso. Para sufragar los elevadísimos costes de semejante megalomanía, se adentra en un territorio virgen del que se pueden extraer inmensas cantidades de caucho para comerciar con él. Pero el acceso a ese territorio era muy complicado, con lo cual decidió atravesar en barco el actualmente llamado istmo de Fitzcarraldo, que comunica los afluentes de los ríos Mishagua y Manu.

La epopeya de aquella peligrosa travesía fluvial y el loco sueño del comerciante inspiró a Herzog llevar al cine aquella aventura, emulando en sus riesgos al propio Fitzcarrald, dado que se negó a rodar en localizaciones ficticias o usando maquetas, sino recreando la misma aventura, rodando en Iquitos y empleando barcazas como las se usaron en la travesía original. Cuando se consiguió por parte de la ZDF, la radiotelevisión pública alemana, la financiación para llevar a cabo la empresa, los productores ofrecieron al *managament* de Mick Jagger hacer el papel de Wilbur, el secretario y mano derecha en el proyecto de *Fitzcarraldo*, que iba a ser interpretado por Jason Robards. Jagger aceptó y se desplazó a Perú en diciembre de 1980 para empezar el rodaje.

Según contaba el propio Herzog en su libro *Conquista de lo inútil* sobre todo lo que significó para él la historia de *Fitzcarraldo*, contaba cómo aquel proyecto parecía estar condenado por la fatalidad al fracaso: dos accidentes de avión, una guerra fronteriza entre Perú y Ecuador, el ataque al campamento donde se había instalado el equipo de rodaje, que albergaba a unas 1000 personas y que fue incendiado, la renuncia a continuar del actor y la actriz protagonista —Claudia Cardinale— a mitad del rodaje y finalmente, el abandono del rodaje por parte de Mick Jagger, quien tuvo que desistir de seguir trabajando en *Fitzcarraldo* por que, debido a todas estas vicisitudes, el rodaje tenía constantes parones, retrasos y cancelaciones, con lo cual a mediados de marzo de 1981 abandonó el proyecto: en quince días debería empezar la grabación en Nueva York del álbum *Tattoo You*, que saldría en todo el mundo a finales de agosto de ese año y que sería presentado con una fantástica gira por Estados Unidos. Finalmente, todo el material con las escenas rodadas con Mick Jagger nunca vio la luz e incluso se especula con que Werner Herzog lo destruyó.

Pero tan solo unos meses más tarde Mick Jagger se quitaría el mal sabor de boca de la experiencia fracasada de *Fitzcarraldo*. Con toda seguridad no lo sospechaba cuando aterrizó en Nueva York desde Lima, pero antes de que terminase el año, los Rolling Stones iban a filmar la mejor película de su historia...

LET'S SPEND THE NIGHT TOGETHER: LA OBRA MAESTRA DEFINITIVA

Creo que existe consenso general en señalar esta maravillosa cinta dirigida por Hal Ashby en que es, tal vez en dura pugna con el *Shine A Light* de Martin Scorsese, la mejor película que se haya realizado nunca sobre los Rolling Stones. Y quiero poner especialmente el acento en que cuando hablamos de *Let's Spend The Night Together*, no hablamos de un documental.

No, hablamos de una PELÍCULA. Así, con mayúsculas.

Vayamos a la génesis de la historia. Cuando se anunció que los Rolling Stones volverían a hacer una gira por Estados Unidos en el otoño de 1981, la locura en América se desató: las entradas se agotaban nada más ponerse a la venta y la demanda no cesaba, de manera que los promotores fueron cambiando de anfiteatros y locales de aforo, ya de por sí grandes, a estadios de futbol americano o béisbol cada vez más grandes. Como bien decía Charlie Watts en *According To The Rolling Stones*, «cuando estás en un gran estadio, eres físicamente pequeño en el escenario y cuando el concierto se vuelve tan inmensamente grande, necesitas un poco de ayuda adicional. Necesitas, podríamos decir, meter unos cuantos trucos en el espectáculo. Necesitas fuegos artificiales, luces... un poco de teatro».

De este modo, se diseñó un gigantesco escenario, lo más grande y espectacular que los Stones habían hecho hasta la fecha, que sería exactamente el mismo que traerían en el verano de 1982 a Europa, lleno de colorido y con unos efectos que, evidentemente, pensaron que podía dar lugar a hacer una película sensacional, como así fue.

Hal Ashby fue un talento precoz y aconvencional en el mundo del cine; antes de llegar a la dirección, empezó en el mundo del cine como montador y en 1967 logró nada menos que un Oscar al mejor montaje, por su trabajo en la famosa película *En el calor de la noche* — las cualidades como montador de Hal Ashby se notan en *Let's Spend The Night Together'* y es una de sus más brillantes cualidades— y ya como director, tiene en su haber films que se han convertido en clásicos del cine contemporáneo, sobre todo desde esa visión crítica del *estabilishment* americano, como *Harold & Maude* (1971), *Shampoo* (1975) o *Bienvenido Mr. Chance* (1979), pero no había hecho nada de cine musical hasta que el entorno de los Stones le ofreció la posibilidad de dirigir esta película, a excepción de *Esta tierra es mi tierra*, un biopic sobre la figura de la leyenda del folk Woody Guthrie, el confeso ídolo de Bob Dylan, protagonizada por David Carradine en 1976. Ashby, quien tras llegar a California a finales de los 60 se introdujo de lleno en el movimiento *hippie*, en la contracultura y que nunca ocultó que era un irredento fan de los Rolling Stones, asumió como un reto personal hacer de este encargo la mejor película hecha nunca sobre el grupo y, sin lugar a dudas, lo consiguió.

La primera parte de *Let's Spend The Night Together* es la primera mitad del concierto que el grupo dio el 13 de diciembre de 1981 en el Sun Devil Stadium de Tampa, Arizona. A medida que el sol se pone detrás del lugar, cientos de globos multicolores se elevan en el aire y los Stones atacan una furiosa versión de *Under My Thumb* ante la que todo el estadio ruge como si el estallido de un volcán se tratara. La cámara de Ashby capta a la perfección la energía que el grupo desprende y la intensidad de cada una de las interpretaciones en *Let's Spend The Night Together*, *Twenty Flight Rock*, pasando por *Shattered*, *Let Me Go*, *Black Limousine* o la emocionante *Time Is On My Side* —fue estrenada con este título en algunos países europeos, como España e Italia— y en la que Ashby introdujo un montaje de imágenes de la historia de los Stones de una calidad excelente, para pasar después a los shows del 5 y 6 de noviembre de 1981 en el Brendan Byrne Arena de East Rutherford, New Jersey, en donde de nuevo, lo que vemos es un concierto de rock, sí, pero narrado con el ritmo trepidante de una película bélica o de aventuras.

Al igual que el precioso contraste entre las luces del escenario con el cielo azul púrpura que va oscureciéndose en el estadio de Tampa, el ritmo con el que el concierto se va desarrollando es, en esencia, no solamente de una plasticidad y una belleza inigualable, es también propio de alguien que conoce, entiende y ama a los Stones y sabe transmitir a los espectadores lo que están viendo y escuchando como si estuvieran allí mismo.

Cuando se visiona el film con la perspectiva del tiempo, la genialidad tanto de esta película como de los propios Stones se hizo aún más impresionante, teniendo en cuenta que no todo iba viento en popa en ese momento de la carrera de la banda.

Un dato que, con toda seguridad, ustedes no sabían de *Let's Spend The Night Together*: Lo que se dio en llamar la *tercera guerra mundial*, el enfrentamiento entre Mick y Keith que produjo un largo hiato

Cartel para promoción y exhibición en cines de la película *Let's Spend The Night Together* sobre la gira americana de los Stones del otoño de 1981. (Archivo personal Mariano Muniesa)

en la actividad del grupo e incluso fuertes rumores de separación a mediados de los 80, comenzó en esta gira, cuando en palabras del propio Keith, «cuando abandoné definitivamente la heroína, recuperé el control de la situación y quise compartir con Mick el trabajo en el grupo, me encontré con una actitud hostil por su parte, en plan: "Aquí el que manda soy yo" y a partir de ahí empezamos a chocar constantemente, sobre todo en esta gira, en la que Mick estaba no nervioso, sino histérico». Al mismo tiempo, en ese momento Ronnie Wood estuvo a punto de ser expulsado del grupo o cuando menos, sustituido para esa gira debido a su adicción al crack, que según testimonios de quienes estaban en su círculo más próximo, le estaba volviendo loco. Se estuvo pensando seriamente en sustituirle, aunque finalmente Keith Richards insistió en que siguiera en la banda y que, de hecho, él se responsabilizaría de que no arruinara ninguna actuación.

Absolutamente nada de esta tensión interna es palpable en la película. Tal vez Hal Ashby logró, sin proponérselo, que los Stones fueran además de unos músicos extraordinarios, unos grandes actores.

¿La maldición Stone una vez más? Cuando el montaje y la postproducción de la película estaban ya prácticamente terminados, Hal Ashby sufrió un derrame cerebral del que se recuperó, pero que dejó limitada su capacidad para trabajar al mismo ritmo en el que lo había hecho hasta entonces. Falleció en diciembre de 1988 a consecuencia de un cáncer de páncreas, del que se dice que, tal vez, podría haber superado si hubiera aceptado tratarse con fármacos y tratamientos convencionales, pero se negó en redondo a ello, recurriendo exclusivamente a la medicina homeopática.

THE ROLLING STONES LIVE AT THE IMAX: REGRESO AL FUTURO

En 1990, casi diez años después de *Let's Spend The Night Together* y cerca de veinte después de *Ladies And Gentlemen... The Rolling Stones!* el grupo, que siempre han estado a la vanguardia de la evolución de la tecnología en todos los sentidos —se decía que los equipos de sonido usados en sus giras de 1975 y 1976 habían sido diseñados por técnicos de la NASA, la agencia espacial norteamericana—, tuvo conocimiento de los planes impulsados por varias grandes productoras de Hollywood para promover el formato IMAX como nueva forma de aumentar la sensación de eso que seguimos llamando *experiencia inmersiva* en el cine, en un momento en el que el mercado del VHS seguía teniendo una enorme presencia y estaba indudablemente restando asistencia a las salas de cine.

Je, je... el VHS. ¿Alguien lo recuerda?

El formato IMAX (abreviatura de Image Maximum) es un sistema de proyección cinematográfica cuyas características fundamentales son las de generar, mediante la adecuada adaptación técnica de las salas, un sonido envolvente y una imagen de muy alta resolución, mucho más alta que la de las películas convencionales, potenciada por la proyección hacia pantallas curvadas o extensibles en forma de cúpula, lo que provoca en efecto la sensación al espectador de estar dentro de la película misma.

Este sistema fue presentado en la Exposición Universal de Montreal de 1967 y a lo largo de los 70 y los 80 la IMAX Corporation siguió trabajando en él, anunciando en 1989 el lanzamiento a gran escala de esta forma de revolucionar el cine. Los Rolling Stones quisieron estar a la vanguardia de este fenómeno y para hacer su primera película en IMAX, contrataron a Julian Temple, que ya había dirigido el videoclip del single *Undercover (Of The Night)* y que paradójicamente era considerado el director de cine punk por definición, en tanto que saltó a la popularidad por dirigir en 1978 la famosa película sobre la historia de los Sex Pistols *The Great Rock'n'Roll Swindle,* estrenada en España con el título de *Dios salve a la reina.* Cabe recordar que uno de los lemas del punk que más a menudo se podía leer en pintadas, grafitis y camisetas en el Londres de 1977 era: «No Beatles, No Elvis, No Stones!».

El trabajo de Julian Temple en ese sentido fue impecable. Tras filmar y grabar los conciertos de la gira *Urban Jungle* del verano de 1990 por Europa, concretamente los de Turín, Londres y Berlín, aunque en mi opinión no superó lo hecho por Hal Ashby, construyó una excelente película, que por desgracia, se encontró con el mismo problema que tuvo 15 años antes *Ladies And Gentleman...The Rolling Stones.* Si tenemos en cuenta que, a día de hoy, en España por ejemplo solamente existen 4 salas de cine habilitadas técnicamente para proyecter películas IMAX, imagínense en 1992, el año en el que se anunció el estreno de la película. Solo se ha exhibido en ocasiones muy contadas y sigue siendo una gran obra a descubrir y a reivindicar, a pesar de que se editara en DVD en 1996.

FREEJACK: NUEVA OPORTUNIDAD DESAPROVECHADA

Basándose de manera muy libre en la novela *Inmortalidad Inc.* de Robert Scheckley, la productora Morgan Creek llevó a la gran pantalla lo que se anunció en la época de su estreno como la primera película *ciberpunk*, imaginando en el año 2009 que en el planeta tierra, que lleva años sin capa de ozono y con una población que vive en miserables condiciones, una minoritaria élite de millonarios pueden perpetuar su vida a través de una técnica que permite viajar en el

Cartel de promoción de la película *Freejack*.

tiempo hacia el pasado, consiguiendo arrebatar cuerpos de personas sanas justo antes de la muerte. Los *bonejackers* son los mercenarios que se ocupan de tal tarea y su líder, Victor Vacendak, es el personaje que interpreta Mick Jagger. Emilio Estévez, Anthony Hopkins y Rene Russo compartieron con el cantante de los Stones los papeles principales del reparto.

Freejack como tal no pasaba de ser un mero film de entretenimiento sin demasiadas pretensiones, una curiosa mezcla de *Blade Runner* con el clásico de ciencia ficción de los años 70 *La Fuga de Logan*. Obtuvo críticas pésimas de manera unánime, su resultado comercial fue simplemente discreto y de la intervención de Mick Jagger poco puede decirse: su personaje resultaba, tal y como lo planteaba el guion, plano, hierático y sin apenas matices.

Sus siguientes apariciones como actor de reparto son mucho menos conocidas y pertenecen a cintas que, en algún caso, ni siquiera han llegado a estrenarse comercialmente en España. La primera de ellas fue *Bent,* una interesante producción británica de 1997 sobre la persecución en la Alemania nazi a los homosexuales, en la que daba vida a la transformista Greta. Más conocida es *Servicio de compañía* —cuyo título original es *The Man From Elysian Fields*—, en la que hace el papel de Luther Fox, un inglés en Estados Unidos que dirige un exclusivo servicio de acompañantes llamado Elysian Fields, al que recurre un novelista, interpretado por Andy García, que pasa por momentos difíciles en lo económico y lo sentimental.

Sorprendente cuando menos el breve cameo que realiza en la película de Roger Donaldson *The Bank Job*, en la que aparece en una secuencia interpretando a un empleado bancario e, indudablemente, mucho más interesante su última incursión como actor en la gran pantalla hasta este momento, en *The Burnt Orange Heresy*, estrenada en el Festival Internacional de Cine de San Sebastián de 2019, con el título de *Una obra maestra*, un thriller ambientado en el mundo del arte en el que Mick Jagger es Joseph Cassidy, un poderoso coleccionista que ofrece al protagonista de la cinta, el crítico de arte James Figueras, interpretado por Claes Bang, un ambicioso plan para hacerse con una colección de obras de arte de valor incalculable. Quizá la única vez en toda su vida en la que los críticos aclamaron unánimemente a Mick Jagger como actor de cine y todas las críticas resultaron positivas.

SHINE A LIGHT: MARTIN SCORSESE CONTRA MICK JAGGER

> *Creo que esta es la primera película de Martin Scorsese en la que no suena Gimmie Shelter.*

Mick Jagger, declaraciones a la prensa en la Berlinale, 2007.

Se comenta que cuando Keith Richards supo que una productora quería hacer una película-concierto sobre alguna de las actuaciones de la gira de *A Bigger Bang*, respondió: «¿Otra vez? Naaah… Mick, es un verdadero coñazo. Pasemos del tema». Pero cuando se supo que el director iba a ser Martin Scorsese, entonces cambió radicalmente de opinión. «OK, Marty no va a hacer una mierda. Quiero ver cómo nos retrata en la pantalla».

Hablar de Martin Scorsese es hablar sin lugar a dudas de uno de los directores más grandes de la historia de cine. Títulos sin los que no se puede entender la historia del cine contemporáneo como *Malas calles, Alicia ya no vive aquí, Taxi Driver, Toro salvaje, El color del dinero* o *Bandas de Nueva York* fueron dirigidos por él. Y desde siempre, fue un confeso y entusiasta fan de los Rolling Stones, desde la primera vez que los vio en concierto en su Nueva York natal, en octubre de 1964. Aunque no creció con el rock and roll, Scorsese recordaba: «Escuchaba su música todo el tiempo. Mi familia era de clase trabajadora y conservadora, así que escuchábamos la radio AM, pero a mediados de los 60 empezó a extenderse la FM, y entonces aparecieron Bob Dylan y los Rolling Stones. Todo cambió desde ese momento».

La devoción del director neoyorquino por el grupo queda patente tan solo con repasar las bandas sonoras de sus películas; en *Uno de los nuestros,* aparecen «Monkey Man», «Memo From Turner», «Tell Me», «Gimmie Shelter» y «Jumpin' Jack Flash»; en *Malas calles,* «Long Long While», «(I Can't Get No) Satisfaction», «Heart Of Stone», «Sweet Virginia», «Gimmie Shelter» y «Can't You Hear Me Knocking» en *Casino* y «Let It Loose» y «Gimmie Shelter» de nuevo en *Infiltrados.*

Así pues, todo indicaba que el rodaje y el trabajo en la película sería toda una luna de miel entre grupo y productor pero, sin embargo, pronto empezaron las tiranteces, los desacuerdos y las profundas diferencias de criterio entre Martin Scorsese y Mick Jagger, que incluso el propio director deja ver en las primeras secuencias de la película.

En primer lugar, Jagger quiso que la película se rodase durante el impresionante e irrepetible show gratuito que los Stones darían el 18 de febrero de 2006 en la playa de Copacabana de Río de Janeiro en Brasil, para el que estaba prevista la presencia de más de dos millones de personas. Scorsese se negó a tal pretensión, existiendo dos versiones diferentes sobre el motivo de la negativa del cineasta a aprovechar tal oportunidad: una, desplazar todo el equipo de operadores, cámaras, equipos de sonido, etc. a Río elevaba considerablemente los costes teóricamente ya presupuestados y la productora no lo autorizó.

La otra, que el propio Scorsese se sentía más seguro y capaz de enfocar mejor su visión de un concierto de los Rolling Stones llevado a la gran pantalla en un entorno más cercano y conocido para él, concretamente Nueva York. Por tanto, finalmente los conciertos que se filmarían para *Shine A Light* serían los del 29 de octubre y el 1 de noviembre de 2006 en el Beacon Theater de la capital americana.

La cinta mostraba imágenes de los preparativos del concierto, rescataba antiguas imágenes de entrevistas con el grupo, momentos de su historia y en cierta manera en un estilo, por momentos podía recordar al de Robert Frank en *Cocksucker Blues*, imágenes del *backstage* y del grupo en relativa intimidad muy significativas. Por ejemplo, en lugar de ver a Keith Richards con Bobby Keys tirando un televisor por la ventana, como hizo en *Cocksucker Blues*, se ve llegar a Bill Clinton, que ejercerá como presentador del concierto y su familia al *backstage* para saludar al grupo. En una de las secuencias de ese momento, Keith saluda a la anciana madre de Clinton si fuera una vieja amiga.

En lo musical, *Shine A Light* es impecable. Son los Stones en estado puro, fuertes, llenos de energía, haciendo puro rock con la misma rabia de cuando empezaban en los años 60 y dejando para la memoria imágenes de un impacto emotivo extraordinario: Volver a ver a Mick y a Keith acercarse para cantar juntos en el mismo micrófono el estribillo de *Far Away Eyes*, recreando la histórica imagen de todos los *posters* de los años 70; solo esa escena vale por toda la película. Las reducidas dimensiones del teatro, en comparación con *Let's*

Spend The Night Together o *Live At The IMAX*, ofrecen otra dimensión del grupo en vivo que llega a recordar a *Charlie Is My Darling*.

Shine A Light, inesperada e inexplicablemente, no fue un gran éxito de taquilla y la crítica se mostró sumamente dividida, recibiendo más reseñas negativas que positivas, lo cual hizo que Jagger criticara públicamente a Scorsese con dureza, aunque esto no rompió su relación personal y profesional. De hecho, años más tarde trabajarían juntos en el guion y la producción de la serie televisiva *Vinyl*, aunque esto sería otro fracaso en las aventuras *stonianas* en el celuloide que más adelante les detallo.

Shine A Light está lejos de ser el documental definitivo sobre los Rolling Stones, pero Scorsese nunca tuvo la intención de que lo fuera. «Para hacer una crónica de los Stones, tienes que tomarte 40 años de historia. ¡Y todavía me gustaría hacer eso!», aseguró. Sin embargo, siempre evitó la comparación con *Gimme Shelter*: «Esa película no solo trata sobre la actuación, sino sobre un tiempo y un lugar. Es una película histórica por tal motivo, mientras que *Shine a Light* va más hacia la música. Es una película de concierto, no podía hacer otra cosa. ¿Qué más pueden decir los Stones? ¿Qué puedes hacer que sea nuevo detrás del escenario, que no se haya mostrado ya en

Los Stones con Martin Scorsese en una premiére de *Shine A light*.

Gimme Shelter o *Cocksucker Blues*? Lo único que queda es la música en última instancia. La última vez que los vi en un lugar pequeño fue en el Academy of Music en la calle 14 en Nueva York, que ya no existe, en 1964. Cada vez que los he visto desde entonces, han estado en esas arenas gigantes y no podía verlos de cerca. Pequeñas figuras, ¿sabes? miraba hacia arriba y pensaba, "¡Oh, vaya, si tuviera una cámara aquí!"».

PIRATAS DEL CARIBE: LA VENGANZA DE KEITH RICHARDS

La parte más difícil fue tratar de encajar nuestro calendario de rodajes en su calendario de giras, así que tuvimos que encontrar unos tres o cuatro días en los que los Rolling Stones no estuvieran de gira. Pero creo que se sentía feliz de ser parte de la película. Es simplemente un papel pequeño, pero importante para la historia, y creo que se divirtió mucho. Estaba allí con su esposa e hijos y claramente no quería irse.

Jerry Bruckheimer, productor de la película *Piratas del Mar Caribe 3: En el fin del mundo*, declaraciones a London.net

Hasta 2006, Mick Jagger había intervenido en 10 películas como actor y había creado su propia productora cinematográfica, Jagged Films, siempre en busca de un éxito en ese campo que, por diversas razones, siempre le fue esquivo. En esos años, dos intervenciones que apenas llegaban a un minuto de duración de Keith Richards en dos películas de la saga *Piratas del Caribe* multiplicaron por mil los reportajes de prensa, las entrevistas en televisión, las cifras de asistencia a los cines y hasta la portada de *Rolling Stone* en los USA.

Lo que nunca logró Mick Jagger. ¿Se imaginan la cara que debió poner cuando vio a Keith con Johnny Depp en esa portada?

Johnny Depp, actor y músico que, en los últimos años, ha desarrollado una carrera paralela en el rock junto a músicos como Alice Cooper, Ian Hunter, Joe Perry de Aerosmith o Jeff Beck, no solo siempre afirmó que fue desde adolescente un fanático total del rock'n'roll; declaró que toda la inspiración para crear las historias y los personajes de la saga de *Piratas del Caribe*, principalmente el suyo, tenía un solo nombre: Keith Richards. «Cuando estaba pensando en la figura del capitán Jack Sparrow, tenía la idea de que los piratas eran las estrellas del rock and roll de esa época, del siglo XVIII. En primer lugar, el mito o la leyenda llegaban meses antes de que llegaran a puerto, ese tipo de halo de misterio es muy similar al de las estrellas de rock and roll, y se trataba de la libertad», aseguró en declaraciones a la CNN.

En ambas películas Keith Richards interpreta al capitán Teague, el padre de Jack Sparrow y el guardián del código pirata que, en la tercera entrega de la saga aparece en una sola secuencia, surgiendo de entre las sombras con un espectacular abrigo rojo carmesí, soplando el humo de la parte superior de un arma de fuego y abriendo el código pirata. Mientras los piratas allí reunidos discuten sobre el contenido del código, Keith se aparta de la reunión y empieza a tocar una guitarra acústica... la escena es una mezcla perfecta de veterano y curtido pirata con una estrella de rock con muchos años de duras experiencias en su mochila.

Johnny Depp y Keith Richards en el estreno de *Piratas del Caribe*.

Mick Jagger interpretaba en *Performance* a su antítesis, aquí Keith Richards se interpreta a sí mismo hasta en el arma de fuego —recordemos que durante varios años Keith iba armado a los encuentros con sus *dealers* en su época *junkie* y tenía siempre un revólver bajo la almohada de su cama— con la chulería, el estilo y la personalidad que le caracteriza. Johnny Depp recordaba que ni siquiera fue necesario darle muchas indicaciones. Tenía que ser simplemente él mismo, una *rock star* llevada al siglo XVIII.

Lo que a modo de anécdota se cuenta a menudo es que lo que resultó más difícil es que Keith hiciera la escena sobrio… en el momento que se iba a hacer la primera toma, nuestro hombre le había pegado a la frasca de tal manera que apenas podía mantener el equilibrio, lo que le llevó a decirle al director, cuando este le preguntaba cómo había bebido tanto, que «si buscaban para esta película a alguien recto y serio, eligieron a la persona equivocada». Aun así, el *riff humano* dijo siempre en las entrevistas de promoción de la película que la atmósfera que se vivía en el plató le resultaba agradable y acogedora. «¡Podría grabar un disco aquí!», llegó a exclamar.

En la cuarta película, *Pirates of the Caribbean: On Stranger Tides*, después de que Jack escapa del palacio de St. James, la Guardia Real le persigue por las calles de Londres. Justo cuando uno de los soldados apunta con su mosquete a Jack y está a punto de matarle, Teague le salva la vida disparando al soldado por la espalda. Más tarde, dentro del pub Captain's Daughter, Teague le proporciona a su hijo una importante información sobre la Fuente de la Juventud que buscan, sobre lo que Jack pregunta: «¿Has estado allí alguna vez?», a lo que Teague responde sarcásticamente: «¿Te parece que esta cara haya estado alguna vez en la Fuente de la Juventud?», Jack comenta diplomáticamente que depende de la luz y cuando Jack mira unos segundos hacia otro lado… su padre ha desaparecido.

MICK JAGGER DETRÁS DE LA CÁMARA: JAGGED FILMS

A finales de los 90 el cantante de los Stones decidió emprender la aventura de crear su propia productora cinematográfica, que dio sus primeros pasos en 2001 con el documental *Being Mick*, acerca de la grabación de su disco en solitario *Goddess On The Doorway* de 2001 y el largometraje *Enigma*, una interesante y lograda cinta de ciencia-ficción dirigida por Michael Apted con Jeremy Northam y Kate Winlsett como protagonistas, que tuvo una muy buena respuesta comercial.

Desde entonces ha cultivado el *biopic*, con películas *como I Feel Good: La historia de James Brown*, el documental musical como *Jerry Lee Lewis, la música del diablo* y también se ha adentrado en el mundo de las series de televisión, aunque con poca fortuna: el ambicioso proyecto que inició con Martin Scorsese en 2016 de hacer una serie sobre el mundo de la industria musical en los años 70 llamada *Vinyl*, ambientada en la parte más oscura de esa industria, naufragó tras la emisión de la primera temporada; las malas críticas recibidas y las diferencias irreconciliables entre los guionistas, motivaron que HBO decidiera no seguir con la segunda temporada.

En el momento de escribir estas líneas, verano de 2023, sabemos que Jagged Films tiene ya en fase de preproducción algunos proyectos *a priori* sumamente atractivos; *Last Train To Memphis*, una biografía del joven Elvis Presley anterior a su éxito masivo, *Tabloid*, una historia sobre la corrupción en el periodismo en la que el propio Mick Jagger vuelve a intervenir como actor y *Ruby Tuesday*, una serie experimental en la cual diversas canciones de todas las épocas de los Rolling Stones narran la historia de una madre soltera que trata de sobrevivir en el Nueva York actual.

* * *

Los Rolling Stones en el audiovisual (2):
La television y el videoclip

LA REVOLUCIÓN SERÁ TELEVISADA...

Esa máxima se usaba frecuentemente en Estados Unidos en los años 60 del siglo xx en referencia a las crónicas que las diferentes cadenas televisivas estadounidenses emitían cada día acerca de la evolución de la guerra de Vietnam. En el caso de los Stones será así solo en parte, aunque hay imágenes televisivas que forman parte de la historia de la banda, de las que no se conoce ni mucho menos todas sus circunstancias. Algunas de ellas las vamos a relatar aquí por primera vez, igual que en el caso del rodaje de sus videoclips, formato en el que fueron pioneros absolutos a finales de los años 60.

Durante la primera mitad de los años 60, la cantidad de veces que el grupo apareció en la televisión, tanto en Inglaterra como en Estados Unidos, es innumerable, así como en las televisiones francesa, alemana, holandesa... por tanto en este caso solamente nos referiremos a ocasiones muy concretas y puntuales que tienen un significado especial en su historia y de las que se conocen determinados detalles, pero no su verdadera historia. La misma metodología emplearemos a la hora de resaltar en los videoclips aquello que haga honor al título de este libro.

Ahora, olvídense del mando a distancia, de Orange TV y de Movistar TV. Enchufamos la máquina del tiempo y nos vamos a una época en la que la televisión era un invento casi revolucionario, con pocos canales y en blanco y negro. ¿Se lo imaginan?

SEEING SPORT: LA PRIMERA ACTUACIÓN ESTELAR DE MICK JAGGER COMO ATLETA DE LA MONTAÑA

Cuando cada tarde llegaba a casa del colegio, mi padre nunca me preguntaba qué tal había ido tal o cual examen, si el profesor me había reprendido o cómo habían ido las clases. Sus únicas preguntas eran: «Mick, ¿has hecho todos tus ejercicios de gimnasia? ¿cuántos metros has corrido hoy?», eso era lo más importante para él.

Mick Jagger, 2002.

Las emisiones regulares y con una programación diaria en la televisión de la BBC comenzaron en Gran Bretaña en los primeros años 50 y gran parte de su parrilla de programas, en coherencia con su carácter de televisión pública, tenían como objetivo ofrecer programas educativos, formativos, como un complemento a lo que se enseñaba en las escuelas diariamente.

Esta práctica fue seguida también, por ejemplo, en Televisión Española. Quienes sean de mi generación —nacidos en el verano *hippie* del 67 o más o menos cerca— y conocieron los dos canales de la antigua TVE, recordarán muchos programas en horario infantil y durante los fines de semana que tenían como objetivo el fomento del deporte y del estudio: desde *El taller de los inventos* y *El mundo de la música* a concursos como *Cesta y puntos* o *Torneo*, aquel programa de competiciones deportivas entre colegios que presentaba el recordado e inefable Daniel Vindel, que retransmitía aquellos partidos como si se tratase de auténticas finales de Champions League.

Uno de esos programas de estímulo al deporte y la cultura física dirigido a los niños en los primeros años de la BBC TV se emitió entre 1957 y 1959 y se llamaba *Seeing Sport*. Uno de los colaboradores habituales de ese programa era un conocido profesor de Educación Física de Dartford, entrenador de equipos *amateur* de baloncesto llamado Joe Jagger, que de vez en cuando aparecía dirigiendo ejercicios físicos de muchos de sus alumnos y demostraciones atléticas.

El 7 de mayo de 1957, el profesor Jagger preparó, para la emisión de *Seeing Sport,* con varios muchachos un ejercicio de escalada de montaña, mostrando las mejores técnicas, las precauciones que había que tomar, el calzado y el vestuario adecuado, etc. Entre los chicos que participaban, se encontraba uno que fue el primero en alcanzar la cima —¿profecía?— al que llamaba Mike. Bien, como habrán imaginado, Mike era su hijo Michael, es decir, Mick Jagger. Esa fue la primera aparición de un Rolling Stone en un programa de televisión.

James Karnbach, uno de los más conocidos y reputados biógrafos y documentalistas de los Rolling Stones, comentó en 1998: «Cuando en las giras de los Stones de 1975 y 1976 Mick Jagger escalaba por aquel inmenso falo de plástico que alcanzaba varios metros de altura con la soltura y la agilidad con la que lo hacía, seguramente se acordó de las lecciones de gimnasia y montañismo de su padre y de aquellas apariciones en el *Seeing sport*».

13 JULIO 1963: ¿CÓMO FUE TU PRIMERA VEZ? LOS STONES ENTRAN EN LA TELEVISIÓN GRACIAS A UN PAISANO DE BRIAN JONES

Entre 1961 y 1966, en dura competencia con el *Ready, Steady, Go!*, el show de variedades y actuaciones musicales más popular del Reino Unido, era el *Thank Your Lucky Stars* de la ABC Weekend TV, que se emitía a través de la ITV presentado por Brian Matthew. Se emitía los sábados a las 18.00 horas y siempre se dijo que la aparición de los Beatles en este programa de televisión resultaría a la postre fundamental para el éxito multitudinario que estos adquirieron.

Por tal motivo, toda vez que los Rolling Stones firmaron su contrato discográfico con Decca Records y el 7 de junio de 1963 se puso a la venta su primer single con la versión de *Come On* de Chuck Berry, Andrew Loog Oldham se puso como objetivo prioritario e irrenunciable que los Stones aparecieran en *Thank Your Lucky Stars* lo antes posible.

Tal vez sea necesario aclarar que este programa no era un show especializado en música popular de vanguardia, como los que surgirían años después en los 70, al estilo *Old Grey Whistle Test* o *Beat Club*, sino que era un programa de lo que antiguamente se llamaba «variedades», es decir un programa musical centrado en los éxitos musicales del momento de toda índole, con presencia eventual de humoristas o magos, como era por ejemplo en América el *Ed*

Sullivan Show y que era mucho más parecido, por poner un ejemplo local, a lo que fue en los años 60 en la televisión española *Galas del sábado* en comparación con lo que sería después *Aplauso, Tocata o Rockopop*. Con lo cual, la lista de espera para actuar en el programa era interminable.

Oldham persiguió lo indecible a uno de los principales productores del programa, Philip Stuart Jones, una leyenda de la radio y de la televisión británica, del que se sabía que fue quién, en contra de la opinión de otros miembros del consejo de redacción del programa, apostó por programar a los Beatles unos meses antes, logrando un éxito de audiencia sensacional. Cuando finalmente pudo hablar con él en su despacho, Jones le dijo lo consabido en estos casos: la lista de espera era enorme, él no podía estar enfrentado siempre a sus productores, había compromisos de otras compañías discográficas, etc. y en algún momento de la conversación, que ni el propio Oldham recuerda cómo surgió, se mencionó que Brian Jones era de Cheltenham... igual que el propio Philip Jones, quien además de elucubrar con la posibilidad de que por su apellido Brian fuera pariente lejano suyo, pensó que incluso su padre, que era profesor de Música, hubiera sido maestro de Brian cuando era niño.

A partir de ahí la actitud de Philip Jones cambió y Andrew Loog Oldham salió de la reunión con la cita para el 13 de julio de 1963 en los estudios de la ABC TV para que los Rolling Stones interpretasen en directo en el programa la cara A de su primer single, *Come On*. La primera aparición de los Rolling Stones, apenas un año y un día después de su primera actuación en un club con ese nombre en la televisión británica a nivel nacional.

Brian Jones a *New Musical Express* sobre aquella primera jornada en televisión: «Fue muy emocionante, todas nuestras familias estaban pegadas aquel sábado al televisor para vernos, aunque el personal de la televisión no fue en modo alguno amable con nosotros. Una maquilladora que nos trató con mucha antipatía en el camerino, pensando que no la escuchaba, masculló en voz baja a una de sus compañeras: "Una buena ducha, una buena paliza y un buen corte de pelo les daba yo a estos Rolling Stones, sobre todo al maricón del rubio"».

Brian, querido... acababa de empezar la revolución. ¡Ese día te enteraste!

THE HOLLYWOOD PALACE: EL DÍA QUE DEAN MARTIN SE SALVÓ DE ACABAR EN EL HOSPITAL

Los Rolling Stones empezaron el 5 de junio de 1964 su primera gira por Estados Unidos, un *tour* de tres semanas que incluía numerosas actuaciones en shows de televisión, entrevistas en radio y en toda clase de actividades de promoción para conseguir que el grupo alcanzase más popularidad en Estados Unidos, para reforzar el éxito que estaban logrando con las ventas de sus singles y de su primer LP, que se acababa de poner a la venta en los USA. Una de las principales intervenciones previstas, en aquella primera visita de los Stones a América, era en el *Ed Sullivan Show*, pero se frustró ante la negativa del propio Ed Sullivan, quien afirmó que aquellos Rolling Stones «no eran dignos de su audiencia».

Entonces Andrew negoció con la productora del programa que podía considerarse la competencia más o menos directa de Ed Sullivan, el *The Hollywood Palace* la aparición de los Rolling Stones en este programa, que también tenía una audiencia considerable, el 13 de junio de 1964.

The Hollywood Palace era presentado por Dean Martin, un clásico *crooner* de la década de los 50, amigo y socio de Frank Sinatra

Dean Martin en una imagen del programa de televisión en el que intentó ridiculizar a los Rolling Stones.

en muchos de sus negocios y actor de varias comedias de Hollywood de serie B. Cuando los Stones llegaron al estudio con su *road-manager*, Bob Bonis, parece ser que hubo una discusión muy conflictiva en primer lugar acerca del vestuario que los Stones debían llevar en la actuación por un lado, dado que Mick Jagger y Brian Jones se negaron a ponerse los trajes que el departamento de estilismo del programa había preparado para ellos, por otro lado también hubo discusiones acerca del tiempo y de la cantidad de canciones que los Stones debían de tocar, y finalmente «y esta debió ser evidentemente la discusión más difícil y más dura— el dinero que se debía pagar por la aparición del grupo, que parece ser no estaba negociado previamente.

Todo ello desembocó, según declaró Dean Martin, en que no se cancelase la actuación de los Rolling Stones, porque no había tiempo material de encontrar un sustituto para esa noche, y en que hubiera un clima de tensión y de desagrado mutuo muy grande.

La venganza de Dean Martin fue intentar arruinar la actuación de los Stones, burlándose de ellos y ridiculizándoles en el programa de televisión. Así, cuando llegó el turno de presentarles, se dirigió a ellos en los siguientes términos: «Y ahora, algo para los más jóvenes, cinco cantantes ingleses que han vendido muchíiiiisimos discos… o al menos, eso dicen [en ese momento ponía un gesto de incredulidad, como no creyéndose nada, metiendo risas enlatadas] …aunque yo también digo algunas cosas exageradas y me balanceo cuando estoy *colocado* (*stoned* era, en argot, el término que equivale a estar colocado, haciendo un juego de palabras con la palabra Stones)… No tengo la más mínima idea de qué es lo que cantan, pero bueno, aquí están… ¡Los Rolling Stones!».

El grupo salió a toda potencia y con tan solo su interpretación de *I Just Wanna Make Love To You*, arrancó del público una catarata de aplausos y de ovaciones que sin duda, debió irritar sobremanera a Dean Martin, que cuando acabó su actuación, al volver a ser enfocado por las cámaras, dijo: «Los Rolling Stones… ¿no son magníficos?» —en ese momento volvió a repetir un gesto de incredulidad muy irónica, para después seguir diciendo— «con todos estos nuevos grupos de jovencitos que hacen música pop, a veces tenemos la impresión de que llevan el pelo muy largo ¡pero eso no es cierto! Eso es una ilusión óptica, lo que ocurre es que tienen las cejas muy largas y la frente muy estrecha, nada más… [risas enlatadas]».

Antes de anunciar un corte publicitario, dijo: «Ahora vamos unos minutos a publicidad. No se vayan ¿eh?, no irán a dejarme solo con esos Rolling Stones ¿verdad?». Y tras el corte publicitario, continuó, presentando a un acróbata que hacía ejercicios de salto con trampolín diciendo: «Aunque no lo crean, es el padre de los Rolling Stones ¡lleva queriendo suicidarse desde que estos jovencitos se dedican a la música! [risas enlatadas]».

Quien se sintió más ofendido por la actitud de Dean Martin fue Brian Jones, que, en un momento determinado, según recordaba Andrew Loog Oldham, se quitó violentamente la chaqueta y exclamó: «¡Voy a enseñar a ese estúpido quienes somos los Rolling Stones!» y de no haber sido sujetado por el resto del grupo y del propio Oldham, Brian y Keith se habrían abalanzado sobre Dean Martin y le habrían llenado la cara de puñetazos.

Se cuenta que Mick Jagger fue quien dijo, una vez más serenados los ánimos en el camerino: «OK, este tipo es un gilipollas de mierda, vale, olvidémosle. ¿Cuál sería la mejor bofetada que le podríamos dar? Ir al *Ed Sullivan Show*. Andrew, aprovecha esto y métenos allí».

Y así fue. Venciendo esta vez toda clase de ridículos prejuicios, los Rolling Stones actuaron en el *Ed Sullivan Show* el 25 de octubre de 1964 durante su segunda gira americana, interpretando *Time Is On My Side* y *Around And Around*.

> Ed nos dijo que era la audiencia más salvaje y entusiasta que había visto frente a cualquier artista en la historia de su espectáculo. Nos llegó un mensaje de él días después, que decía: «Recibimos cientos de cartas de padres quejándose de ustedes, pero miles de adolescentes diciendo cuánto disfrutaron de su actuación». (Mick Jagger).

Desde entonces y hasta 1969, última ocasión en la que los Stones actuaron en el célebre programa de televisión americano, el grupo y el presentador y productor mantuvieron una relación cordial y fluida con una sola excepción: la intervención de los Rolling Stones en el *Ed Sullivan Show* del 15 de enero de 1967, en el que el departamento de normas y disposiciones —en otras palabras, el departamento de censura— de la cadena CBS TV exigió que el grupo al tocar su nuevo single *Let's Spend The Night Together* cambiara la letra y dijera «let's spend some time together». El grupo muy a regañadientes, aceptó, aunque dejando prueba de su disgusto en su puesta en escena y especialmente con un Mick Jagger que, en sus gestos, su mímica y hasta en su forma de cantar, hacía que el grupo se riera de sí mismo, con una actitud exageradamente amanerada y hasta cursi, que Jagger pretendía fuera una parodia de la censura y de lo ridícula que resultaba la canción con esa adulteración de la letra.

Pocos meses más tarde, en el verano de 1967 The Doors intervinieron en el *Ed Sullivan Show* y de nuevo el departamento de censura de la CBS apareció exigiendo al grupo que cambiara o no pronunciara la palabra *higher* en su interpretación de su exitoso single *Light My Fire*. Jim Morrison no solamente ignoró tal directriz, sino que cuando llegó el momento gritó *higher* con una fuerza tal que estuvo a punto de hacer estallar el micrófono. The Doors quedaron incluidos en la lista negra del *Ed Sullivan Show* para siempre, pero el video de esa actuación en YouTube acumula millones y millones de visionados a día de hoy y es sin lugar a dudas, la más recordada y celebrada intervención de The Doors en la televisión americana.

«Es lo que nosotros deberíamos haber hecho en el Ed Sullivan Show, lo que hicieron los Doors», declaró Keith Richards en diciembre de 1967 a *Melody Maker*. «Pero Andrew ya solo pensaba en cuánto dinero dejaríamos de ganar si mandábamos a la mierda a los censores de CBS y nos convenció de tragar con esa estúpida exigencia. Las cosas con Andrew empezaban a no ir del todo bien ya en la grabación de *Between The Buttons*, aquello fue un episodio más en la cuenta atrás hasta la ruptura final en septiembre».

LOS ROLLING STONES, ESTRELLAS DE EUROVISIÓN: *OUR WORLD*, LA PRIMERA EMISIÓN DE TELEVISIÓN POR SATÉLITE DE LA HISTORIA

Con toda seguridad muy ajenos al hecho de que pocos días más tarde un tribunal londinense iba a ordenar su ingreso en prisión, el 25 de junio de 1967, Mick Jagger, Keith Richards y Brian Jones fueron invitados a participar en el show televisivo que la BBC iba a presentar a un programa especial para la primera retransmisión por satélite que se iba a hacer para toda Europa. Cada país perteneciente a la red europea de televisión, ofrecería o bien un número musical, un saludo de las estrellas de televisión de cada país, un microdocumental sobre la belleza paisajística del país en cuestión o lo que cada televisión nacional considerase oportuno.

La BBC, aprovechando el inmenso eco que una aparición de los Beatles a ese nivel reportaría para todo el país —en ese momento, junio de 1967, los Beatles, por venta de discos, *memorabilia* y películas, era uno de los principales motores de ingreso económico y de incremento del PIB— decidió que su participación en este primer programa de televisión retransmitido a toda Europa sería una conexión en directo con los Abbey Road Studios, donde los Beatles se encontraban grabando su nuevo single, *All You Need Is Love*.

Y así se hizo. Quizá como un gesto del grupo de reconocimiento, amistad o incluso homenaje a todo el rock británico del que ellos eran los exponentes más conocidos globalmente, quisieron que en la sala principal del estudio aparecieran con ellos Eric Clapton, Keith Moon de los Who, Graham Nash, Jane Asher y de manera muy especial los Stones, acompañados de la pareja de Mick Jagger en ese momento, Marianne Faithfull. La retransmisión fue vista por 350 millones de europeos, entre ellos los españoles, quienes pudieron ver por primera vez a Mick, Keith y Marianne en TVE hasta que, en 1968 el revolucionario programa de Jose María Íñigo *Último Grito* emitiera un montaje con imágenes y música de *Jumpin'Jack Flash*.

A modo de anécdota, quizá significativa: Brian Jones estuvo en los Abbey Road durante la emisión del *All You Need Is Love* de los Beatles, pero, por la razón que fuera, ni un solo plano le enfocó y ni apareció ni por un segundo en la retransmisión.

WORLD IN ACTION: MICK JAGGER DESTRUYE TODOS LOS FALSOS MITOS DE LA PACATA E HIPÓCRITA MORAL BRITÁNICA.

Los días 27 y 28 de junio de 1967 se celebraron en la corte de Chichester Crown de Londres los juicios incoados contra Mick Jagger y Keith Richards —el de Brian Jones tendría lugar algunos meses más tarde— bajo la acusación de posesión de drogas. El juicio, que resultó una burda y grotesca caricatura de la justicia y que en todo momento se percibió, por la sociedad británica, como una farsa orquestada para tener una justificación legal para meter a los Stones en la cárcel y, con ello, intentar frenar no solo su popularidad, sino las consecuencias que arrastraba, fue denunciado como tal farsa hasta por un diario de línea editorial marcadamente conservadora como *The Times*, que dedicó a este caso un célebre editorial titulado «¿Quién mataría una mariposa con un cañón de guerra?».

En cualquier caso, Mick y Keith fueron encarcelados, aunque pasados unos días, ante la inmensa presión popular y mediática y la masiva reacción en contra, en especial de la juventud, fueron puestos en libertad. Las instancias de poder británicas se dieron cuenta de que la jugada les había salido muy mal y que había sido un error que se les había vuelto en contra, con una virulencia que ni por asomo habían sospechado.

Lejos de convertir a los Stones en unos delincuentes rechazados por la sociedad, les habían transformado en unos héroes, víctimas propiciatorias ahora de un sistema represivo contra el que, en cuestión de días, todos los jóvenes se movilizaban, e incluso estaban dando más fuerza a otro fenómeno que por aquel entonces el gobierno quería neutralizar: las radios de rock piratas, que apoyaban a Mick y a Keith incondicionalmente y ponían su música a todas horas. Sobre este particular, existe una maravillosa película llamada *Radio encubierta* que narra con una exactitud, una originalidad y un sentido del humor fabuloso, todo lo que significó aquel fenómeno contra la apolillada y pacata BBC Radio, que precisamente gracias a aquel fenómeno, empezó a transformarse poco a poco en una radio de vanguardia en lo musical, gracias a leyendas de mi profesión como Tommy Vance o John Peel.

A las pocas horas de salir de prisión, Mick Jagger fue invitado a participar en un conocido programa de televisión de la Granada TV llamado *World In Action*, que habitualmente organizaba debates sobre temas de actualidad, invitando a personalidades con puntos de vista opuestos para contrastar sus opiniones. En relación a todo el revuelo que se había organizado con el encarcelamiento de los Stones, Mick Jagger se enfrentó en ese debate a William Rees-Moog, director del diario *The Times*, Lord Stow Hill, miembro del Parlamento y exministro del Interior, el ultraconservador obispo de Woolwich, Dr. John Robinson y el sacerdote jesuita Thomas Corbisley.

Ese debate volvió a representar una derrota sin paliativos de la derecha británica ultraconservadora, que había alimentado la represión contra el rock en general y contra los Rolling Stones en particular, esperando machacar dialécticamente a un supuesto jovenzuelo indocumentado y sin convicciones sólidas. Su sorpresa fue mayúscula cuando se encontraron a un Mick Jagger que, con serenidad, aplomo, inteligencia y firmeza, dejó en evidencia toda la demagogia, hipocresía y lugares comunes con los que sus oponentes pretendían presentarle como un palurdo.

Aun así, y quizá conscientes de que legalmente no había sido posible meter a Mick en la cárcel por mucho tiempo, los participantes en el debate trataron de mantener su postura de defensa de unos valores conservadores, cristianos, británicos y de orden, pero tratando de no buscar directamente la confrontación con Jagger, incluso tratando de entender que es lo que veían en él miles de jóvenes británicos que estaban cambiando la cara del país.

Es más: Esa noche Mick Jagger, que ya era un ídolo de masas para los jóvenes, más desde que se le intentó convertir en una cabeza de turco para atacar toda una nueva forma de ser esa misma juventud, no solo reforzó ese liderazgo; muchos padres de familia, sin estar

Mick Jagger durante el debate televisivo del programa.

de acuerdo con él, se dieron cuenta que en los Rolling Stones y el rock'n'roll no había solo hedonismo, despreocupación y drogas, sino que había un discurso detrás coherente, con una visión de la vida y de la sociedad que no era la de ellos, ciertamente, pero era al menos una visión elaborada de la sociedad que explicaba por qué eran críticos con esa sociedad y por qué no querían aceptar sus reglas de comportamiento.

A modo de ejemplo, vale la pena reproducir al menos un fragmento de lo que se discutió en ese debate y la inteligencia con la que Mick Jagger respondió a los ataques, más o menos velados, que se le hicieron en su encuentro con estas personalidades, supuestamente representantes de los estamentos de la sociedad biempensante.

William Rees Moog: «¿No crees que los Stones tienen que dar un buen ejemplo a sus seguidores más jóvenes?».

Mick Jagger: «Creo que el problema no está bien enfocado. Yo soy un músico, no soy un líder político o religioso, y no trato de impartir una doctrina, solo trato de que la gente sienta algo positivo con mis canciones. Yo no creo que los chicos tengan que seguir necesariamente la conducta de los músicos o los actores que les gustan, eso sería dar muy poco valor a la formación que se les ha dado y a su propia inteligencia. Por tanto, no me considero responsable de nada con respecto a los chicos a los que les gusta el rock. Me considero responsable de mis actos y de las consecuencias que se deriven de ellos para mi o para los directamente relacionados conmigo, pero nada más. ¿No educamos a los jóvenes para que tengan una personalidad y un criterio propio? Si pensamos que una estrella del pop puede tener más influencia en la gente joven que todos los valores que se les inculca desde la familia o la escuela, algo está fallando en el sistema ¿no creen?».

Padre Thomas Corbisley: «Las drogas están convirtiéndose en un gran problema para los jóvenes de hoy. Las drogas les alejan de Dios, les convierten en seres sin voluntad, sin personalidad... ¿qué opina usted de esta problemática?».

Mick Jagger: «¿Drogas? De acuerdo, están ahí y hay gente que las consume, pero yo me haría otra pregunta. ¿Por qué la gente consume drogas?, ¿por qué esta sociedad empuja a las drogas a la gente que no se siente realizada, o satisfecha, o que no encuentra su lugar en esta sociedad? Yo creo que la sociedad también debería hacerse esta pregunta. Y, en cualquier caso, creo que un valor fundamental de nuestra sociedad es la libertad. ¿De qué sirve educar durante años a generaciones enteras para que sean capaces de desarrollarse en libertad, si luego ponemos toda clase de restricciones al ejercicio de esa libertad?».

THE ROLLING STONES ROCK'N'ROLL CIRCUS: EL SECRETO MEJOR GUARDADO

Vestido con un traje rojo de maestro de ceremonias de circo, pajarita y sombrero de copa, Mick Jagger fue recibido con vítores mientras salía a dar la bienvenida. «¡Has oído hablar de Oxford Circus!» él exclamó. «¡Has oído hablar de Piccadilly Circus! Y este es el circo de rock and roll de los Rolling Stones... y tenemos sonidos, imágenes y maravillas para deleitar tus ojos y oídos».

Martin Chilton, www.udiscovermusic.com, diciembre de 2022.

Mick Jagger usó hasta la última pizca del gran intérprete que es. La cámara estaba justo enfrente de él para usarla como quisiera. No lo estaba observando desde la distancia, estaba a medio metro suyo y él y las cámaras se moldearon entre sí casi porque las usó de manera maravillosa.

Michael Lindsay-Hogg, *Mojo Magazine*, 2008.

El afamado director de cine y televisión Michael Lindsay-Hogg fue quien sugirió a Mick Jagger la idea de presentar para la televisión un show diferente, algo que nunca se había hecho antes para la televisión por parte de un grupo de rock. Fue entonces cuando a Mick se le ocurrió la idea de representar un show de circo, similar a los circos que él había conocido de niño. Aquellos circos con forzudos decrépitos que ya solo podían levantar pesas de papel pintadas de negro, leones casi moribundos, payasos a los que el maquillaje apenas podía ocultar las arrugas y la papada y los carromatos que, con frecuencia, se asimilaban con los de los gitanos errantes que iban de pueblo en pueblo. La idea se pensó para ser programada en la televisión en los días de Navidad, con lo cual se alquilaron los estudios y se citó a los invitados principales los días 10, 11 y 12 de diciembre de 1968.

—Michael es un tipo muy creativo, —dijo Mick Jagger—. Se nos ocurrió esta idea, y obviamente, pensamos que lo mejor era convertirlo en una mezcla de diferentes actuaciones musicales y números de circo, sacándolo de lo normal y haciéndolo un poco surrealista... mezclando los dos ámbitos. Y también queríamos tantos tipos diferentes de música como fuera posible. Por eso pensamos en quiénes serían los mejores shows secundarios, desde Taj Mahal a Jethro Tull.

No era mala idea y de hecho, el resultado final, contra la opinión de Mick Jagger, fue excelente. Indudablemente, era una inteligentísima maniobra promocional para su recién editado *Begars Banquet*, en el cual iban a participar muchos de los mejores grupos del rock británico: The Who, John Lennon, Yoko Ono, Eric Clapton, Taj Mahal, Jethro Tull, Marianne Faithfull y los propios Rolling Stones.

Lindsay-Hogg contrató al director de fotografía Tony Richmond, quien luego filmó *Don't Look Now* con Julie Christie y Donald Sutherland y *The Man Who Fell To Earth*, protagonizada por David Bowie. Para filmar *The Rolling Stones Rock And Roll Circus* utilizó

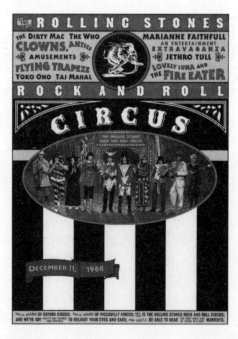

Portada del video y DVD editado oficialmente a mediados de los 90 del show del grupo para la televisión, *The Rolling Stones Rock'n'Roll Circus*.

las últimas cámaras de 16 mm de diseño francés y de alta tecnología, mientras que el sonido fue grabado por Glyn Johns y Jimmy Miller, utilizando el estudio móvil de los Olympic. John McKenna fue el diseñador de muchos de los disfraces de personajes del ambiente circense que los Stones emplearon.

El rodaje tuvo lugar en Stonebridge House en Wembley, en los estudios de la compañía InterTel. La audiencia invitada estaba compuesta por miembros del club de fans de los Rolling Stones, los afortunados ganadores de un concurso organizado en el *New Musical Express* y algunos —¿proféticamente?— visitantes de los *Hells Angels* estadounidenses.

El escenario fue diseñado para parecerse al interior de la gran carpa de un circo y junto a los músicos en el cartel estaban miembros del circo de sir Robert Fossett, incluidos trapecistas, tragafuegos, payasos, acróbatas e incluso un tigre y un canguro boxeador. Se suponía que el rodaje terminaría en un día, el miércoles 11 de diciembre de 1968, pero se excedió y duró desde las 2 de la tarde hasta las cinco de la mañana del jueves 12 de diciembre. El volumen de trabajo involucrado en el montaje de los escenarios y la recarga de la película de la cámara entre actuaciones hicieron que el espectáculo acabara durando más de 15 horas.

—Los payasos y los Rolling Stones se llevaban muy bien, —dijo Lindsay-Hogg a *The LA Times* en marzo de 2019—. Y fue genial detrás del escenario, —continuó—. Estaban todos sentados en una habitación, John Lennon, Mick Jagger, Pete Townshend y Eric Clapton tocando blues con guitarra y armónica. Keith Moon estaba jugando a las cucharas sobre una mesa.

El evento fue espectacular. Además de los extravagantes trajes escénicos, bromas alegres y música clásica de los años 60, incluida la única actuación pública del supergrupo The Dirty Mac, con una formación irrepetible compuesta por John Lennon, Keith Richards y Eric Clapton, además del batería de Jimi Hendrix, Mitch Mitchell. E indudablemente, la marihuana y el hachís que el público consumió generosamente ayudó a crear ese ambiente de confraternización y complicidad entre toda la gente que participó, como se demostró en toda la filmación, en especial con el *Salt Of The Earth* cantado por Keith Richards y con John Lennon y Yoko Ono bailando y cantando entre todos los asistentes.

Ahora bien, como es bien sabido, este show, pensado, concebido e incluso realizado para su programación en televisión, nunca llegó a la pequeña pantalla y solamente a mediados de los 90, convenientemente remasterizado y con algunos retoques, fue cuando el grupo, en especial Mick Jagger, autorizó que se comercializase en VHS y DVD.

¿Por qué no se emitió nunca en la televisión británica este show? Bien, hay una versión, que cabe imaginar que se pactó con el grupo, y que fue la que mantuvo Mick Jagger durante mucho años: en opinión del líder de la banda los Stones, que por diversas razones llevaban mucho tiempo sin tocar ni ensayar juntos de manera regular, habían hecho una actuación muy por debajo del nivel que Jagger pensaba que debían hacer —lo cual, hasta cierto punto era cierto—, en especial en comparación con la de The Who, que desde un punto de vista objetivo, ciertamente habían estado mucho mejor. Esta es la versión, digamos *oficial* para los libros de historia que seguramente ya han leído. Lo que relatamos a continuación es lo que no aparece en otros libros.

La segunda versión es la que argumenta el director Michael Lindsay-Hogg: Obviamente, se había negociado una cantidad de dinero para él por la organización, producción y dirección del show que debía pagarle la televisión por su trabajo. Parece ser que desacuerdos muy serios en este sentido entre ambas partes propiciaron que el director se negase a entregar las cintas con la filmación y la grabación del show y que incluso las filtró años más tarde al mercado *bootleg* —yo personalmente vi la filmación completa del show con una calidad de sonido e imagen más que aceptable seis años antes de que se editara por fin de manera oficial— en cierto grado, de acuerdo con los propios Stones.

Finalmente, la tercera y última razón se dice que tuvo que ver con el eterno grano en el culo en la historia de los Stones en este periodo: Decca Records. Al aparecer como invitados músicos que pertenecían a otros sellos discográficos, que los Stones no habían consultado con ellos, se negaron a pagar los derechos de imagen y de autor correspondientes a otros sellos si Decca asumía la producción del evento para su emisión en televisión. Incluso algún portavoz del sello Decca llegó a decir que la interpretación de *Sympathy For The Devil* de Mick Jagger estaba entre lo satánico y lo pornográfico y que por tanto, en modo alguno podía ser emitida. Ante tal panorama, el grupo olvidó la idea de presentar este programa en la televisión e hizo algunas gestiones para tratar de repetirlo en otras condiciones en otros escenarios, como por ejemplo en el Coliseo de Roma, pero finalmente en la primavera de 1969 dejaron las cintas del *Rock'n'Roll Circus* en un cajón hasta 1995.

Dato frecuentemente olvidado: esta fue la última aparición pública de Brian Jones con los Rolling Stones, diciembre de 1968. Y nunca pudo ser vista por el público en vida de Brian. El destino ni siquiera le dejó despedirse de sus fans en un show que habría sido todo un éxito si se hubiera podido emitir.

THE STONES IN THE PARK: EL ADIÓS A BRIAN JONES

El 9 de junio de 1969, después de una conversación entre Mick Jagger, Keith Richards y Charlie Watts con Brian Jones en su casa, la oficina de los Rolling Stones en Londres publicó una nota de prensa oficial en la que se comunicaba que Brian había dejado oficialmente de ser miembro de los Rolling Stones y que el nuevo miembro del grupo, el exguitarrista de John Mayall & The Bluesbreakers, Mick Taylor, sería presentado como nuevo miembro de los Stones el 5 de julio en un gran concierto gratuito en Hyde Park, Londres.

En la noche del 2 al 3 de julio, 48 horas antes de la celebración del concierto, Brian Jones murió en circunstancias durante mucho tiempo envueltas en una nebulosa de contradicciones, extraños silencios y sospechas que aún hoy siguen dando pábulo a toda clase de conspiranoias. En cualquier caso, los Stones quisieron que el concierto del 5 de julio, ya organizado, preparado y anunciado se convirtiera en un homenaje a Brian. Y así se hizo, previa autorización del grupo a la Granada Television, grabando y filmando el concierto para un especial de televisión que se emitió por primera vez el 12 de mayo de 1971. Leslie Woodhead y Jo Durden-Smith fueron sus directores, y su productor, John Sheppard.

El documental, aun estando bien realizado, bien estructurado y no dejando nunca de ser un buen trabajo desde el punto de vista técnico, no puede ocultar la realidad de lo que se vivió aquella tarde: Los Stones hicieron una mala actuación, sobre todo porque aunque llevaban meses ensayando y tocando juntos en estudio para grabar *Let It Bleed*, llevaban casi dos años sin hacer giras, las drogas habían empezado a perjudicar la forma y el rendimiento de Keith y seguramente no ensayaron lo suficiente, confiados en que todo iría bien, si acaso haciendo tres o cuatro sesiones para refrescar esos viejos clásicos que habían tocado tantísimas veces antes. Pero lo cierto es que no fue así, en ese concierto se vio al grupo bastante falto de forma, con Mick Jagger muy irritado e incluso dándoles la bronca en el escenario —«¡El ritmo! ¡mierda, afinad el ritmo!» gritó al menos en dos ocasiones— e intentando dar un buen show, pero lográndolo solo en determinados momentos, como en *(I Can't Get No) Satisfaction* o *Midnight Rambler*, que aún no se había editado, ya que *Let It Bleed* se puso a la venta en diciembre de ese mismo año.

The Stones In The Park fue el último especial que el grupo grabó para la televisión en toda su historia, por lo menos en Inglaterra, ya que en junio de 1976 autorizaron la filmación y la grabación de sus conciertos en París para un especial de la TF1 francesa que se llamó *The Rolling Stones: Aux les Abbatoirs*. Un excelente concierto cuyo visionado recomiendo especialmente, del cual una parte significativamente importante fue emitido en el segundo canal de TVE en el *Pop-Grama* de Carlos Tena, en junio de 1978.

Acotación personal/sentimental al margen: Esa fue la primera vez que vi y escuché a los Rolling Stones. Y a partir de ahí, rock'n'roll... hasta hoy.

THE SIMPSONS: MICK Y KEITH ENSEÑAN A HOMER A SER UNA ESTRELLA DE ROCK

Fue sin lugar a la menor duda, el fenómeno sociológico-televisivo de mayor impacto en la historia de la televisión americana y por ende, de todo el planeta. Las surrealistas historias de una familia media americana, los Simpsons, contadas a través de una serie de dibujos animados, de la cual se han emitido más de 700 episodios y cuyo éxito mundial es de los más incontestables que se han dado nunca en el mundo de la televisión. Tanto que, cuando algún personaje relevante del mundo del cine, el deporte, la música o la política alcanzaba en los últimos años una cierta relevancia, era casi una exigencia social que los guionistas de la serie creada por Matt Groening escribieran un capítulo en el que el personaje en cuestión fuera el invitado especial.

Músicos como The Ramones, U2, Elton John o Cypress Hill, actores como Danny de Vito o Kiefer Sutherland, actrices como Meryl Streep, Michelle Pfeifer o Winona Ryder, periodistas como Larry King o hasta magnates de la comunicación como Rupert Murdoch han sido algunos de los invitados estelares de *The Simpsons* a lo largo de las 30 temporadas de la serie. Obviamente, ¿cómo no iban a estar los Rolling Stones en alguno de los capítulos de la serie de televisión más famosa del mundo?

El capítulo en el que los Stones hicieron su aparición estelar fue *How I Spent My Strummer Vacation* —estrenado en España con el título de *Cómo pasé mis vacaciones de verano*— y fue el segundo episodio de la temporada nº 14 de la serie, emitido originalmente el 10 de noviembre de 2002.

¿Cómo conoció Homer Simpson a los Rolling Stones? Bien, la sinopsis del episodio es la siguiente: Homer, tras no poder pagar las cervezas que quiere tomarse en el bar de Moe, decide emborracharse de otras maneras, pero finalmente cuando regresa a casa en un taxi, sin saber que está siendo filmado y grabado por un programa de televisión con cámara oculta sobre conversaciones en los taxis, confiesa al conductor que uno de sus sueños había sido el de ser una estrella de rock. Entonces su familia lo lleva al *Rock'n'Roll Fantasy Camp* —claro guiño a *Rock'n'Roll Fantasy*, el conocido hit-single de Bad Company de mediados de los 70—, en el que dan clases sobre cómo llegar a ser una estrella de rock gente como Tom Petty, Lenny Kravitz, Brian Setzer de los Stray Cats, Elvis Costello y Mick Jagger con Keith Richards.

Homer se entusiasma con la idea y se convierte de hecho en el mejor alumno del campamento —impagable la escena en la que aprende cómo moverse por el escenario con Mick Jagger como profesor— pero... el campamento solo dura una semana y pasado ese tiempo, Homer tiene que volver a casa. Pero al verle tan abatido, Mick Jagger le ofrece participar en un concierto benéfico en el que. en principio. solo tenía que participar como *roadie*, pero que, contra todo pronóstico, se lanza como rockero haciendo una canción, alentado por sus amigos y familiares, teniendo que ser sacado del escenario por una cabeza de dragón que escupe fuego por la boca.

Momento memorable del episodio: cuando Mick y Keith tratan de animar a Homer ante la tristeza que siente por tener que abandonar el campo, y Mick le dice a Homer: «Vamos tío, esto es solo rock'n'roll» y Homer le contesta: «pero me gusta». *It's only Rock'n'Roll, but I Like It...*

Mick y Keith accedieron, como todos los invitados estelares de la serie, a doblar a sus personajes con sus propias voces y, como en otros muchos casos, ambos aseguraron que la razón fundamental por la que lo hicieron fue por complacer a sus hijos más pequeños, fans absolutos de la serie.

DEMONIOS, PSICODELIA, ESPUMA DE DETERGENTE Y CINTAS DE VIDEO: LOS ROLLING STONES EN VIDEOCLIP

Hasta la llegada de la radical transformación que el mundo de la música sufrió con la aparición de Internet, YouTube, las redes sociales y las plataformas de *streaming*, en especial durante los años 80 y 90 el videoclip se convirtió en una herramienta fundamental de promoción para los discos, en especial por la omnipresencia de canales de televisión temáticos musicales como MTV o VH1. Como no podía ser de otra manera, los Stones no fueron en modo alguno ajenos a ese fenómeno, pero paradójicamente, actuaron mucho más como pioneros de este formato en los años 60 que como impulsores de grandes video clips en los 80 y 90 de la manera en la que lo hicieron desde Michael Jackson con su *Thriller* a U2 con *With Or Without You*.

Sin embargo, y precisamente porque no ha sido un tema tocado frecuentemente en la mayoría de los libros publicados sobre el grupo, merece la pena detenernos en varias de las curiosas historias que existen sobre alguno de los más conocidos clips —también de los menos conocidos— de los Rolling Stones, sobre todo cuando ellos fueron pioneros en este formato, que repetimos una vez más, no se extendió como herramienta promocional *standard* hasta finales de los años 70.

WE LOVE YOU: CONTRA LA HIPOCRESÍA JUDICIAL Y REIVINDICANDO EL *FREE CINEMA* INGLÉS

Cuando a finales de julio de 1967 Mick y Keith fueron puestos en libertad por el mismo tribunal que les condenó, ante la desbordante presión social que se produjo tras su encarcelamiento, ambos tuvieron claro que una experiencia así tenía que aprovecharse creativamente, y lo hicieron componiendo y grabando una canción acerca de todo aquel asunto, *We Love You*, un single cuya letra por un lado se nutría de la filosofía del *peace and love* que venía del otro lado del Atlántico y de la cultura *hippie*; por otro, como una irónica forma de desmontar y desautorizar todo el discurso ultraconservador que estuvo detrás de sus detenciones y de su encarcelamiento. «No nos importa que solo amemos nosotros / os amamos y esperamos que vosotros también seáis capaces de amar», decía la letra de *We Love You*, dedicada a quienes estuvieron detrás de la maniobra mediática y judicial. Musicalmente, contó con el siempre característico piano de Nicky Hopkins, Brian Jones tocando el Mellotron y como gesto de solidaridad Paul McCartney y John Lennon haciendo coros.

Esta fue la primera canción en la historia de los Rolling Stones cuyo lanzamiento como single fue acompañada por lo que se llamaba una «película de promoción», algo que conectaba muy bien con el espíritu vanguardista, rupturista y experimental que los jóvenes cineastas británicos estaban desarrollando desde hacía varios años. En coherencia con esa mentalidad, los Stones llamaron de nuevo a Peter Whitehead, el director de *Charlie Is My Darling*, para realizar este videoclip.

Bajo su dirección, la banda tuvo el gran placer de satirizar su infame redada de drogas en Redlands y el posterior juicio penal que resultó en sentencias de prisión de corta duración para Mick Jagger y Keith Richards. También hace referencia a la redada antidrogas al propio Brian Jones a finales de 1967. Los efectos de sonido de arrastrar cadenas y la puerta de una prisión de la introducción de la canción también se ilustraron en el vídeo, ambos inspirados en la redada policial en la casa de Richards en Redlands en West Wittering, Sussex, el 12 de febrero de 1967.

El clip captura lo absurdo de aquella maniobra, con Keith Richards representando al juez Block que les condenó, cuya peluca está compuesta de periódicos sensacionalistas enrollados. Jagger y Marianne Faithfull participan en un juicio simulado, inspirado en parte en los juicios de 1895 del poeta y dramaturgo Oscar Wilde. Toda la iluminación, el enfoque, los contrastes, son deliberadamente tenebrosos, barrocos, para reforzar más la sensación de oscuridad, de falsedad que rodeó toda aquella farsa de la justicia que significó el proceso contra los Stones.

Top of the Pops, el principal programa de televisión musical de la época en el Reino Unido, se negó a emitir el clip porque lo consideraba una crítica demasiado dura al estamento judicial británico y que ello podría conllevar problemas de otro tipo a los responsables del programa. No importa: *We Love You* estuvo en el top-10 de los singles más vendidos en Inglaterra en el verano de 1967 y el clip con los años, adquiriría fama mundial.

2000 LIGHT YEARS FROM HOME: ¿LOS STONES EN ÁCIDO?

«2000 Light Years From Home», del álbum experimental de 1967, *Their Satanic Majesties Request*, nunca fue cara A de un single. Fue lanzado como la cara B de «She's A Rainbow», que fue un gran éxito en algunos países europeos, llegando al puesto 25 en Estados Unidos. De nuevo Peter Whitehead asumió la dirección de este clip, que reflejaba de una manera sumamente fidedigna el ambiente psicodélico que se vivía en el Londres de la época, donde los *happenings* en los que la música de Pink Floyd y The Moddy Blues, acompañada de proyecciones caleidoscópicas cuyo efecto alucinógeno potenciaba el consumo de determinadas sustancias químicas sintetizadas en clubes como el legendario UFO o el Speakeasy, caracterizaron toda una época.

El vídeo de *2000 Light Years From Home* comienza con primeros planos de los cinco miembros de la banda en ese momento e incluye una interpretación en escena de la canción de Jagger-Richards en una película tratada en color diversificado, que pasa de dominantes rojizos a dominantes más verdosos, recreando ese ambiente lisérgico, evasivo, con los Stones además luciendo un vestuario muy acorde con la tónica del momento y en el caso de Mick Jagger, un maquillaje que lo convertía en un ser andrógino, evanescente, casi fantasmal.

Curiosamente, se hizo un excelente trabajo para el videoclip, cuando todavía solamente los Stones y los Beatles hacían videoclips cara a una canción que nunca llegará a ser un clásico del grupo, ni se sacó como single y que solamente ha sido interpretada en directo en la gira *Steel Wheels* de 1989. También ha inspirado varias versiones,

158

incluida una de la banda alemana The Lovers en 1968, una versión instrumental de Los Straitjackets en 2015 y la más reciente de Kyle Richards y TM Collective en 2021.

Aun así, el clip es toda una obra maestra de imaginación, creatividad y sobre todo, de reflejo de cómo los Stones fueron capaces de entender, absorber e incluso mimetizarse con todo lo que una nueva generación estaba haciendo en la música desde un punto de vista rompedor, incluso revolucionario, con independencia de que el disco que representó toda aquella filosofía, *Their Satanic Majestic Request*, no fuera entendido en su momento y no lograse ni mucho menos el éxito comercial. Y su influencia alcanzó con los años a muchísimos realizadores, guionistas y directores de videoclips en todo el mundo.

JUMPIN'JACK FLASH: NACE EL AURA SATÁNICA DE LOS STONES

La canción quebró esa mala racha sin primeros puestos de sus singles en los charts. Llegaron al número uno en el Reino Unido, Alemania, Países Bajos y Australia y al tercer lugar, en los Estados Unidos. Cuando más de un millón de estudiantes y trabajadores paralizaron las calles de París en mayo y junio del '68 se podía escuchar Jumpin' Jack Flash *desde las ventanas abiertas de los edificios.*

César Pradines, *Diario Clarín*, marzo de 2023.

Cuando en la primavera de 1968 se editó como nuevo single de los Rolling Stones *Jumpin'Jack Flash*, con *Child Of The Moon* en la cara B, llamaron de nuevo a Peter Whitehead para hacer el videoclip de este single, pero el director había empezado el rodaje de *The Fall*, un excelente largometraje documental sobre las revueltas sociales y los cambios revolucionarios que se estaban produciendo en América en aquellos años. Tal circunstancia propició que entrase durante algún tiempo en el entorno de los Stones un magnífico cineasta, que hizo para el grupo grandes trabajos, como por ejemplo el ya legendario clip de *Jumpin'Jack Flash*: Michael Lindsay-Hogg.

Realizador norteamericano de nacimiento, pero residente en Inglaterra desde muy joven —durante muchos años corrió el rumor de que era hijo natural de Orson Welles—, los Stones le conocieron cuando fue nombrado director de realización del programa de televisión musical *Ready, Steady, Go!* en 1965 al que fueron en numerosas ocasiones para presentar sus singles. A las alturas de 1968 ya había hecho clips para los Beatles como *Rain* o *Paperback Writer* y cuando le llamaron, aceptó gustoso trabajar con ellos.

Es más: Lindsay-Hogg se entusiasmó de tal manera trabajando con el grupo, que cuando filmó el clip de *Jumpin'Jack Flash*, decidió hacer dos versiones del mismo clip, usando además diferente música para cada una de las versiones.

El primero de los dos videos, el más raro, presenta a la banda sin maquillaje y utiliza una versión en vivo de la canción, mientras que, en la segunda versión, la más conocida y que es la que realmente ha pasado a la historia, los Stones aparecen completamente maquillados, con Mick Jagger cantando, la voz en directo, mientras los otros miembros del grupo actúan en *playback*.

¿Por qué? El propio director lo explicó recientemente, cuando en 2022 se anunció el relanzamiento de los dos videoclips en formato 4K a diversos medios de comunicación.

Los Stones eran geniales, eran puros animales de la escena y la cámara estaba enamorada de ellos, en especial de Mick. Pero mientras lo hacíamos, sentí que faltaba un ingrediente, aunque en ese momento no sabía cuál era. Lo tuve claro durante un descanso que hicimos al mediodía para comer y vi a Brian Jones sentado junto a la mesa de maquillaje y jugando con los colores, poniéndoselo en la cara y luego limpiándoselo. «¡Eh! ¡Ese es un enfoque realmente interesante!». Ahí descubrí el ingrediente que faltaba, de manera que le dije a Mick, Keith, Charlie y Bill: «OK, simplemente id a la mesa de maquillaje y mirad que os gustaría poneros en la cara, ya sean rayas o maquillaje para los ojos, o purpurina para toda la cara, lo que sea que impacte». Y de pronto vi que aquello podría convertirse en algo revolucionario. A Charlie no le gustó mucho la idea al principio y me preguntó si de verdad creía que aquello era necesario, pero luego se partía de risa haciendo bromas sobre el aspecto que tenía cada uno de ellos.

Trabajaron con nuestra excelente maquilladora Linda DeVetta y se involucraron totalmente en el tema. Después de aproximadamente una hora se veían diferentes, especialmente Keith y Brian. Luego encontramos de casualidad, revolviendo armarios y cajones las grandes gafas extraterrestres de color verde chillón. Teníamos algo mucho mejor de lo que podríamos haber tenido dejado a nuestra suerte. Cristalizó en lo que debería ser. Es uno de esos momentos fortuitos en los que todas las cosas que podrían haber salido mal, salieron bien. Sin pretenderlo, nos adelantamos cuatro años al glam rock.

Pero, además, la iluminación y el ambiente que se creó para esta segunda versión del clip también cambió completamente: «El director de fotografía, Tony Richmond y yo pensamos que con ese maquillaje era necesario buscar otra forma de iluminarlos. En la segunda versión, les filmamos entre sombras. Tenía mucho más que ver con las sombras, y Mick entrando y saliendo de la luz, y todo ese pequeño paseo que hace al principio. Ese es el que más les gustó porque tenía una sensación ligeramente decadente, oscura y misteriosa».

Tal vez porque apenas cinco meses después, con motivo de la salida de *Begars Banquet* y del éxito que logró «Sympathy For The Devil», la conocida afición a la magia negra, el ocultismo y la parapsicología de Anita Pallenberg y en general esa asociación que se empezó a hacer entre los Rolling Stones y el mundo del satanismo muy propia de la época, hubo muchos periodistas que la atribuyeron a *Jumpin'Jack Flash*.

«Nunca entendí esas influencias satánicas que mucha gente le atribuyó al clip de *Jumpin'Jack Flash*. Ni tampoco esa absurda interpretación de la letra según la cual Jack Flash es el diablo. ¡Era el jardinero de Keith!», afirmó Mick Jagger en 2012. Sobre este particular y el origen de *Jumpin'Jack Flash*, unas páginas más adelante aclararemos el verdadero origen de esta canción, que como muchas otras, no tiene nada que ver con lo que se ha escrito sobre ella durante muchos años.

CHILD OF THE MOON: LA OSCURA Y GENIAL HISTORIA EN IMÁGENES DE UNA CANCIÓN MALDITA

Caso similar al de *2000 Light Years From Home*. El tema que se eligió como cara b del single que llevaba en la cara A a *Jumpin'Jack Flash*, era una canción que en sus primeras tomas instrumentales se grabó en octubre de 1967 en los Olympic Studios en las sesiones finales de *Their Satanic Majestic Request* y que se retomó en marzo de 1968, cuando comenzó la grabación de *Begars Banquet*. Ciertamente, es lo que se podría llamar una canción puente entre esos dos álbumes, que se sitúa aún en la onda más experimental que caracterizó a *Their Satanic...* y que no hubiera desentonado en ese disco, pero que se dejó como *outtake*. Al retomarse en marzo del 68, con el grupo apostando por otro tipo de sonoridad y de producción, al grabarse adoptó otra orientación.

Michael Lindsay-Hogg se encargó de hacer el videoclip de esta canción, que siempre lo digo, me parece en dura pugna con el de *It's Only Rock'n'Roll* el mejor videoclip que los Stones han hecho jamás. En esencia, y jugando con la críptica letra de la canción, que puede ser interpretada de diversas maneras, Lindsay-Hogg y el grupo construyeron en apenas tres minutos una auténtica película de terror, reforzando gracias al blanco y negro el ambiente siniestro y tenebroso de esa historia de manera genial, creando una atmósfera inquietante y tensa sensacional. Mucho más que *Jumpin'Jack Flash* o *Sympathy For The Devil*, este clip sí pudo haber dado cierta credibilidad a la supuesta inclinación de los Stones a lo diabólico. *Child Of The Moon* se filmó a lo largo del domingo 28 de abril de 1968.

En un cruce de caminos —lugar en el que, según inveteradas tradiciones, el diablo suele aparecerse a quienes le invocan y donde se supone que Robert Johnson vendió a Satanás su alma para convertirse en una estrella de la música—, situado en los terrenos de una granja cercana a Enfield, al norte de Londres, Mick, Keith, Charlie y Bill, ataviados como una suerte de forajidos de otra época, ven cómo desde la penumbra aparece una niña de cinco o seis años que se acerca a ellos... los Stones la miran con una mezcla de simpatía y severidad, la niña se da la vuelta y se marcha, no sin que antes Brian Jones aparezca de entre las sombras como un espectro. No ha llegado el momento. Todavía no debe cruzar la suerte de frontera que los Stones parecen custodiar.

Después aparece de nuevo emergiendo de entre las sombras esa niña ya convertida en mujer, asustadiza y confusa, acercándose a ese cruce y mirando a Mick Jagger de manera escalofriante, con un gesto que mezcla ansiedad, miedo y deseo, en una oscuridad terrorífica, como si tuviera enfrente a Dios... o a Satanás. Pero también da la vuelta. Finalmente, esa misma mujer, ya convertida en una anciana débil y de movimientos inseguros, se acerca con decisión al cruce… y esta vez atraviesa el camino, dirigiéndose hacia la muerte.

Con motivo del reciente relanzamiento de este videoclip, tanto en color como en blanco y negro, restaurado y con resolución 4K, Michael Lindsay-Hogg recordó algunos detalles de cómo fue la realización de este video. «Le dije a Mick Jagger: "creo que necesitamos un caballo blanco en el campo. Piensa en Fellini", porque Fellini era el tipo al que acudir en los años 50 y 60 para encontrar algún ingrediente extraño en escena, ya fuera un payaso con la cara blanca o un caballo blanco que crease incertidumbre sobre su sentido en la trama. Mick sabía mucho de cine y se entendió conmigo muy bien. Pusimos a Keith Richards en un árbol, lo que me pareció increíble y Brian Jones llegó muy tarde, por eso su participación en el clip es muy pequeña. De hecho, él era quien debía haberse subido al árbol. Al final de la sesión, se vino conmigo y se tomó unas cervezas en un pub cercano. La camarera le reconoció y le dijo que le gustaría un autógrafo para su hija, a lo que Brian le respondió: "Bueno, no soy muy buena persona. ¿Estás segura?"».

La actriz que interpretaba a la mujer de mediana edad que aparece en el video era Eileen Atkins, conocida posteriormente por su trabajo en películas como *Gosford Park* (2001), *Robin Hood* (2010) o la serie de televisión *The Crown*, y también recordó recientemente su experiencia en el rodaje de este videoclip. «Me pagaban cincuenta libras por una tarde de trabajo y era muy glamuroso trabajar con los Rolling Stones. Mick me impresionó ese día, aunque recuerdo que hice muy mal mi primera toma. Michael dijo amablemente: "No Eileen, no es esta la idea. Hagámoslo de nuevo", y Mick nunca dio la más mínima pista de que pensaba que yo lo había hecho fatal. Era encantador y llegué a la conclusión de que, después de todo, tenía cerebro».

—Michael Lindsay-Hogg era amigo mío, —continúa Eileen Atkins—, y en el momento en que participé en el clip de *Child of the Moon*, él y yo estábamos a punto de hacer *Electra* en la televisión. Le dije a Michael que podría ser una buena idea trabajar con personas que normalmente no están asociadas con este tipo de cosas, así que sugerí que le pidiéramos a Mick Jagger que interpretara a Orestes, y Michael estuvo de acuerdo. Pero luego, durante las siguientes semanas, lo pensamos mejor. Mick estuvo genial como Rolling Stone, pero simplemente no podíamos imaginarle desenvolviéndose en una tragedia griega.

Seis meses después del rodaje de *Jumpin' Jack Flash* y *Child Of The Moon*, Lindsay-Hogg recibió el encargo de dirigir *The Rolling Stones Rock and Roll Circus* y en 1970, dirigió *Let It Be*, la película de los Beatles que el director Peter Jackson utilizó como base para su documental de ocho horas *The Beatles: Get Back* el año pasado.

IT'S ONLY ROCK'N'ROLL: ¡QUE SE VAYA TODO A LA MIERDA!

Para los siguientes álbumes del grupo, *Let It Bleed, Sticky Fingers* y *Exile On Main Street* no se filmaron videoclips de promoción. Fue solamente en 1973, con la edición de *Goats Head Soup* cuando se retomó filmar lo que todavía se llamaba «películas de promoción», concretamente para «Angie», «Dancing With Mr. D» y «Silvertrain», pero, tal y como ocurrió con los filmados para *Black And Blue*, no eran sino imágenes del grupo tocando las canciones en una suerte de falso directo, sin ningún otro elemento y por supuesto, sin actores invitados ni argumento tipo cortometraje de vanguardia.

Sin embargo, para los clips de su álbum de 1974, *It's Only Rock'n'Roll*, y sin que hubiera ninguna idea premeditada para ello, las circunstancias provocaron que el 1 de junio de 1974 se filmase en los estudios de la London Weekend Television con toda seguridad el videoclip más barato y sencillo de cuantos habrán grabado los Stones en toda su carrera, pero a mi juicio y a juicio de muchos fans, uno de los mejores de todos, si no el mejor.

Nuevamente Michael Lindsay-Hogg fue llamado a filmar los clips, y ese día por la mañana se filmaron los clips de *Ain't Too Proud To Beg* y de *Till The Next Goodbye*, y tras la pausa para el almuerzo, a la tarde se filmó y grabó el videoclip de *It's Only Rock'n'Roll*, que sería además el primer single del álbum, que en principio se iba a lanzar ese verano, aunque al final la Atlantic Records, la distribuidora de la Rolling Stones Records, lo lanzó a finales de octubre.

De entrada, y en tanto que la idea que se manejaba, tanto por parte de Mick Jagger como de Lindsay-Hogg, era la de que el grupo acabara engullido por un mar de espuma, a modo de metáfora sobre cómo la adulación, los falsos mitos y toda la palabrería alrededor del grupo podía ser solo eso, espuma, nada sustancial, y al grupo le gustó la idea, se decidió que los Stones harían el *playback* de la canción dentro de una gran tienda de campaña sobre la cual un surtidor empezaría a disparar espuma de detergente. «No sé qué detergente eligieron, pero lo que recuerdo es que la espuma olía asquerosamente mal», recordaba Mick Taylor.

La otra anécdota tuvo que ver con el vestuario. El grupo no quería repetir la misma indumentaria para los clips, y a pesar de que tenían preparada ropa específica para el clip de *It's Only Rock'n'Roll*, Mick Jagger insistió en que la espuma podía estropear la ropa que iban a usar, de manera que preguntó a los responsables del estudio si tenían otro tipo de ropa sobrante de rodajes de series de televisión, o de otros clips, y resultó que en los almacenes se encontraron unos trajes de marineros que se habían usado en una serie de la BBC —nadie recordaba cuál; hay quien asegura que era de la serie de aventuras marítimas *La Línea Onedin*— que nadie había reclamado. Se los probaron, y visto que les quedaban bien, se metieron en la carpa, se encendieron las cámaras, y sobre un *It's Only Rock'n'Roll*, distinto del grabado para el disco —se usó, como en

Fotograma del videoclip de los Rolling Stones *It's Only Rock'n'roll*, 1974.

Jumpin'Jack Flash, una toma alternativa que se grabó específicamente para este clip— filmaron en dos tomas el video de la canción.

Con toda seguridad sin proponérselo esa tarde los Stones se reivindicaron como aquello que, a pesar de las críticas que la prensa musical inglesa se empeñaba en machacar, nunca habían dejado de ser: una banda de rock'n'roll, de puro rock'n'roll. Burlándose de los críticos por un lado, del ambiente de adulación e hipocresía de otro, y bailando en una invasión de espuma, —siempre me recordó a las escenas finales de la maravillosa película *El guateque* de Blake Edwards, con una de las mejores interpretaciones que hizo nunca en su carrera Peter Sellers, cuando meten al elefante en la piscina para lavarle y quitarle la pintura— con una actitud casi punk, descojonados de risa y gamberreando como en sus tiempos de Edith Grove... sin acordarse de que al estar sentado frente a la batería, Charlie Watts medía un metro menos y casi se ahoga mientras los demás se los pasaban en grande bailando sobre la espuma como niños pequeños en una piscina. En una entrevista que Keith Richards concedió en el otoño de 1974 al programa de la segunda cadena de la BBC *Old Grey Whistle Test*, «llegó un momento en que Charlie empezó a toser, a escupir espuma, se levantó y dijo: ¿queréis parar esa maldita máquina de una vez? ¡qué se vaya todo a la mierda!».

Además de esa visión de los Stones genuinamente rockera, desenfadada, que tan lejos estaba teóricamente del falso mito que la prensa había fabricado sobre ellos, el inolvidable videoclip de *It's Only Rock'n'Roll* pasaría a la historia por otro motivo: fue la última aparición pública de Mick Taylor, el sustituto de Brian Jones en 1969 con los Rolling Stones: en diciembre de 1974 anunció su decisión de no continuar en el grupo y de iniciar otros proyectos musicales.

RESPECTABLE: CERRANDO LA BOCA
A LOS CRÍTICOS ESTÚPIDOS

En 1978 había dos tendencias claramente dominantes en el mundo de la música: de un lado el punk rock —o lo que iba quedando de él tras la abrupta ruptura de los Sex Pistols— que aunque iría difuminándose poco a poco dentro de lo que se llamó la *new wave,* dejó plantada en el mundo del rock una semilla de rebeldía, de inconformismo, de ganas de recuperar el espíritu rebelde y transgresor del rock'n'roll y por otro, la disco-music, sobre todo tras el espectacular éxito comercial y el fenómeno a otros muchos niveles que supuso la película *Saturday Night Fever* protagonizada por John Travolta.

Como siempre habían hecho, los Stones quisieron demostrar que podían desenvolverse a la perfección en ambos campos, y si bien en su álbum de 1978 *Some Girls* hicieron un clásico que hoy por hoy siguen tocando en directo, lleno de *disco-groove-funk*, como *Miss You*, que fue la canción del verano en todas las pistas de discoteca del 78, para demostrar a muchos escépticos que todavía podían rockear como la más fiera de las bandas de punk rock, grabaron tres rocks duros, correosos y crudos como *When The Whip Comes Down, Lies* y sobre todo *Respectable*.

Michael Lindsay-Hogg filmó varios videoclips para los singles de *Some Girls*, pero sin duda, ninguno como el sensacional «Respectable». De nuevo, y como pasó con *It's Only Rock'n'Roll*, no hizo falta más que una localización sencilla, un guion que probablemente no excedería más allá de tres o cuatro renglones y las ganas de una banda de rock'n'roll de romper con todo para hacer un clip que mostró a la perfección cómo los Stones, frente a las acusaciones de aburguesamiento, acomodamiento y demás farfolla, eran capaces de tirar abajo paredes a guitarrazos.

En el clip de *Respectable*, los Stones aparecen tocando el tema en una habitación de lo que parece una casa abandonada, con paredes blanquecinas, y llegado un momento, Mick Jagger, que también toca la guitarra e interpreta el tema con una agresividad extrema, como si fuera Pete Townshend en los Who, coge su guitarra, la estrella contra una pared rompiéndola a golpes, entran en otra habitación Mick, Keith y Ronnie y acaban lanzándose los tres sobre una cama en plan desmadre total. De nuevo, más allá de todos los comentarios de la prensa amarilla, los Stones seguían siendo solo rock'n'roll.

WAITING ON A FRIEND: NEW YORK, NEW YORK...

Ya con la idea definida de volver a la carretera, los Rolling Stones editaron en el otoño de 1981 su álbum *Tattoo You*, un excelente disco que paradójicamente se improvisó en muy poco tiempo, con tres o cuatro ideas creadas en el estudio durante la misma grabación y tirando mucho de archivo, sobre todo de las interminables cintas de *Some Girls* en París del periodo 1977-78.

El caso de *Waiting On A Friend* fue distinto. La primera versión de esta canción se grabó en maqueta, sin letra y muy en plan *rough-mixes* en diciembre de 1972 en los Dynamic Sound Studios de Kingston, Jamaica, para *Goats Head Soup*. Fue uno de los *outtakes* que no se siguió trabajando para el álbum y parece ser que se retomó para *It's Only Rock'n'Roll*, al menos en los primeros ensayos, pero fue pronto, muy pronto, desechada y no se retomó hasta la grabación de *Tattoo You*. La letra pretendió ser un relato entre emotivo e irónico de cómo son las relaciones de compañerismo y amistad dentro de un grupo de rock, especialmente entre Mick Jagger y Keith Richards.

Filmado en locaciones del East Village de Manhattan, los espectadores más avezados notarán que el entonces amigo de los Stones, el músico de reggae Peter Tosh hace un cameo en el video, sentado con Mick y Keith en la entrada, antes de que los dos se vayan al bar para encontrarse con Bill Wyman, Ronnie Wood y Charlie Watts. El reencuentro entre dos amigos, la complicidad, la camaradería que se muestra en este video, justo cuando sus relaciones personales iban a empezar a deteriorarse, no deja de tener un significado muy especial, que será siempre recordado sobre todo cuando tras la *tercera guerra mundial*, Mick y Keith aparquen sus diferencias a finales de los 80, recuperen su sintonía personal y reactiven el grupo.

Algo importante a destacar: el edificio de la entrada en el que Mick y Keith se encuentran en el video es el mismo que aparece en la portada del álbum *Physical Graffiti* de Led Zeppelin, 98 y 96 de St. Mark's Place, Manhattan, New York. Ah, y por cierto, ese saxo es un impagable regalo de Sonny Rollins. En cuanto al bar en el que el grupo se reúne, es el St. Mark's Bar & Grill donde los otros tres miembros de la banda ya están bebiendo. Ronnie Wood aparece en el vídeo, aunque no era músico en la grabación original. En esta localización, Jagger le canta la canción a Richards y el vídeo concluye con la banda preparándose para un concierto en la parte trasera del bar, en gran medida ignorados por los demás clientes.

Que los Stones eligieran esta localización para este videoclip, más allá de la coincidencia con Led Zeppelin, tiene su significado: desde 1651, cuando Peter Stuyvesant compró el terreno a su alrededor a la Compañía Holandesa de las Indias Occidentales, este tramo de tres manzanas de Manhattan ha albergado la mayor cantidad de luminarias culturales e históricas por metro cuadrado que cualquier otro lugar del mundo. Aquí vivieron León Trotsky y WH Auden, al igual que James Fenimore Cooper, autor de *El último mohicano*. Andy Warhol regentó un club nocturno en la calle. Además de Led Zeppelin, The New York Dolls y Billy Joel fotografiaron portadas de sus álbumes mostrando las bodegas de la esquina y sus escaleras de incendios en zigzag. Debbie Harry, cantante de Blondie, vivía en el número 113 y William Burroughs en el número 2. Adam Horowitz de los Beastie Boys escribió la canción *Paul Revere* sentado en las escaleras de Sounds Records en el número 20 y Jeff Buckley grabó su aclamado EP de debut *Live at Sin-é* en el número 122 de la calle.

* * *

La vida secreta de las canciones de los Rolling Stones

La única verdad es la música.

Jack Kerouac.

Los Rolling Stones, los Beatles, The Who, Pink Floyd, U2, Bruce Springsteen, Led Zeppelin, Bob Dylan, Genesis, Supertramp, AC/DC, Neil Young… cualquier gran nombre de la historia del rock que se quiera mencionar, sea cual sea el estilo en el que se encuadre, si llega al éxito, al reconocimiento, a la popularidad masiva, más allá de la espectacularidad de sus conciertos, su carisma personal, sus videoclips o más recientemente, sus ocurrencias en las redes sociales o cualesquiera otra circunstancia favorecedora de ese impacto, es gracias a sus canciones.

Por mucho que se nos quiera vender otra cosa o por mucho que se fabriquen pseudoartistas en programas de televisión que supuestamente descubren talentos estructurados a la medida del *coach* o la empresa que les va a explotar económicamente, solo la música, las canciones, la creatividad, la inspiración y la imaginación generan ese sentimiento capaz de transformar nuestras vidas que son las canciones.

La mayoría de las veces que vienen a mi programa de radio *Rock Star* grupos y músicos de rock de toda índole, muchas veces mis oyentes me critican a través de las redes sociales diciendo que cuando hablo con esos artistas sobre las canciones siempre repito, de forma según ellos machacona, una frase de John Lennon que me parece sumamente acertada y que para mí, como crítico y comentarista musical, es una verdad irrefutable: En palabras del Beatle, si una canción engancha, comunica y emociona solo con voz y guitarra, tienes una gran canción. Si no es así, por mucho que la envuelvas de coros, *recordings*, colchones de teclado o lo que se te ocurra, nunca tendrás en esa pieza una buena canción. Tal vez tengan razón mis críticos, e intentaré no repetirla tanto, pero sigo creyendo en esa máxima. Una máxima que se cumple en muchísimas, por no decir la práctica totalidad de las canciones del grupo al que dedicamos este trabajo.

La canción, los tres acordes, el *riff*, y en muchas ocasiones, la historia que acompaña a ese armazón músical, contribuyen de manera fundamental a construir un clásico, un hit-single o en muchos casos, una canción que sustenta una historia llena de significado y de contenido. En las siguientes páginas, nos detenemos en una serie de canciones de los Rolling Stones en las que se tratan temáticas muy diferentes entre sí: amor, desamor, sexo —convencional o no—, drogas, la vida en la carretera, asuntos políticos y sociales o simplemente curiosidades casi desconocidas, que nunca o muy rara vez se han analizado en la bibliografía sobre los Rolling Stones.

¿Se animan a unirse al viaje? Venga, no se hagan los remolones... ¿somos *stonianos* o qué?

CARTAS DE AMOR DESDE LA BOCA DEL INFIERNO: LOS STONES Y SU VIDA AMOROSA

La música es amor buscando palabras.

Lawrence Durrell.

Durante muchos años, el rock fue y en esencia sigue siendo la música de los espíritus más salvajes e indomables. Nombres como los de Led Zeppelin, Aerosmith, Alice Cooper, The Who, Queen, Ozzy Osbourne, Mötley Crüe, Guns N'Roses o los propios Rolling Stones cimentaron en otras épocas gran parte de su leyenda en hacer del lema clásico de sexo, drogas y rock'n'roll su *leit motiv* diario, bien fuera en noches de sexo interminables, esnifar hormigas, agotar las existencias de *bourbon* y cocaína de cada ciudad por la que pasaban o lanzar televisores por la terraza de una habitación de hotel.

Sin embargo, los grupos de rock en general y los Rolling Stones en particular han hecho canciones sobre el amor tanto como sus homólogos de otros géneros musicales. Por supuesto, una buena parte de su música trata más de lo que podríamos llamar asuntos adyacentes al amor que del amor mismo, en muchas ocasiones sobre rupturas amorosas no exentas de amargura y resentimiento.

Y no son precisamente infrecuentes. De hecho, la mayoría han aguantado bastante bien el paso del tiempo y no son pocas las que guardan en su *background* historias que seguro que ustedes no sospechaban. Pasen y lean, los Stones hablando de amor...

That's How Strong My Love Is

Bien, para ser coherentes con la propia historia de la banda, empecemos con una versión. Roosevelt Jamison escribió *That's How Strong My Love Is* en 1964, pero quien la grabó en primer lugar fue O.V. Wright, quien la editó bajo etiqueta Goldwax Records ese mismo año. Justo un año más tarde la grabó Otis Redding, siendo esta la versión en la que se inspiraron más los Stones para grabar su versión, incluida en su álbum *Out Of Our Heads* de 1965.

La letra es una apasionada declaración de amor que juega mucho con metáforas que usan elementos de la naturaleza —el sol, la luna, el arco iris, los océanos, el sauce llorón— y los Stones solamente la han tocado en directo durante el Live Licks Tour de 2003. Con posterioridad, ha sido versionada por infinidad de artistas y músicos de diferentes géneros, destacando entre otros The Hollies, Percy Sledge, Humble Pie, Taj Mahal, Bryan Ferry o Mick Hucknall entre otros.

Lady Jane

Las letras de los Stones se prestan a interpretaciones en general relativamente crípticas, y esta es una de la que podría tener varios significados. La historia tal y como es narrada en esta balada, cuenta el testimonio de un hombre que se debate entre el amor de tres mujeres, Anne, Marie y Lady Jane, explicando a las dos primeras que, aunque ha intentado amarlas de verdad, finalmente se entrega a Lady Jane.

La ambientación musical con la que el grupo rodeó esta balada, que recordaba la música antigua británica, con Brian Jones tocando el dulcimer y Jack Nitzsche el clavicémbalo sugirió otras interpretaciones; una de ellas que la letra estaba directamente inspirada en una carta que el rey Enrique VIII de Inglaterra escribió a la que sería su tercera esposa, Jane Seymour, en la que le confesaba su amor y le dejaba ver que el destino de su anterior esposa, Ann Boleyn, estaba sentenciado. También hay quien señaló que era una canción dedicada a Jane Ormsby-Gore, una mujer de la alta sociedad británica que se rumoreaba tenía un *affaire* amoroso con Mick Jagger. En palabras del cantante, «*Lady Jane* es una canción muy extraña. Realmente no sé de qué trata. Todos los nombres son históricos, pero nunca fui consciente de que pertenecían al mismo período».

Finalmente, también se rumoreó extensamente que la canción trataba sobre drogas, en tanto que en el Londres de los 60 se llamaba en argot *lady jane* a una variedad de anfetaminas, al igual que en algunos ambientes también se llamaba *lady jane* o *mary jane* a la marihuana.

Se grabó en marzo de 1966 para el álbum *Aftermath*, aunque no se incluyó en la versión estadounidense del disco. Peter Whitehead filmó de manera bastante rudimentaria al grupo interpretando esta canción en directo, integrando esta filmación a su célebre documental *Tonight Let's All Make Love In London* e inspiró a Neil Young una canción que grabó para su álbum de 1975 *Tonight's The Night*, «Borrowed Tune». Esta canción es una copia abierta y declarada de «Lady Jane», en la que el propio Young dice en la letra: «Estoy cantando esta melodía prestada que tomé de los Rolling Stones».

Ruby Tuesday

Esta balada, el cuarto número uno de los Rolling Stones en Estados Unidos, durante muchos años se dijo que trataba sobre una *groupie*, algo que nunca se correspondió con la realidad y que el propio Keith Richards, quien fue el autor, tanto de la música como de la letra, desmintió años después.

En marzo de 1965, en la misma fiesta en la que Mick Jagger conoció a Marianne Faithfull, Keith Richards se encontró con la modelo Linda Keith de 17 años, que era la mejor amiga de Sheila, la novia y futura esposa de Andrew Loog Oldham. El flechazo fue mutuo e instantáneo, Keith se enamoró completamente de Linda, y su relación aunque intensa, fue corta: apenas un año y medio. Durante la gira estadounidense de los Stones, en el verano de 1966, la crisis y los desencuentros que unos meses antes habían empezado a agrietar su relación, devino finalmente en la ruptura, sobre todo cuando después de una acalorada discusión en Nueva York, Linda se marchara al café Wha! del Greenwich Village y conociera a Jimi Hendrix.

Cuando el grupo regresó a Londres a finales de agosto de 1966, Keith descubrió que Linda ya no volvería más. «Esa es la primera vez que sentí un corte emocional profundo, desgarrado y realmente doloroso. Bien, son cosas que pasan», admitiría el guitarrista. «Una chica con la que has roto. Y todo lo que te queda es el piano, la guitarra y un par de bragas olvidadas en el tambor de la lavadora. Entonces, la canción simplemente surge de esa tristeza. Es una de esas canciones que son más fáciles de escribir porque realmente estás ahí y con toda sinceridad dices en serio lo que te está pasando y lo que estás sintiendo. Una vez que la has hecho, te sientes mejor. Es lo bueno de componer canciones, incluso si te han jodido, puedes encontrar consuelo escribiendo sobre ello y expresándolo, echándolo fuera, como una especie de exorcismo. Básicamente, *Ruby Tuesday* es Linda Keith».

La letra en efecto, lo decía todo. «Ella nunca diría de dónde vino / El ayer ya no importa si se ha ido / mientras el sol está brillando / o en medio de la noche más oscura / nadie lo sabe, ella solo viene y va / Adiós, Ruby Tuesday / ¿quién te podría poner un nombre? / cambias con cada nuevo día / aún te echaré de menos».

Esta canción posee, más allá de la melancolía de Keith por el amor perdido, la singularidad de que cuando el grupo entró a grabarla en noviembre de 1966, aunque Keith trajo la base y la estructura básica para grabar la primera demo, Brian Jones participó mucho en su instrumentación y casi se puede decir que reescribió el tema con el propio Keith Richards.

Tan es así que Marianne Faithfull escribió en su autobiografía: «Brian estaba muy interesado por la música clásica isabelina inglesa y a menudo me hablaba de que existía una conexión entre ese tipo de música y el blues del delta. Un día en el estudio, se puso a tocar música de ese tipo con un laúd. No era más que una melodía tenue, pero llamó la atención de Keith, que ladeó la cabeza y dijo: "¿Qué es eso? ¿Puedes hacerlo de nuevo?" Brian volvió a concentrarse y volvió a tocar la melodía temblorosa y melodiosa con la grabadora encendida. Entonces Keith se puso a tocarla al piano. Ahí nació *Ruby Tuesday*».

Durante los dos días que Keith y Brian estuvieron trabajando en la canción, incorporaron varios instrumentos, como por ejemplo la flauta en la primera pista básica que se grabó, que un primer momento era instrumental, con Keith a la guitarra acústica y Brian al piano, con el bajo de Bill y la batería de Charlie Watts. Posteriormente, Keith añadió la letra que había escrito para este tema, se añadió la voz de Mick, la pista de piano de Brian se sustituyó por otra grabada por Jack Nitzsche y se sumó al bajo un refuerzo de contrabajo que requirió un esfuerzo adicional: «Tengo manos pequeñas y no puedo tocar un contrabajo normal», admitió Bill Wyman, por lo que tocaba las notas del instrumento mientras Keith tocaba las cuerdas con un arco.

«Ruby Tuesday», al igual que «Let's Spend The Night Together», se grabó entre noviembre y diciembre de 1966 durante las sesiones de *Between The Buttons* en los Olympic Studios, pero como era norma en la industria discográfica de la época, en tanto en cuanto esas canciones iban a ser la cara B y la cara A de un single, no se incluyó en las primeras versiones británicas y americanas de aquel LP. De hecho, se suponía que esta sería la cara B de «Let's Spend The Night Together», pero cuando en el *Ed Sullivan Show* la canción fue censurada y muchas emisoras de radio no la emitieron, debido a sus supuestas implicaciones sexuales, pusieron «Ruby Tuesday» en su lugar, este hecho ayudó a convertirla, paradójicamente, en un éxito al que en teoría no estaba destinado.

La cantante de folk-rock melódico Melanie lanzó una versión de *Ruby Tuesday* en 1970 que alcanzó el puesto número 9 en el Reino Unido y el puesto 52 en Estados Unidos.

Yesterday Papers

No existe constancia de que lo dijera abiertamente en alguna ocasión, pero resulta evidente a todas luces que en la letra de esta canción, la primera escrita y compuesta íntegramente por Mick Jagger, a pesar de que estuviera firmada por Jagger / Richards, está hablando claramente de la ruptura sentimental que tuvo con su pareja anterior a Marianne Faithfull, la actriz y modelo Chrissie Shrimpton, que quedó emocionalmente muy afectada por el fin de su relación con el *frontman* de los Stones, y al que se dice que amenazó con publicar en la prensa rosa inglesa las cartas de amor que este le había escrito a lo largo de sus tres años de relación. La letra en este sentido no puede ser más significativa: «¿Quién quiere papeles del ayer? / ¿quién quiere a una chica del ayer? / ¿quién quiere los periódicos de ayer? / nadie en el mundo / vivo una vida en constante cambio / cada día significa una vuelta de página / los periódicos de ayer tienen tan malas noticias... / lo mismo es aplicable para ti y para mí».

«Yesterday Papers» se grabó en los Olympic Studios de Londres en las sesiones que tuvieron lugar entre el 9 y el 26 de noviembre de 1966 para el álbum *Between The Buttons*, que se editó en enero de 1967. Musicalmente, tiene la peculiaridad de escuchar a Brian Jones tocando el vibráfono y a Jack Nitzsche haciendo lo propio con el arpa.

Fue grabada en mayo de 1967 por Chris Farlowe con producción de Andrew Loog Oldham y Mick Jagger y por Fleetwood Mac en 1975.

She's A Rainbow

La psicodelia fue sin duda el nuevo gran fenómeno del rock en los años 1966 y 1967 y aunque les era muy ajeno incluso generacionalmente, en modo alguno les pasó inadvertido a los Stones en ese momento. De hecho, fundamentalmente por iniciativa de Mick Jagger el álbum posterior a *Between The Buttons*, el con frecuencia incomprendido *Their Satanic Majestic Request* ha pasado a la historia como el álbum «psicodélico» del grupo.

She's A Rainbow es la canción más recordada y quizá más característica de aquel álbum. En esencia, la canción no es exactamente una canción de amor en el sentido de una declaración como pudiera ser *Lady Jane*, pero el cúmulo de elogios que la letra dedica a la chica que inspiró la letra es lo más parecido a una declaración amorosa. «¿La has visto vestida de azul? / ves el cielo enfrente de ti / y su cara es como una vela / de un blanco tan hermoso y pálido / ¿has visto a una mujer más bella?».

She's A Rainbow tiene la singularidad de contar entre el personal invitado que grabó la canción con un extraordinario multinstrumentista que, en 1967 trabajaba como músico de sesión fijo en los Olympic Studios, y que hizo para este tema los arreglos orquestales y de cuerda: John Paul Jones, que año y medio más tarde se haría mundialmente famoso como bajista de Led Zeppelin.

You Got The Silver

Se dice que Keith Richards escribió los primeros bocetos de esta canción en diciembre de 1967, es decir, pocos meses después de iniciar su relación con Anita Pallenberg, que se ensayó y se montó en demo en marzo de 1968 para *Begars Banquet*, pero que quedó como una *outtake* que finalmente, se grabó en los Olympic Studios de Londres el 19 de febrero de 1969 para ser incluida en *Let It Bleed*. Es la primera canción en la historia de los Rolling Stones cantada íntegramente por Keith Richards, aunque se grabó una versión alternativa cantada por Mick que ha circulado en numerosos discos piratas de *outtakes* de estudio.

La canción es una clara y emotiva declaración de amor de Keith a Anita, de la cual resulta sumamente expresivo este fragmento: «Tienes mi corazón, tienes mi alma / tienes la plata, tienes el oro / tienes los diamantes de la mina / Bueno, está bien, vamos a ganar algo de tiempo».

You Got The Silver fue incluida en la banda sonora de la famosa película icono de la contracultura de los años 60 *Zabriski Point* de Michelangelo Antonioni y aunque no se conoce este dato, ha sido recientemente versionada. Entre los *covers* más destacables, merece la pena señalar el de Susan Tedeschi, afamada guitarrista y compositora de soul, blues y rock para su álbum de 2005 *Hope And Desire*, el de la The Andrew Oldham Orchestra and Friends en su *Play The Rolling Stones Songbook Volume 2* editado en 2013 y el de The Band of Heathens featuring Charlie Starr, un proyecto paralelo del cantante de Blackberry Smoke Charlie Starr en su álbum de 2022 *Remote Transmissions, Vol. 1*.

You Got The Silver posee otro dato importante para el seguidor de los Stones: La versión que se grabó de este tema con Mick Jagger a la voz también tuvo una instrumentación diferente: se incluyó una parte de cítara tocada por Brian Jones a finales de marzo de 1969.

Esta fue definitivamente la última grabación de estudio que hizo el fundador de la banda con los Stones. Se anunció su salida del grupo tres meses después y como es sabido, nos dejó para siempre en la noche del 2 de julio de 1969.

Wild Horses

La historia de los «caballos salvajes» es, probablemente, una de las canciones cuya intrahistoria es más emotiva, dramática y desgarrada de los Stones. Narra, obviamente de manera críptica en cierto grado, la primera conversación que Mick Jagger mantuvo en Sydney a primeros de julio de 1969 con Marianne Faithfull en el hospital, después de que su pareja sobreviviera casi milagrosamente al intento de suicidio que llevó a cabo nada más llegar a la ciudad australiana, tras tomarse una dosis cuatro veces superior a la que de por sí ya sería letal del tranquilizante Tuinal, disuelto en un tazón de chocolate caliente.

Cuando Marianne recuperó tres días después la consciencia, Mick sumamente afectado recordó una frase de aquella conversación que le impactó lo suficiente como para idear en torno a ella esta

Foto promocional del grupo para el álbum *Sticky Fingers*, 1971.

canción. «Ni caballos salvajes arrastrando de mí, podrían hacer que me vaya de tu lado».

Una hermosa e intensa balada compuesta y grabada en sus primeras versiones para *Let It Bleed* —se puede escuchar en la escena de la película *Gimmie Shelter*, en la que el grupo aparece supervisando algunas grabaciones en los Muscle Shoals Studios de Alabama, en diciembre de 1969— en la que no es menor la influencia country de Gram Parsons, que estuvo muy cerca del entorno Stones en aquellos años y que se retomó y dejó acabada en los Olympic Studios de Londres el 24 de abril de 1970. Se incluyó en el álbum *Sticky Fingers* de 1971.

Moonlight Mile

En términos generales, mucha gente interpreta *Moonlight Mile* como un reflejo del cansancio interno que, presumiblemente, existe bajo la personalidad pública de Mick Jagger. Cierto o no, es muy significativa como canción que habla de manera muy transparente sobre la reconciliación y/o el regreso con la pareja, aunque no falta quien la considera una oda a la cocaína, algo que Jagger siempre ha negado. La letra relata cómo se echa de menos a la persona, que amas y que está a tu lado, cuando se está varios meses fuera de casa, en giras o grabaciones. «Solo otro día loco en la carretera / estoy viviendo para estar acostado a tu lado / pero estoy a una milla a la luz de la luna en el camino».

Se considera que esta canción, grabada en los Olympic Studios en junio de 1970, surgió de un tema en fase muy primaria llamado *The Japanese Thing*, sobre el que una noche de aquel mes de junio Mick Jagger y Mick Taylor empezaron a improvisar y del que salió la base definitiva de la canción, en cuya grabación realmente no participó Keith Richards, haciendo Taylor todas las guitarras, salvo algunas tomas recuperadas de Keith de la demo de *The Japanese Thing*. Tan importante fue la participación de Mick Taylor en esta canción, que el guitarrista esperaba ser incluido como coautor en los créditos de este tema, cosa que finalmente no sucedió. Jim Price, aunque habitualmente tocaba el saxo y la trompeta, grabó en esta ocasión el piano, siendo Paul Buckmaster el responsable de los arreglos de cuerdas.

Loving Cup

Una de las películas más brillantes de los comienzos del cine de terror, *La parada de los monstruos* de Tod Browning, el director que alcanzó la fama mundial dirigiendo la primera versión cinematográfica de *Drácula* protagonizada por Bela Lugosi en 1931, posee una escena especialmente dramática en la que la bella trapecista Cleopatra, que se ha casado por dinero con el propietario de un circo que padece enanismo y que está lleno de personas con deformidades físicas, se niega airadamente a beber de la «copa del amor» de la que beben todos los *freaks* en la celebración de su boda. En esa escena empezarán las sospechas y los recelos de los componentes del circo hacia ella y el comienzo de su terrorífico final.

Hay algunas personas cercanas al entorno de los Stones que sitúan en esa escena la primera idea de *Loving Cup*, aunque también hay quienes defienden que la idea de una gran copa como trofeo deportivo ganado tras una larga y dura competición podría ser una metáfora de lograr el amor de la persona deseada. Parte de la letra haría referencia a mantener viva la llama amorosa bebiendo del mágico elixir que mana de la copa del amor. «Dame un pequeño sorbo de tu copa del amor / sólo un trago y me caeré borracho / me siento tan humilde contigo esta noche / sentada frente al fuego / miro tu cara bailando en la llama / y siento tu boca besándome de nuevo».

Esta es una canción con la que los Stones han tenido una extraña relación de amor/odio, en especial Mick Jagger. En una entrevista de 2003, el cantante explicó: «En la gira Forty Licks, cuando estábamos preparando la lista de canciones para un show en Yokohama, Chuck Leavell sugirió que tocáramos «Loving Cup», la balada de *Exile on Main Street*. Le dije que no, que no quería y le repetí: «Chuck, esto va a morir en Yokohama. Ni siquiera puedo recordar la maldita canción y a nadie le gusta. Lo he hecho muchas veces en Estados Unidos, no encaja bien en el set…», pero Chuck y los demás insistieron, de manera que cedí y la puse en el *set-list*. Bueno, pues salimos, empezamos la canción y todos empezaron a aplaudir y las ovaciones fueron estruendosas… apenas podía creerlo. Desde entonces, la hemos vuelto a tocar alguna que otra vez».

Aunque se grabó en el verano de 1971 en Nellcote, la mansión de Keith Richards en el sur de Francia y se incluyó en *Exile On Main*

Street de 1972, la historia del tema se remonta a algunos años atrás. La primera versión de «Loving Cup» se grabó en junio de 1969 en los Olympic Studios y de hecho, el grupo la tocó en el concierto homenaje a Brian Jones en Hyde Park de julio de ese mismo año, pese a ser una pieza desconocida para el público. Desechada para *Let It Bleed*, se grabó una nueva versión en marzo de 1970 con la unidad móvil del grupo instalada en la casa de Mick Jagger, Stargroves, que tampoco entró en *Sticky Fingers*.

Hide Your Love

Esta es una de las canciones que se montaron y se grabaron en demo de trabajo para las sesiones de grabación de *Goats Head Soup* de noviembre-diciembre de 1972 en Kingston, y allí se grabó en lo que se llama en el ambiente de los estudios de grabación *rough mixes*. Fue completada y terminada definitivamente entre el 23 y el 26 de mayo de 1973 en los Olympic Studios de Londres, a la que se añadieron las partes de piano, tocadas por Mick Jagger. Se dice, por parte de algunas fuentes fiables, que «Hide Your Love» viene de las sesiones de *Exile On Main Street*, pero que fue desechada en ese momento y se quedó como mera *song in progress*.

Otras versiones aseguran que la grabación de este tema fue enteramente casual. Según Jimmy Miller, una tarde en Nellcote entró en la habitación en la que Mick estaba tocando al piano la melodía de *Hide Your Love* y le insistió en que la grabase, que era maravillosa. En teoría, esta supuesta improvisación de Jagger al piano llegó a ser *Hide Your Love* gracias a que Jimmy Miller decidió grabarla y meses después en Jamaica, recordarles que tenían esa melodía grabada y lista para poder ser trabajada de cara a hacer una nueva canción con ella.

La letra de la canción es una historia de amor triste y desesperanzada, sobre un hombre con un pasado muy atormentado, con problemas con el alcohol, que ruega a la mujer a la que amó que vuelva con él ahora que ha recuperado la sobriedad, la estabilidad y el equilibrio, en la confianza de que aquella mujer todavía pueda sentir algo por él. «¿Por qué te escondes, cariño, por qué escondes tu amor? / Oh, he sido un hombre enfermo, quiero llorar / Señor, soy un hombre borracho, pero ahora estoy seco / ¿Por qué te escondes, por qué escondes tu amor?».

'Till the Next Goodbye

Una preciosa balada, una canción de amor, aunque rodeada de emociones turbulentas entre dos amantes que, según la letra de la canción, deben seguir manteniendo en secreto su relación. Aunque, aun así, una cafetería en la calle 42 de Manhattan no habría sido un buen lugar para reunirse en la década de 1970, pero... la música también puede permitirse licencias poéticas. Hay una poderosa atracción entre los dos amantes, pero al mismo tiempo, la naturaleza de su relación los somete a una enorme tensión. Esa combinación narrativa le da a esta canción la pulsión que necesita para ser grandiosa. Para mi gusto, una de las baladas más grandes que han grabado nunca los Rolling Stones en toda su historia y, a mi juicio —sé que no compartido por muchos de los *stonianos*— infinitamente mejor, más emotiva y hermosa que *Angie*. Instrumentalmente, siempre defenderé que esta fue la mejor intervención como pianista de Nicky Hopkins con los Rolling Stones.

La primera toma de «'Till The Next Goodbye» se grabó en las primeras sesiones de trabajo para el álbum *It's Only Rock'n'Roll* en los Musicland Studios de Munich entre el 13 y el 24 de noviembre de 1973 y se dejó definitivamente terminada entre el 14 y el 28 de enero de 1974 en esos mismos estudios. En cierto modo, es una de las canciones que puede pasar a la historia más particular de los Rolling Stones, en tanto en cuanto fue la última que grabaron con Mick Taylor a la guitarra, ya que a pesar de lo que se dice en diversas biografías, ciertamente Mick Taylor grabó «Fingerprint File», la última canción que entró en *It's Only Rock'n'Roll*, pero no lo hizo como guitarrista, sino como bajista. Para variar, Bill Wyman no estuvo en las últimas sesiones de grabación de *It's Only Rock'n'Roll*.

Hey Negrita

Sobre esta canción ha caído una leyenda negra de racismo y machismo que, si hemos de ser rigurosos con la historia, no se corresponde en absoluto con la realidad. Es cierto que algunas de las letras de los Stones —exactamente igual que las de otros muchos grupos de rock de ese periodo, así como las de otros muchos grupos de otros estilos musicales— sí contienen unas expresiones, un lenguaje y un tono hacia las mujeres que indudablemente hoy es inaceptable, pero no es el caso de *Hey Negrita*.

Me contaba en cierta ocasión Jordi Tardá que una de las primeras veces que entrevistó a Ronnie Wood, este le dijo: «Cuando me confirmaron ya de manera definitiva y oficial que iba a ser miembro de los Rolling Stones, llamé por teléfono a Mick Taylor. Yo ya conocía bien a Mick y a Keith, pero de todas maneras quería preguntarle más en profundidad como eran a *full time*, en las giras, en los aviones, en la convivencia del día a día. Mick me dijo: "En lo personal yo creo que no tendrás problemas con ellos, son muy de tu estilo. Ahora bien, pierde cualquier esperanza de firmar con Mick o Keith alguna canción como co-autor. Ten eso muy claro". Bien, en mi primer disco con los Stones, y a pesar de que solo grabé para *Black And Blue* como guitarrista, «Cherry Oh Baby», «Crazy Mama» y «Hey Negrita», firmé como autor «Hey Negrita». ¡No sé qué pensaría Mick Taylor cuando lo viera, creo que no se sentiría bien!».

Era justo, en cualquier caso. El ritmo de *bayou* de la canción fue en gran parte creación de Ronnie Wood, así como esas maravillosas líneas de country-rock en el puente de la canción y su solo de guitarra. No era nada que no pudiera hacer con los Faces, pero ahora estaba en un contexto diferente, y de repente había más en juego, incluso más acoplable a un grupo como los Stones.

> Los Stones estaban experimentando a mediados de los 70 con la música reggae, y yo tenía una melodía que iba en esa onda. Llegamos un día al estudio y Mick dijo: «Ok, ¿con qué empezamos?», y yo dije: «Tengo esta idea». Charlie estaba sentado detrás de su *kit*, y luego Keith y Mick se pusieron en marcha rápidamente. Esa idea fue *Hey Negrita*, que montamos muy fácilmente. La clave para transmitir una canción en esta banda es no tratar de que toda la idea sea tuya. Si tienes el ritmo, ¡tienes suerte! Deja que Mick escriba la letra y entonces tendrás una oportunidad. Eso fue lo que pasó, a grandes rasgos, con *Hey Negrita*. (Ronnie Wood).

Esta fue una canción cuya letra, a pesar que no figure en créditos, fue escrita por Mick Jagger y está dedicada a su mujer en aquel momento, Bianca Pérez-Moreno de Macías, Bianca Jagger, una bellísima mujer nicaragüense de rasgos muy exóticos y de aspecto mulato a la que Mick llamaba familiarmente en su escaso castellano «negrita». De ahí los guiños latinos que la canción posee y la frase, la única escrita en castellano —aunque mal escrita— en una canción de los Stones en toda su historia: «Mueva las carreras». De hecho, la posición de Jagger en esta canción, suponiendo que él se identificase con el personaje al que pone voz, no está ni mucho menos en una posición de dominación: al contrario, suplica la atención de su «negrita», afirmando que es un pobre hombre que solo dispone de un dólar, pero que ansía su cariño.

Dadas, no obstante, las posibles malas interpretaciones a las que se podría prestar esta letra, después del Tour Of Europe'76, se cayó del *set-list* y nunca ha vuelto a ser interpretada en directo en ninguna de sus giras.

All About You

Esta singular canción cuya letra siempre se ha prestado a diversas interpretaciones, habida cuenta del momento en el que se grabó y las circunstancias que vivía Keith Richards por aquel entonces, parece tener distintas fuentes de inspiración. Reconstruyamos su historia y nos haremos una idea más exacta de su verdadero significado.

Antes de entrar en otras consideraciones, hay que decir que *All About You* es musicalmente, y muy por encima de la intención real o simulada de su letra, una de las más hermosas, emotivas y tiernas baladas que han escrito nunca los Rolling Stones y más en particular, Keith Richards. Una canción impregnada de un aire nostálgico y de una atmósfera jazzística a la que la voz de Keith pone el punto genial de sensibilidad y sinceridad. Es igualmente una de las canciones más personales que Keith ha escrito nunca para el grupo, en tanto en cuanto es autor tanto de la música como de la letra y de hecho, grabó la voz principal, el piano, la guitarra y el bajo, encargándose Charlie Watts de la batería, Ronnie Wood de una parte de las guitarras y Bobby Keys el maravilloso saxo que le proporciona a la canción ese precioso aire romántico y evocador. Ni Mick Jagger —lo cual dio lugar a las especulaciones que comentaremos más adelante—, ni Bill Wyman —ninguna sorpresa, por otra parte— intervinieron en la grabación de *All About You*.

Esa canción estuvo rondando en mi cabeza durante tres años. Después de investigar a fondo para asegurarme de que no fue otra persona quien la escribió, finalmente me convencí que no la había sacado de ninguna otra parte y que era una creación original mía, así que la monté y la estructuré para *Emotional Rescue*. (Keith Richards).

La grabación de *All About You* tuvo lugar entre enero y febrero de 1979, durante las primeras sesiones de grabación de Emotional Rescue en los Compass Point Studios de Nassau, Bahamas. Se dejó terminada en esas sesiones y no se volvió a retocar hasta las sesiones de mezcla del disco, que se llevaron a cabo en abril de 1980 en los Electric Lady Studios de Nueva York. No obstante, en uno de los últimos *bootlegs* de *outtakes* que adquirí de las grabaciones de enero y febrero de 1978 en los Pathé Marconi Studios de París para *Some Girls*, hay un breve instrumental de piano, que parece una improvisación titulada *Train Song*, que bien pudiera ser la más primigenia versión de *All About You*.

De manera más o menos velada, Keith aseguró en diversas ocasiones que escribió, como en otras muchas ocasiones, una canción como *All About You* como una suerte de exorcismo, de echar fuera los sentimientos tan contradictorios que le habían producido su decisión de romper definitivamente su relación sentimental con Anita Pallenberg, iniciada en 1967. La letra, indudablemente muestra a Keith pasando un mal momento a nivel emocional.

Al igual que en 1970 Mick Jagger rompió su relación con Marianne Faithfull al ser aquella incapaz de dominar y superar su adicción a las drogas, ocho años más tarde Keith se vio en el mismo trance. Había sido capaz de dejar después de casi doce años de manera definitiva su adicción a la heroína, pero su compañera, su mujer, Anita Pallenberg, no. Y esa fue la razón por la que Keith rompió la relación. Si continuaba con ella siendo todavía adicta, sabía que acabaría volviendo a pincharse. Había visto muy de cerca la cadena perpetua, el fin de los Stones e incluso la muerte demasiadas veces como para volver a todo aquello.

Por ello resultan tan significativamente conmovedores los versos que habitan *All About You*, que muestran esos sentimientos encontrados que el guitarrista experimentaba. «Bueno, si llamas a esto una vida / ¿Por qué debo pasarla contigo? / Si el espectáculo debe continuar / Deja que siga sin ti / ¿quién me dirá esas mentiras? / dejándome pensar que son verdad / ¿qué debo hacer? / Puede que te eche de menos / pero tu seguro que no me extrañarás / ¿Qué puedo hacer? / Entonces, ¿cómo es que sigo enamorado de ti?».

En aquellos primeros meses de 1979, cuando se empezó a grabar *Emotional Rescue*, las relaciones personales entre Mick y Keith se deterioraron seriamente y durante la primera fase de la grabación sus choques, discusiones y desencuentros se hicieron cada vez más frecuentes y más desagradables, tal y como sucedería más tarde en la época de la llamada *tercera guerra mundial*. Ello dio pie a especulaciones, todo hay que decirlo, bastante peregrinas, sobre si la letra de *All About You* era en realidad una letra contra Mick Jagger.

Sobre esto declaró Keith: «Era una canción de amor, o quizá más bien de desamor. Nunca pensé realmente en cómo iba a ser interpretada, y menos aún que se pudiera pensar que tuviera alguna relación con Mick Jagger. Sé que cuando cantaba *All About You* no estaba ciertamente pensando en Mick, pero siendo las relaciones entre él y yo como eran en ese momento, estos sentimientos son transferibles. Y una vez que me lo señalaron, dije: "¡Sí! ¡Quizás lo digo en serio!". No tenemos el control de nuestro inconsciente».

Finalmente, existe una tercera versión sobre a quién estaba dedicada *All About You*, ciertamente muy inverosímil y que, personalmente, atribuyo mucho más al singular sentido del humor de Keith a la hora de hacer esa entrevista que a la realidad. Durante la gira americana de los Stones del otoño de 1981, Keith afirmó en una entrevista en la KRDC Radio que la letra de *All About You* estaba dedicada a una de sus perras dálmata, que se tiraba pedos constantemente.

Blinded By Love

Tras varios años de desacuerdos, distanciamientos y aventuras en solitario, los Rolling Stones decidieron volver a poner en funcionamiento la máquina y se reunieron en la primavera de 1989 en los Air Studios de la isla Montserrat para grabar lo que sería su nuevo trabajo de estudio, *Steel Wheels*, que se editaría a finales de agosto de ese mismo año. Un disco en el que de nuevo se sentó como coproductor, al igual que en *Dirty Work*, Steve Lillywhite —esta vez como auténtico productor, no como mediador ni negociador de paz entre

Mick y Keith— y en el que los Stones se pusieron a prueba, saliendo obviamente claramente airosos del envite.

Aun así, no todo en *Steel Wheels* está construido con una precisión genial. Y los momentos más satisfactorios del álbum no se limitan a un puñado de buenos cañonazos rockeros —que los hay, como «Sad, Sad, Sad», «Mixed Emotions» o «Hold On To Your Hat»— sino que también se dejaron llevar por su vena más lírica y emocional. «Blinded By Love» sería el mejor ejemplo, a pesar de que no sea una canción que ponga en valor las virtudes y los placeres del amor romántico. Más bien, al contrario.

En esta canción, una inspiradísima y original combinación de ritmos country y melodías caribeñas, con calidas guitarras acústicas al estilo Santana envueltas en una atmósfera evocadora, potenciada por el violín y la entonación de Mick Jagger; la letra recorre diferentes pasajes sobre figuras históricas cuyo declive se produjo supuestamente por el amor, desde Sansón y Marco Antonio hasta el rey de Inglaterra Eduardo VIII, que abdicó del trono británico por no renunciar a su relación sentimental con Wallis Simpson, una mujer divorciada estadounidense.

Blinded By Love, canción en la que el hermano menor de Jagger, Chris, aparece en los créditos del álbum como «editor literario», en cierta manera se salió del arquetipo de producción que caracterizó el sonido de *Steel Wheels* y musicalmente, al menos a mi juicio, muestra la calidez que los Stones podían generar en una grabación cuando querían darle a una canción un sentido diferente.

Blinded By Love se grabó entre el 12 y el 14 de abril de 1989 y se mezcló entre el 4 y el 6 de junio de ese mismo año en los Olympic Studios de Londres.

Love Is Strong

Las primeras grabaciones de esta canción, que sería el primer single que se extraería como adelanto en el verano de 1994 del álbum *Voodoo Lounge*, se hicieron en el estudio casero de Ronnie Wood en Dublín, Irlanda, entre el 4 y el 6 de septiembre de 1993. Existe constancia de que en las sesiones de ensayos y preproducción de *Voodoo Lounge*, hechas durante el mes de julio de 1993 también en el estudio de Ronnie Wood, se grabó una primera versión en plan demo de trabajo, sin letra y de manera muy básica.

Si hemos de ser fieles al sentido literal de la letra, lo cierto es que *Love Is Strong* es más una canción sobre deseo y atracción sexual que una canción de amor basada en sentimientos, recuerdos y sensaciones compartidas. Según explicaba Mick Jagger, autor de la letra, «en realidad, es la historia de un flechazo. Ves a una mujer casualmente por la calle, y te impacta de tal manera que te convences de que es la mujer de tu vida. Esa es la historia que hay detrás de *Love Is Strong*».

Así lo afirma la letra: «Tu amor es fuerte y eres tan dulce / me la pones dura, me haces débil / el amor es fuerte y tú eres tan dulce / algún día, cariño, tendremos que encontrarnos/ ¿a qué le tienes miedo, nena? / es más que un simple sueño / necesito algo de tiempo, hacemos un buen equipo».

Sobre «Love Is Strong» existe cierta controversia sobre su origen. Hay autores expertos en la historia de los Stones que aseguran que en realidad «Love Is Strong» fue un descarte de la grabación del disco en solitario de Mick Jagger *Wandering Spirit* de 1993. Tal versión merece poco crédito, en tanto en cuanto en diversos discos piratas de *outtakes* de la grabación de *Voodoo Lounge*, se constata que Ron Wood, Keith Richards, Ivan Neville y el productor Don

Foto promocional del álbum *Voodoo Lounge*.

Was trabajaron en la versión más primigenia de la canción mientras Jagger estaba precisamente grabando *Wandering Spirit*. En tomas posteriores, Richards cambió el título, que en principio era «Love Is Strange» a «Love Is Strong» al tiempo que, mientras se trabajaba la canción en el estudio, Mick Jagger decidió introducir unas partes de armónica sensacionales. El uso de una armónica, un instrumento característico del grupo en sus comienzos pero que rara vez se usó a partir de los años 70, le dio a esta excelente canción un toque clásico *stoniano* sensacional.

Mick Jagger, en declaraciones a Billboard en 1994 sobre *Voodoo Lounge* y más en concreto sobre «Love Is Strong»: «La repasamos varias veces antes de empezar a hacer las grabaciones de referencia para Don Was. Se me ocurrió que a este tema le podría ir bien una armónica y comencé a cantar a través del micrófono de la armónica, así que obtuvimos este tipo de sonido extraño tan propio de esa canción. Y luego comencé a cantar una octava hacia abajo, con lo cual consigues ese tono entre sexy y entrecortado que le va tan bien a una canción como esta. Creo que fue muy buena idea poner la armónica en este tema. Siempre piensas en tocarla en un blues de 12 compases, y es divertido ponerla en uno que no lo es. Es bueno trabajar con otra secuencia».

Streets Of Love

El primer single que se lanzó al mercado de *A Bigger Bang*, el álbum de estudio de los Stones de 2005 era una tierna, romántica y sensible balada al estilo «Angie», cuya letra sin embargo resultaba más triste y desesperanzada. «Streets Of Love» es una amarga canción de desamor, que narra la desesperación de un hombre que ha sido rechazado por la mujer a la que ama y relata su asunción de ese rechazo y ese abandono transitando por una imaginaria calle donde todos los que pasean por ella lloran de tristeza y dolor por sentirse incapaces de lograr al amor de las personas a las que aman.

«Eras muy brillante, eres muy inteligente / debo admitir que me rompiste el corazón / la horrible verdad es muy triste / mientras los amantes se reían y la música sonaba / las lámparas estaban encendidas, la luna se había ido / creí haber cruzado el Rubicón / caminaba por las calles del amor / y estaban llenas de lágrimas / y estaban llenas de miedos».

Es una de las más hermosas, inspiradas y emotivas canciones del último trabajo de estudio de los Stones, *Hackney Diamonds*, musicalmente a medio camino entre la balada y el *mid-tempo*, con un Jagger sensacional como cantante en este tema, cabalgando sobre una melodía maravillosa, romántica y hasta cierto punto melancólica, pero en ningún momento ñoña ni meliflua. En su letra encontramos de nuevo una canción de desamor, de dolor por una ruptura sentimental, en la que el protagonista se reprocha tanto el haber sido tan arrogante como para imaginar que su pareja nunca le abandonaría, sin saber hasta qué punto dependía afectivamente de ella, como se duele de que su ex se comporte como si su relación con él nunca hubiera existido.

«Estaba convencido de que tenía tu corazón en mis manos / te estaba haciendo el amor, pero tenías planes diferentes / Ahora le estás dando tu amor a alguien nuevo / Inventé el juego, pero perdí como un tonto / Ahora soy demasiado joven para morir y demasiado viejo para perder/ Porque dependía de ti, sí / Porque dependía de ti / Es hora de endurecer mi caparazón / La parte más difícil es que te conozco demasiado bien / Ahora soy solo una historia que cuentas / tejiendo la verdad con cosas que nunca sentiste».

PÁGINAS DEL DIARIO DE GIRA: CANCIONES SOBRE EL ESTILO DE VIDA DEL ROCK'N'ROLL

Ningún hombre es valiente a menos que haya caminado cien millas. Si quieres saber la verdad de quién eres, camina hasta que nadie sepa tu nombre.

Patrick Rothfuss, escritor estadounidense.

Los Rolling Stones, junto a otros grandes grupos de la historia del rock'n'roll, entre los que podríamos señalar a Led Zeppelin, The Who, Guns N'Roses o Mötley Crüe entre los más destacados, convirtieron la vida en la carretera en toda una leyenda. Orgías en sus aviones privados, fiestas en las habitaciones de hotel que podían terminar con las habitaciones ardiendo, televisores volando por las ventanas o cualquier locura que se pudiera imaginar, era posible en aquellas giras de los 70 ampliamente glosadas —y, a menudo exageradas, convirtiendo en mitos sucesos que en realidad nunca sucedieron— en artículos de prensa, libros y reportajes.

El lado salvaje de la vida del rock'n'roll en gira, aunque los Stones lo vivieron, pero sin la exageración ni la mitificación que se ha construido a partir de determinados y puntuales episodios, no forma parte de la mayor parte de las historias que los Stones cuentan en sus canciones; de hecho, sus relatos sobre la vida en la carretera se centran más en experiencias personales en las que, por el contexto, se adivina obviamente que no se lo estaban pasando precisamente mal. Ahora bien, hay algunas canciones sobre las que merece la pena detenerse.

Abróchense el cinturón de seguridad, mantengan el respaldo de su asiento en posición vertical y su mesa plegada. ¡Nos vamos de gira con los Stones!

Flight 505

En poco más de dos años los Stones pasaron de no haber pisado —excepto Brian Jones— un aeropuerto más que en contadísimas ocasiones, a pasarse un año entero de avión en avión, girando por todo el mundo. Esta canción en realidad es una significativa muestra del humor negro que Mick Jagger tenía a comienzos de los 60, cuando al recordar el accidente aéreo en el que en 1959 perdieron la vida Buddy Holly, Richie Valens y The Big Bopper, imaginó cómo sería tal desgracia, en un vuelo comercial norteamericano lleno de hombres de negocios, corredores de apuestas, *brokers* de bolsa y gente por el estilo.

«Yo era feliz aquí, en casa / tenía todo lo que necesitaba / feliz de estar solo, de la manera en que vivía / Pero de repente me di cuenta de que esa no era mi vida / así que telefoneé a la chica de la aerolínea y le dije: Anóteme en el vuelo 505 / no tenía idea de mi destino y me sentí bastante mal / De repente, vi que jamás íbamos a llegar / él dejó caer el avión al mar / el final del vuelo número 505».

«Flight 505» fue grabada entre el 6 y 9 de marzo de 1966 en los estudios RCA de Los Ángeles, dentro de las sesiones de grabación de *Aftermath*, producida por Andrew Loog Oldham y con Dave Hassinger como ingeniero de sonido. Y evidentemente, demostró que los Stones no tenían ningún miedo a volar...

Rip This Joint

Un rock'n'roll salvaje, furioso y frenético, de los mejores que en su cara más cruda, descarada y transgresora han grabado nunca los Stones en toda su historia, empezando ya por su título: *Fúmate este porro*. Una oda a la vida en la carretera, basada en sus experiencias en la gira por Estados Unidos del otoño de 1969, que decía: «Fúmate este porro y salvarás tu alma / señor presidente, señor oficial de inmigración / dejadme entrar, queridos, a vuestra hermosa tierra / estoy en Tampa y también en Memphis / vamos, nena, ¿no lo dejarás rockear? / ¡Oh, sí! ¡Oh, sí! / desde San José hasta Santa Fe / bésame rápido, cariño, no terminaré el día / hasta llegar a Nueva Orleans».

La primera versión de «Rip This Joint» se grabó en Nellcote, con la unidad móvil del grupo en agosto de 1971, a partir de una versión muy primigenia que se montó como *song in progress* en junio de 1970 en Stargroves, durante las sesiones de grabación de *Sticky Fingers*. Se hizo la grabación definitiva en los Wally Heider Studios de Los Ángeles entre el 20 y el 23 de enero de 1972. Fue una pieza clave en el repertorio del grupo en la célebre gira americana de 1972 y en la europea del otoño de 1973, pero después desapareció de los *set-lists* hasta 1995, cuando fue recuperada para algunos de los shows en formato reducido en el tramo europeo del *Voodoo Lounge Tour*.

Sweet Virginia

En declaraciones de Mick Jagger a *Rolling Stone* en junio de 1978, decía el cantante de los Stones: «Aunque lo intentásemos, los Stones nunca podríamos tocar country como los músicos americanos, por mucho que se empeñase en ello Gram Parsons. Y tampoco queríamos copiarles mecánicamente, habríamos hecho el ridículo. Así que optamos por tocar algo de country rock... pero a la manera Stones».

El mejor ejemplo de esa afirmación lo encontramos en una de las diversas canciones que el grupo dedicó de manera más o menos velada a las chicas que compartieron cama con ellos a lo largo de sus giras americanas, en esta ocasión de nuevo en la gira del otoño de 1969. Sostiene mi buen amigo, el prestigioso enólogo y crítico musical Juan Manuel Bellver que el nombre de *Sweet Virginia* no está dedicado, como pudiera parecer, a la acogedora tierra en la que se encuentra el estado de Virginia en los Estados Unidos, sino a una *groupie* que vivía allí. Como parece ser que los Stones no siempre recordaban los nombres de esas chicas, que en cada gira aparecían en su *backstage* dispuestas a ofrecerles su compañía y su afecto, las llamaban por la ciudad o el estado en el que las encontraban. Posiblemente, Virginia se llamase Elizabeth, Patricia, Susan o Helen... nunca lo sabremos. Amén del inequívoco significado de «going down», referido al sexo oral que en teoría sabía practicar esa chica a la que llamaban *Sweet Virginia*.

Esta canción no obstante adopta un tono algo más melancólico acerca de la vida en la carretera, en un momento en el que Virginia pudiera ser un consuelo a la soledad —también sexual— en la que parecen sentirse tras varios meses yendo de una ciudad a otra. «Estoy vagando a través del invierno tormentoso / y no hay un amigo que te ayude ahora / vamos, vamos, baja dulce Virginia / vamos cariño, te lo ruego / vamos, baja, lo tienes dentro de ti / tienes que quitar toda esa porquería de tus zapatos».

La primera versión de «Sweet Virginia» se grabó el 30 de junio de 1970 en los Olympic Studios de Londres dentro de las sesiones de *Sticky Fingers,* aunque fue desechada en ese momento. Se retomó y cambió en determinados arreglos durante las sesiones de composición, ensayos y grabación en el verano de 1971 en Nellcote y se grabó finalmente en enero de 1972 para *Exile On Main Street* en los Sunset Sound Studios de Los Angeles.

Star, Star (Starfucker)

Steve Appleford escribió en su excelente libro sobre la discografía de los Rolling Stones que las *groupies,* esa controvertida especie dentro de la jungla del rock'n'roll, a menudo ignoradas y menospreciadas, deberían tener un himno. ¿Y quién mejor cualificado para documentar sus idas y venidas, sus habilidades acrobáticas y sus hábitos higiénicos únicos, que Mick Jagger?

Después de todo, este era el mismo hombre catalogado como «número uno en mi inverosímil lista de sexo» por la celebérrima *protogroupie* Pamela Des Barres. Miss Pamela, como era conocida en el mundo del rock al nivel de los grandes grupos, fue líder y fundadora del colectivo de chicas *groupies* GTO (Girls Together Outrageous) de Frank Zappa y sus eventuales conquistas incluían entre otros a Jimmy Page de Led Zeppelin, Keith Moon de los Who y Weylon Jennings, según su libro-diario de 1987 *I'm With The Band*. La entrada de su diario del 25 de noviembre de 1969 dice: «Me siento extremadamente feliz. Dormí con el señor Jagger anoche y nos llevamos MUY bien: con toda honestidad, toda libertad y dentro de una gran alegría. Algo genuino. Por la mañana, le ayudé a hacer sus maletas y él me regaló una ropa y unos vestidos preciosos. La experiencia sexual con Mick Jagger fue toda una fiesta llena de alegría».

Originalmente titulada *Starfucker*, la melodía contaba la historia de las *groupies* cuyos hombres preferidos son estrellas de rock y de cine. Al son de un formidable *riff* de Keith Richards de la más pura escuela Chuck Berry, de los mejores que han compuesto nunca los Stones, Mick Jagger canta la historia de una relación con una *groupie* en mitad de una gira, con una letra explícitamente sexual, cuyos problemas no vinieron tanto de los placeres de los encuentros sexuales ocasionales en la carretera, sino de la frase «háztelo con Steve McQueen» y de la palabra *starfucker*, rigurosamente prohibida en varios medios de comunicación públicos y privados ingleses, incluida por supuesto la BBC. Esto motivó una conflictiva discusión entre Mick Jagger y el jefe de producción y marketing de la distribuidora mundial de la Rolling Stones Records, Ahmet Ertegun, quien insistía en que la referencia a Steve McQueen debería ser suprimida y en su caso sustituida por «consigue a John Wayne antes de que muera». Al final, *starfucker* fue desechado como título, quedando la canción como *Star, Star*, pero la referencia a Steve McQueen se mantuvo.

Cuando finalmente se editó *Goats Head Soup* a finales de agosto de 1973, «Star Star» generó una inevitable polémica entre los movimientos feministas, que consideraron la canción como un ataque misógino. Indudablemente, puede que Miss Pamela se haya llamado a sí misma una *feminista libre*, pero el suyo no era una clase de feminismo que todas las mujeres pudieran apoyar, menos todavía seguramente a día de hoy. Jagger no se arrepintió y dio su interpretación de la cuestión en los siguientes términos en una entrevista concedida a *Rolling Stone* en 1978: «Lo que se daba a entender en *Starfucker* es real, y si las chicas pueden hacer eso, ciertamente puedo escribir sobre ello, porque es lo que he visto y he experimentado. No estoy diciendo de ninguna manera que todas las mujeres sean folladoras de estrellas, pero sí he conocido alguna de ellas, y por eso escribo una canción llamada así. Quiero decir, la gente se muestra por su propio comportamiento, y limitarte a describirlo no significa que seas antifeminista. Nunca escribí esa canción con ánimo de menospreciar a ninguna mujer, cualquiera que me conozca sabe perfectamente que jamás haría nada parecido».

En cualquier caso, en enero de 1974, cuando se editó como último single de *Goats Head Soup*, su emisión fue prohibida en los medios de comunicación públicos de Gran Bretaña.

Before They Make Me Run

Cuando Keith Richards escribió esta canción aún estaba sobre su cabeza la posibilidad de una condena a varios años de cárcel por el *affaire* Toronto de febrero de 1977, cuando fue detenido en el hotel Habour Castle de la ciudad canadiense acusado de tráfico de drogas y su letra habla mucho del estilo de vida del rock and roll que le metió en los graves problemas que tuvo que enfrentar en aquellos años de finales de los 70.

Foto promocional del álbum *Some Girls*, junio de 1978.

A pesar de que Mick Jagger tomó bajo su control la práctica totalidad de la grabación de *Some Girls*, «Before The Make Me Run» fue enteramente, en música y letra, una composición de Keith Richards, que se grabó durante los días que Mick tuvo que ausentarse de París, donde se estaba grabando *Some Girls*, para ocuparse en Londres y Nueva York de asuntos relacionados con su divorcio de Bianca Jagger.

> Ese tema que canté yo en *Some Girls* fue un grito que me salía del corazón, pero también es verdad que, para sacarla, quemé al personal como con ninguna otra. Me pasé cinco días enteros, con sus noches, en el estudio sin parar. Surgió de todo lo que había padecido y seguía padeciendo con los canadienses. Les estaba diciendo simplemente lo que tenían que hacer: Dejad que salga caminando por mí mismo de esta puta jaula. (Keith, en su autobiografía *Life*).

Before They Make Me Run se grabó entre el 13 y el 18 de enero de 1978 en los Pathé Marconi Studios de París y además de ese grito de anhelo de libertad que Keith sacaba de lo más profundo de su corazón, contenía más de una reflexión sobre el lado oculto de la vida en la carretera y la soledad que se puede llegar a sentir en medio de ese torbellino, así como unos versos dedicados al que fue su gran amigo Gram Parsons.

«Solo una enorme multitud te puede hacer sentir tan solo / y esa es una gran verdad / alcohol, pastillas y polvos, elige tu medicina / bueno, es otro adiós a otro buen amigo / al fin y al cabo, todo está dicho y hecho / tendré que avanzar mientras siga siendo divertido / dejadme marchar antes de que me hagan salir corriendo».

DROGAS: EL CIELO Y EL INFIERNO EN UN GRAMO DE POLVO BLANCO O EN UNA CALADA DE HIERBA

> *Yo no estoy en contra de las drogas, pueden ser instrumentos valiosos para el conocimiento del mundo y de nosotros mismos. Lo que no soporto es el uso recreativo e indolente de sustancias peligrosas: hemos perdido el respeto por sus poderes y eso es muy peligroso. Las drogas son sacramentos y deben ser tomadas como parte de rituales sagrados, igual que en la antigüedad o en las tribus indias.*
>
> Patti Smith, 1978.

En otros libros que he publicado sobre los Rolling Stones, he hecho mención a una, llamémosla así, *anécdota* que ahora creo oportuno recordar de nuevo y que se produjo en 1987 en TVE, cuando una periodista llamada Pilar Trenas demostró un desconocimiento y una ignorancia inconcebible, en una supuesta profesional de un medio de comunicación público, a la hora de entrevistar a alguien como Mick Jagger. Demostrando que tanto ella como su equipo de documentación eran unos absolutos incompetentes, tiró en esa entrevista de tópicos manidos, lugares comunes y falsos mitos, hasta tal punto que llegó a cabrear, y mucho, al propio Mick Jagger que estuvo a punto de levantarse y marcharse de aquel esperpento televisivo.

Una de los comentarios que más irritó a Mick Jagger de aquella surrealista entrevista fue el que la presentadora del espacio hizo diciendo que las canciones de los Stones hacían constantes apologías del consumo de drogas, a lo que Jagger, entre irónico e irritado, le respondió: «Dígame una. Sí, dígame una sola canción en la que los Rolling Stones invitemos a la gente a consumir drogas. ¿Puede hacerlo?». Ante el desconcierto de la tal Trenas, Jagger le respondió: «No sabe responder ¿verdad? Bien, yo le diré una: *Mother's Little Helper...*».

Sería absurdo negar o relativizar el papel que las drogas jugaron en la historia de los Rolling Stones en los años 60 y 70, pero lo cierto es que ese rol con frecuencia ha sido exagerado, sobredimensionado y llevado a conclusiones muy poco realistas. Un rol que fue similar al que jugó en la historia de la práctica totalidad de grandes grupos de rock, actores y actrices de cine, deportistas de élite y cualesquiera otros protagonistas del mundo del espectáculo de aquellos años, con la única diferencia de que los Rolling Stones, sin hacer apología de aquello, como imaginaba aquella desventurada periodista, tampoco lo ocultaron. Y más de una vez se refirieron a ese mundo no en primera persona, sino en la mentalidad de los protagonistas de las letras que escribían, que no siempre eran necesariamente proyecciones de sí mismos.

Sin morbosidades fuera de lugar, sin sensacionalismo barato y ateniéndonos —quizá nunca mejor dicho— a la literalidad del texto, aquí dejamos las principales canciones en las que los Stones se refirieron a sustancias ilegales a lo largo de su carrera.

Mother's Little Helper

Empezamos justamente por la canción que Mick Jagger señaló en la infausta entrevista de 1987 en TVE. Una canción que trata sobre un ama de casa que abusa de los medicamentos recetados para sobrellevar su agotador día a día como ama de casa y mujer trabajadora, que en muchos casos además de ocuparse de llevar y traer los hijos del colegio, limpiar la casa, lavar la ropa, hacer la compra diaria y cocinar para su marido e hijos, trabajaba en una tienda, fábrica o como asistenta doméstica fuera de su casa por las mañanas.

> *Mother's Little Helper* trata de la dependencia de las drogas en el caso de personas, en este caso mujeres, sometidas a tal explotación, que no podrían hacer todo lo que hacen si no fuera por esa *ayudita* en forma de anfetaminas. Eran cosas cotidianas que observaba y sobre las que escribía cuando todavía vivía en Dartford. Me inspiro en las cosas que suceden a mi alrededor, la vida cotidiana tal y como la veo. La gente dice que siempre canto sobre fármacos y crisis nerviosas, con lo cual por lo tanto debo ser un adicto; esto es ridículo. Algunas personas son tan estrechas que no quieren admitir ante sí mismos que esto realmente les sucede a otras personas comunes y corrientes, además de a las estrellas de rock». (Mick Jagger).

«Mother's Little Helper» se grabó entre el 3 y el 8 de diciembre de 1965 en los RCA Studios de Hollywood, California dentro de las sesiones de grabación de *Aftermath* y fue incluida dentro de ese legendario álbum, que se puso a la venta en la primavera de 1966.

Let It Bleed

La letra de esta canción sí que se puede decir que contiene referencias muy obvias por un lado, más crípticas por otro, a las sustancias ilegales. Por un lado, el *Let It Bleed*, en castellano «déjalo sangrar» era, en la Inglaterra de finales de los años 60, una de esas frases en clave en la jerga *junkie*, que hacía referencia a encontrar una vena en la que pudiera entrar fácilmente la aguja hipodérmica, vehículo de la dosis de *jaco* deseada. Al pinchar, tras forzar el músculo del brazo con un torniquete, se pincha en la vena más sobresaliente, el émbolo de la jeringa se tira hacia atrás y si aparece sangre, Ok, has acertado. Puedes introducir la dosis. A eso se le llamaba «déjalo sangrar».

Por otro lado, la letra parece sugerir una relación más que amistosa del supuesto adicto con su *dealer*. «Sí, todos necesitamos a alguien en quien podamos apoyarnos / y si quieres, puedes apoyarte en mí / ella dijo: Mis pechos siempre estarán abiertos / cariño, puedes descansar tu cabeza cansada sobre mí / y siempre habrá un espacio en mí / cuando necesites simpatía y un poco de coca». Asimismo, el uso frecuente de la expresión «get it on rider, get it on rider», en castellano «cabalga, cabalga», hace inequívoca referencia al *caballo*, o sea, a la heroína.

Let It Bleed fue de esas pocas canciones de este periodo que se grabó prácticamente en una sola toma, el 9 de marzo de 1969, aunque existe constancia de que se añadieron partes de guitarra de Keith Richards y unas nuevas tomas de voz de Mick en las sesiones de grabación en los Olympic Studios de Londres el 16 y el 17 de junio de 1969.

Brown Sugar

Canción que ha sido durante décadas un clásico de todas las giras de los Stones hasta 2021, cuando decidieron retirarla del repertorio para no crear malestar ni polémicas con el movimiento feminista, dadas las posibles malas interpretaciones de las que la letra de la canción es susceptible.

Según la versión dada en su día por Bill Wyman, Mick Jagger fue el autor de la letra de *Brown Sugar*, inspirada en una corista negra de la que parece ser estuvo enamorado, Claudia Lennear, que era una de las *ikettes* de Ike Turner, el grupo que giró abriendo para los Rolling Stones en varias giras americanas en los 60 y en su gira británica del otoño de 1966, así como en el *tour* americano de 1969, donde se dice que Jagger y ella tuvieron, según Tina Turner, relaciones más que amistosas. David Bowie también escribió su tema de Aladdin Sane *Lady Grinning Soul* sobre Lennear.

Otras fuentes citan a la cantante nacida en Estados Unidos Marsha Hunt como inspiración para *Brown Sugar*. Mick Jagger y Marsha Hunt se conocieron en 1970 cuando ella formaba parte del elenco de la producción londinense del musical *Hair*, y su relación, un secreto celosamente guardado hasta 1972, dio como resultado una hija llamada Karis que Mick Jagger, ante la prueba de paternidad positiva, reconoció como hija suya en 1980.

Según el libro *Up And Down With The Rolling Stones* de Tony Sánchez, las referencias en la letra sobre la esclavitud y los latigazos no tienen que ver con ningún tipo de idea de dominación sobre ninguna mujer, sino que se refieren al peligro de ser dominado por la heroína marrón o el «azúcar moreno». La poderosa y adictiva droga de color marrón que se cuece en una cuchara antes de ser inyectada y que oculta tras diferentes metáforas, es la protagonista real de esta canción. En la actualidad en la jerga *junkie*, el *brown sugar* es el sinónimo del *jaco* de mayor pureza, cortado como máximo al 15 o al 20 por ciento.

Brown Sugar se grabó, en una muy primigenia versión, los días 2 y 3 de diciembre de 1969 en los Muscle Shoals Studios de Sheffield, Alabama —ha quedado constancia documental de esta grabación en la película *Gimmie Shelter*, de Albert Maysles— y se acabó de terminar el 24 de abril de 1970, dentro de las sesiones de grabación en la mansión de Mick Jagger en Stargroves, con la unidad móvil del grupo.

Can't You Hear Me Knocking?

En 1979, Mick Taylor declaró: «*Can't You Hear Me Knocking?* es uno de mis temas favoritos de los Stones. La improvisación final fue simplemente eso, una improvisación que sucedió por accidente; nunca fue planeada. Hacia el final de la canción sentí ganas de seguir tocando. Todos estaban dejando sus instrumentos, pero la cinta todavía estaba rodando y sonaba bien, así que rápidamente todos tomaron sus instrumentos nuevamente y continuaron tocando conmigo. Simplemente sucedió de manera inesperada y fue algo creado en una sola toma. A mucha gente parece gustarle mucho esa parte ¡Y fue totalmente improvisada!».

Can't You Hear Me Knocking? es una de esas canciones cuya letra, con toda seguridad intencionadamente, tiene un doble sentido, una doble interpretación, que bien podría entenderse como la súplica de un amante rechazado a la mujer o al hombre al que ama, como la del adicto que suplica a su *dealer* la dosis que necesita para sobrevivir, que encuentra más apoyo en este caso cuando la letra dice: «Sí, tienes botas de lujo / y todos los demás tienen ojos de cocaína / sí, tienes una velocidad de *jive freak* / ¿No me oyes llamar a tu ventana? / ¿No me oyes llamar a tu puerta?».

«Can't You Hear Me Knocking?» se grabó entre el 29 de marzo y el 2 de abril de 1970 en Stagroves con la unidad móvil de grabación del grupo y se mezcló en los Olympic Studios de Londres entre el 11 y el 12 de mayo de ese mismo año para ser incluida en *Sticky Fingers*.

Sister Morphine

Las raíces de *Sister Morphine* se remontan a 1968 y a un jardín en Roma, donde Jagger comenzó a tocar esta triste melodía. «Era una canción que Mick había compuesto recientemente y para la que no parecía tener letra», aseguraba Marianne Faithfull. «Yo le sugerí la idea de una persona, basada muy vagamente en experiencias ajenas que había conocido, que es ingresado en un hospital tras sufrir un accidente. Tiene varias y muy dolorosas heridas, de manera que suplica que le inyecten morfina para poder anestesiar el intenso dolor que padece». Era una historia alejada del delicado romanticismo de *As Tears Go By*, pero también fue una oportunidad para Marianne Faithfull de ampliar su repertorio a un tipo de material más profundo y peligroso.

—Tenía envidia de Mick y Keith, —escribió Marianne en su libro de memorias *Una autobiografía*—. Habían ido mucho más allá de los límites en los que yo todavía estaba encerrada. Había visto lo que estaban haciendo los Stones y a través de ellos, en lo qué podía llegar a ser la música pop y rock. *Sister Morphine* fue un intento de hacerlo yo misma.

Otras influencias estaban indudablemente en el aire, incluida *Waiting For The Man* de la Velvet Underground, otra historia sobre la adicción, pero Marianne Faithfull modeló la estructura de su propia canción a partir del *Lycidas* de John Milton, y se inspiró para el verso que decía «las sábanas blancas limpias manchadas de rojo» en un incidente a bordo de un barco en ruta a Brasil, donde una embarazada Anita Pallenberg de repente comenzó a sangrar. En un hospital, le dieron una inyección de morfina que calmó sus dolores y sus nervios, para gran envidia de sus acompañantes.

La letra no podía resultar más significativa: «Aquí estoy, tirado en la cama del hospital / dime, hermana morfina, ¿cuándo volverás otra vez? / no creo que pueda esperar tanto tiempo / como ves, no soy tan fuerte / la sirena de la ambulancia está sonando en mis oídos / dime hermana morfina, ¿cuánto tiempo llevo echado aquí? / ¿qué estoy haciendo en este lugar? / ¿por qué el doctor no tiene cara? / Oh, no puedo arrastrarme por el suelo / ¿no ves, hermana morfina, que estoy intentando sobrevivir?».

Pero en el momento en que colaboró con Mick Jagger en la canción, otoño de 1968, Marianne aún no había caído en ningún problema grave con las drogas. Durante más de dos décadas tanto Mick como Marianne han insistido en que la letra de la canción es ficticia y no sobre las experiencias posteriores de la pareja de Jagger. Sin embargo, para cuando la canción se editó dentro de *Sticky Fingers*, Marianne era una adicta total al letal polvo blanco y su relación sentimental con Mick había terminado hacía más de un año, en gran medida por culpa de su fortísima adicción.

Al igual que en el caso de *As Tears Go By*, Marianne grabó y editó antes que los Stones su propia versión de *Sister Morphine*, que fue producida por el propio Mick Jagger y se editó como cara B de su single *Something Better*, la canción que había interpretado en el Rock'n'Roll Circus y que se puso a la venta en febrero de 1969.

Cuando los Rolling Stones finalmente lanzaron la canción en *Sticky Fingers*, poniendo la voz atormentada de Jagger sobre la misma pista de acompañamiento, Faithfull había comenzado su propia lucha contra las drogas duras, incluida la heroína. Y la canción se convertiría en lo que ella llama su *frankenstein*, una creación oscura que obstinadamente eclipsó su propia vida.

La primera toma del «Sister Morphine» de los Stones se registró el 22 de marzo de 1969 en los Olympic Studios de Londres, inicialmente para ser incluída en *Let It Bleed*, aunque finalmente se descartó, pese a que se grabó una nueva versión el 30 de marzo que se mezcló al día siguiente, 31 de marzo. Esta versión final fue la que definitivamente entró en *Sticky Fingers*.

Probablemente no sea necesario recordarlo, pero «Sister Morphine» fue expresamente prohibida en España en los últimos años del régimen franquista, así como la portada original de *Sticky Fingers* hasta 1979, cuando pudo editarse el álbum original con su portada primigenia, ya dentro del régimen del 78. Atlantic Records, la distribuidora de la RSR tuvo que encargar el diseño de una portada diferente para España —la de la lata abierta y los dedos que salían de ella— y la publicación del álbum con una versión en directo de «Let It Rock» en sustitución de «Sister Morphine».

Las copias españolas de *Sticky Fingers* se convirtieron en un preciadísimo tesoro para coleccionistas de todo el mundo, y se llegaron a pagar en el mercado de segunda mano cifras astronómicas por ellas. Tanto que siempre se ha dicho que el conocido promotor y empresario discográfico tristemente ya desaparecido Carlos Juan Casado, se compró un automóvil con las ganancias que logró vendiendo a coleccionistas extranjeros discos españoles de *Sticky Fingers*.

A UN LADO Y A OTRO DE LA BARRICADA: LOS STONES EN POLÍTICA

> *¿Políticos? Son todos una mierda. No debería existir ni un solo primer ministro.*
>
> Mick Jagger, 1968.

> *¡La peor manera de defender nuestra libertad es dejar que nuestros líderes comiencen a quitarnos nuestras libertades! Es exactamente en tiempos como estos, en medio de una crisis nacional, cuando necesitamos más libertad de expresión, una prensa fuerte y crítica, y una ciudadanía que no tenga miedo de levantarse y decir que el emperador está desnudo.*
>
> Michael Moore, director de cine estadounidense, de su libro *Estúpidos Hombres Blancos*, 2004.

Nunca han sido los Stones un grupo político, aunque sí han dejado ver sus puntos de vista sobre determinadas cuestiones, especialmente en los años 60, donde fueron todo un emblema de rebeldía contra lo establecido, especialmente en Occidente. Aun así, a lo largo de su historia se han movido entre posiciones claramente de izquierdas —Mick Jagger estuvo a punto, en 1968, de entrar de la mano de Tom Driberg en la facción más izquierdista del Partido Laborista en Inglaterra y participó en manifestaciones contra la guerra de

Vietnam— y posiciones eventualmente más conservadoras, como cuando apoyaron claramente al político conservador y anticomunista checoslovaco Vaclav Havel, sin perjuicio de haberse mostrado también extremadamente críticos con las políticas de derechas de Margaret Thatcher y los presidentes americanos Bush padre y Bush hijo, o como cuando accedieron a tocar en 2016 en Cuba, pese al boicot que el *lobby* anticastrista y ultraderechista de Miami organizó contra ellos, incluyendo quemas de sus discos en la calle.

La mayoría de las veces su discurso ha estado más cerca de la crítica social que del posicionamiento político, —*(I Can't Get No) Satisfaction* era, en esencia, una mordaz crítica a la sociedad de consumo capitalista— y no en pocos casos, desde un punto de vista tan metafórico como irónico. He aquí los ejemplos más representativos.

Back Street Girl

Hermosa, melódica y al tiempo triste balada que al igual que sucedió con *Ruby Tuesday*, durante muchos años fue malinterpretada y se le dio un sentido a su letra que nunca tuvo que ver con la intención original con la que fue escrita.

«Back Street Girl» tiene una mordaz intención satírica, como muchas de las canciones de *Between The Buttons*. Mick Jagger apunta con su verbo ácido y arrogante a un hombre (el narrador) que tiene una amante y no desea tener ningún compromiso con ella más allá de pasar un buen rato en la cama: «No te quiero como parte de mi mundo / Solo sé mi chica de la calle de atrás», es la estrofa que define mejor el escenario de la canción. «Back Street Girl» no es una historia de amor sino una historia puramente de abuso de poder de un hombre, que parece ser un rico aristócrata, sobre una chica de una zona humilde de la ciudad. «Por favor, no seas parte de mi vida / por favor no molestes a mi esposa» canta Mick Jagger, quien de hecho antes de asestar el golpe final a este supuesto aristócrata, dice en su letra: «Mujer de clase trabajadora / eres bastante vulgar y grosera / de todos modos haz una reverencia / y luce indiferente, solo para mí».

Lejos de ser una apología de la misoginia, en realidad esta canción es una dura y mordaz crítica a la hipocresía de la Inglaterra de los años 60 y más específicamente un ataque a las actitudes de la clase media o media alta: el descarnado retrato de un inglés privilegiado que, incapaz de obtener los placeres que no encuentra en su casa, va en busca de una chica de la calle.

«Back Street Girl» se incluyó en la versión británica de *Between the Buttons,* aunque en Estados Unidos no se editó hasta un año después en el disco recopilatorio *Flowers* de 1967, que también tuvo un *tracklisting* diferente del inglés. Su tono musical es el de una melancólica canción folk o de cabaret europea; más específicamente, es el tipo de melodía de vals que podría haber cantado Edith Piaf, con un acompañamiento muy sencillo de guitarra, acordeón interpretado por Nick de Caro y vibráfono a cargo de Brian Jones.

La canción fue grabada en noviembre de 1966 en los Olympic Studios de Londres y mezclada en diciembre de ese mismo año.

Street Fighting Man

Esta es sin duda la canción con mayor contenido político que han escrito nunca los Stones y como seguramente no podía ser de otra manera, fue escrita y compuesta en el crucial año de 1968. El año en el que las revueltas estudiantiles, las huelgas, las protestas contra la guerra y todo el fermento social y juvenil de carácter no solamente reivindicativo sino revolucionario estalló tanto en Europa como en Estados Unidos.

El evento específico que llevó a Mick Jagger a escribir la letra fue su participación junto a la actriz Vanessa Redgrave en una manifestación en Grosvenor Square en Londres el 17 de marzo de 1968 en la que participaron más de 25.000 personas contra la guerra de Vietnam. Los manifestantes marcharon hacia la embajada estadounidense, donde la protesta se tornó violenta. La policía cargó contra la multitud con bombas de humo, que respondió arrojando piedras y restos de mobiliario urbano que destrozaron. Unas 200 personas fueron trasladadas al hospital y otras 246 arrestadas. Jagger no llegó a la embajada: antes de que la protesta se volviera violenta, la abandonó y regresó a su casa en la cercana Cheyne Walk. Se dio cuenta de que su celebridad era un obstáculo para la protesta, ya que su presencia distraía la atención de la causa.

Esta fue la primera canción de los Stones que hizo una abierta y clara declaración política, aunque con un aire de cierta resignación. Jagger abre la canción declarando «es el momento adecuado para pelear en la calle», pero continúa cantando: «Pero, ¿qué puede hacer un pobre chaval, excepto cantar en una banda de rock and roll?».

El resto de la letra no puede ser más significativa: «Oye, creo que este es el momento adecuado para empezar una revolución en Palacio / pero en donde vivo este juego es solo una solución de compromiso / ¡Oye! Dijo que mi nombre era perturbación / Gritaré y gritaré, mataré al rey, condenaré a todos sus sirvientes / aunque bueno, ¿qué puede hacer un pobre chaval / excepto cantar para una banda de rock'n'roll / porque en la tranquila ciudad de Londres / simplemente no hay lugar para un combatiente callejero».

Esta sensación de desesperanza ante la atrocidad puede ser la razón por la que, en el futuro, salvo en ocasiones muy puntuales, los Stones se volvieran escépticos ante los problemas políticos y centraran sus esfuerzos en canciones sobre relaciones personales y el mundo del rock n' roll.

En Estados Unidos fue lanzado como sencillo el 31 de agosto de 1968, año electoral, pocos días después de la Convención Nacional del Partido Demócrata, que tuvo lugar del 26 al 29 de agosto. La convención se vio empañada por la violencia cuando la policía de Chicago se enfrentó a los manifestantes, lo que motivó que, cuando se puso a la venta *Street Fighting Man*, todas las estaciones de radio de Chicago y la mayoría del resto del país recibieran una circular de la CIA recomendando su no emisión a lo largo de 30 días por temor a que incitara a más violencia.

Es decir, no hubo una prohibición oficial en Estados Unidos o Chicago, pero las emisoras sabían que lo mejor para ellos era evitar la canción, lo que explica su escasa repercusión y su inesperada posición en las listas USA en el otoño del 68: el puesto 48.

Las estaciones de radio que censuraron la canción dijeron que *Street Fighting Man* era subversiva. ¡Por supuesto que era subversiva! Pero nunca habría hecho temblar al poder. Es absurdo pensar que puedes iniciar una revolución con un disco. Aunque, ¡ojalá se pudiera! Aun así, creo que *Street Fighting Man* era necesaria en Inglaterra en ese momento. En Francia, De Gaulle por única vez en su vida sintió que podía perder el poder, por eso la policía reprimió a los estudiantes en la forma que en lo que lo hizo, en América los chicos quemaban sus cartillas de reclutamiento y se negaban a ir a la guerra, pero... en Inglaterra no estaba pasando nada. No lo podía entender. (Mick Jagger).

Keith Richards comenzó a desarrollar esta canción a finales de 1966, pero le costó conseguir el sonido que buscaba. Lo logró, como explicaba en su autobiografía *Life* cuando compró una grabadora de casetes Philips y se dio cuenta de que podía obtener un sonido seco y nítido tocando su guitarra acústica, una Gibson Hummingbird, que luego podía distorsionar reproduciéndola a través de un altavoz y en una grabadora de estudio, añadiendo varias capas de guitarra en la mezcla, como hizo en *Jumpin'Jack Flash*. Ello hace que el único instrumento eléctrico en toda la canción sea el bajo.

El título original de esta canción era *Did Everybody Pay Their Dues?*, tenía una letra completamente diferente y, por lo tanto, un extraño significado, con Jagger cantando sobre un jefe indio y su familia. Sin embargo, la música era básicamente la misma a pesar de que existen mezclas ligeramente alternativas.

Las primeras tomas de *Did Everybody Pay Their Dues?* —que tenía, como *working title, Primo Grande* y cuya primerísima versión se montó en febrero de 1968 en la casa de Keith Richards en Redlands— se registraron entre el 17 de marzo y el 1 de abril de 1968 en los Olympic Studios, y aunque después cambió sustancialmente, sobre todo en la letra y el título, ya quedó en esa primera grabación la colaboración de Dave Mason tocando el *shelani*, un instrumento indio similar a un clarinete, que aparece cerca del final de la canción y de Brian Jones tocando el sitar.

Ya, como «Street Fighting Man», se dejó terminada en su fase instrumental entre el 19 y el 20 de mayo y Mick grabó las voces el 9 de julio de 1968 en los Sunset Sound Studios de Los Ángeles, donde se hizo la grabación de varias voces más de Mick para otras canciones y la mezcla definitiva de *Begars Banquet* entre el 7 y el 28 de julio.

Salt Of The Earth

Esta fue una de las primeras interpretaciones vocales de Keith Richards para los Stones —la primera fue en «Something Happened To Me Yesterday», de *Between The Buttons*—, antes de grabar su primera canción completa como cantante en «You Got The Silver», para *Let It Bleed*. Tanto él como Mick Jagger cantan esta pieza con el coro de Watts Street Gospel de fondo.

Fruto de esa conciencia política y su posición contestataria de aquel periodo de 1968 que dio lugar a *Street Fighting Man*, se crearon temas como *Factory Girl* y también *Salt Of The Earth*, cuya letra decía en determinados fragmentos: «Brindemos por la gente trabajadora / bebamos por los humildes de nacimiento / levanta tu copa por el bien y el mal / bebamos por la sal de la tierra / reza una oración por el soldado de infantería común / dedica un pensamiento a su trabajo agotador / reza una oración por su esposa y sus hijos, que todavía labran la tierra / cuando miro a la multitud sin rostro / una masa arremolinada de grises y blanco y negro / no me parecen reales / ¿o no se ven tan extraños? / bebamos por la sal de la tierra».

Mick Jagger declaró en 1970 sobre *Salt Of The Earth*: «Si he de ser sincero, la canción tiene un punto de cierto cinismo. Sí, bebemos por la clase trabajadora, por la sal de la tierra, pero sabiendo que toda esa gente en realidad nunca ha tenido el poder y probablemente nunca lo tendrá».

Dos momentos singularmente significativos en la historia de los Stones han tenido como telón de fondo *Salt Of The Earth*: el primero de ellos el Rock'n'Roll Circus en diciembre de 1968, que se cerraba con la interpretación de este tema con el grupo sentado entre el público, con toda la gente bailando con túnicas de colores y con John Lennon participando entusiasta del fin de fiesta. El segundo, la inolvidable versión que el grupo hizo en directo de la canción el 19 de noviembre de 1989 en Atlantic City, último concierto del Steel Wheels Tour, el primer show de la historia de los Stones transmitido a toda América a través del sistema de televisión por cable y en el que el grupo invitó a Axl Rose y a Izzy Stradlin de Guns N'Roses a hacer este tema con ellos.

El título de trabajo que tenía originariamente *Salth Of The Eart* era *Silver Blanket*, y su primera toma se grabó entre el 9 y el 10 de mayo de 1968 en los Olympic Studios. Se retomó, todavía en versión solamente instrumental, en las sesiones de grabación del 13 al 21 de mayo y quedó definitivamente terminada y mezclada, al igual que *Street Fighting Man*, en julio de 1968 en los Sunset Sound Studios de Los Ángeles.

Sweet Black Angel

El dulce ángel negro que da título a esta canción no es otro que Angela Davis, una de las mujeres más concienciadas, activistas y comprometidas de la historia de la izquierda contemporánea. Profesora y politóloga afroamericana defensora a ultranza de los derechos civiles y políticos de la población negra, de las mujeres y de la clase trabajadora estadounidense, fue destacada líder del Partido Comunista de los Estados Unidos y estrechamente unida al movimiento de los Panteras Negras, lo cual le valió su despido de la plaza de profesora asistente de Filosofía en la Universidad de California que había obtenido en 1969 a instancias del gobernador del estado, el ultraderechista Ronald Reagan.

Debido a sus actividades políticas, el FBI y la CIA la incluyeron en la lista de los «10 delincuentes peligrosos más buscados», después de ser acusada de ayudar en un intento de fuga de presos negros en la prisión del condado de Marin, que terminó con cuatro personas muertas. Fue perseguida, detenida y encarcelada en 1970, aunque fue puesta en libertad dos meses después por falta de pruebas. En el momento del lanzamiento del álbum *Exile On Main Street* en mayo de 1972, Angela Davis había sido detenida una vez más en Nueva York y estaba en prisión preventiva a la espera de juicio.

Mick Jagger a la revista francesa *Rock & Folk* en 1972: «Si tuviera una conversación política con Angela Davis, tal vez no estaría de acuerdo con ella en bastantes temas, quien sabe. Pero no era ninguna terrorista ni alguien peligrosa para la seguridad de los Estados Unidos. Con más o menos razón, siempre ha luchado por algo que es algo por lo que todos deberíamos luchar, acabar con la discriminación racial. Y no se puede tolerar que alguien pueda estar en la cárcel por ese motivo».

La letra decía textualmente: «Es un dulce ángel negro / no es una dulce esclava negra / Sus hermanos han ido cayendo uno por uno / y ahora un juez que robó es quien la juzgará a ella / ¿nadie va a liberarla? / liberad a la dulce esclava negra».

Musicalmente «Sweet Black Angel» se montó en su primera versión en marzo de 1970 en Stargroves, con la Mighty Mobile, en las primeras sesiones de grabación de *Sticky Fingers*. «Bent Green Needles», que es como se denominó al principio, según recordaba Jimmy Miller, se grabó en aquella primera toma de manera muy desenfadada, muy al *estilo Nellcote*, con dos guitarras acústicas y el propio Jimmy Miller a la percusión.

«La tocamos juntos en una habitación en círculo al mismo tiempo, porque había una habitación alejada del salón principal que no tenía muebles, con piso de madera, techos bastante altos y paredes de yeso, lo cual nos proporcionaba una sonoridad diferente y más original», decía el ingeniero de sonido Andy Johns. Se retomó y grabó en agosto de 1971 en Nellcote y se mezcló y quedó terminada en Los Ángeles entre enero y febrero de 1972.

Sobre los músicos que participaron como colaboradores externos en la grabación de *Sweet Black Angel* existe una curiosa historia, conocida por el entorno más cercano al grupo, pero de la que muy pocas, por no decir ninguna biografía ni artículo de prensa, se ha hecho eco.

La activista Angela Davis en una imagen de 1974. (Foto Bernard Gotfryd)

Cuando apareció en las tiendas de todo el mundo *Exile On Main Street* en los créditos del disco aparecían Amy & Nitrate, el supuesto dúo que tocaban las marimbas en «Sweet Black Angel», que era en realidad una sola persona, alguien ni cuyo pseudónimo ni cuyo nombre real tenía nada que ver con la música. En su autobiografía, *Under a Hoodoo Moon* (St. Martin's Press, 1994), el legendario pianista americano Dr. John abrió el caso de par en par. No fue difícil para él, ya que él fue quien trajo a todos los coristas y otros músicos, incluido el guitarrista Shine Robinson, miembro de su banda a los Sunset Sound Studios, cuando Keith Richards le llamó para conseguir músicos que añadieran algunos detalles a varios de los temas a los que estaban dando el toque final procedentes de las grabaciones de Nellcote del verano de 1971.

Quien tocó las marimbas en este tema era un conocido *dealer* de la ciudad californiana llamado Richard Washington, también conocido como Didimus, el cual se mostró posteriormente indignado contra los Stones por no mencionar su nombre ni el alias por el que era conocido en los créditos de *Exile On Main Street*, y no solo porque decidieran sustituir su nombre por el de la sustancia de la que era un fiable suministrador: nitrito de amilo, en inglés codificado Amy & Nitrate.

Para los curiosos, el nitrito de amilo es un compuesto químico orgánico inhalable que, cuando es absorbido por la membrana mucosa de los pulmones, tiene un efecto vasodilatador y estimulante casi inmediato, con lo cual produce unos efectos similares a los de la cocaína, potencia extraordinariamente la libido y la potencia sexual y en aquellos años se usaba como droga ilegal en California bajo el nombre de *popper*.

En cualquier caso, la irritación de Washington/Didimus no vino ni por obviar su nombre ni por la velada alusión a la materia con la que trabajaba, sino porque afirmaba furioso —como hizo Ian Anderson, en referencia a la actuación de Jethro Tull en el Rock'n'Roll Circus de 1968, cuando le entreviste en 1992—, que los Stones no le pagaron su colaboración.

No solo los Stones le han dedicado canciones a Angela Davis; el mismo año en el que se publicó *Exile On Main Street*, 1972, John Lennon y Yoko editaron su magnífico doble álbum *Some Time In New York City*, en el cual se incluyó otro tema solidarizándose con su postura y exigiendo su puesta en libertad, llamado simplemente «Angela»; Jannick Noah en 2010 le dedicó su canción «Angela» y aquí en nuestro país, Los Chikos del Maíz la mencionaron en referencia a la persecución que Richard Nixon promovió contra ella en su tema «La estanquera de Saigón».

Con posterioridad a 1972 y toda vez que fue puesta en libertad sin cargos, Angela Davis se reafirmó en su carácter de figura ideológica referente de la izquierda revolucionaria en Estados Unidos, llegó a obtener la cátedra en Estudios de Etnia y de la Mujer en la Universidad Estatal de San Francisco y, en cuanto a su actividad internacional, a finales de 1972 fue nombrada ciudadana de honor de la República Democrática Alemana por su presidente Erich Honeker, fue una decidida activista a favor del Frente Sandinista de Liberación Nacional de Nicaragua y en 1979, en una visita a Moscú, recibió por parte del gobierno de la Unión Soviética el premio Lenin de la Paz.

Ha viajado por todo el mundo apoyando la desobediencia civil, la igualdad racial, los movimientos feministas y por la paz y la lucha contra el *apartheid* en Sudáfrica, llegando a ser candidata a la vicepresidencia de los Estados Unidos en 1980 por el Partido Comunista de Gus Hall. En la actualidad, sigue dando seminarios y conferencias por todo el mundo en defensa de sus ideas de emancipación, libertad y antifascismo.

Fingerprint File

«Archivo de huellas dactilares, me deprimes, me deprimes / conoces mis movimientos / me escuchas en tu satélite / me siento seguido / me siento etiquetado / tratando de borrar mis huellas / y hay un pequeño idiota en el FBI / que tiene una montaña de papeles sobre mí de seis pies de altura / ¿Quién es el hombre de la esquina? / no sé, bueno, será mejor que seas discreto / y te mantengas atento».

Estos fragmentos de la letra de *Fingerprint File* narran el sentimiento de desagrado y de preocupación que Mick Jagger tenía acerca de los rumores que le habían llegado, muy probablemente con fundamento, habida cuenta de la persecución sin tregua que la administración Nixon había hecho contra John Lennon, de que el FBI había elaborado un informe sobre él desde que participó en Londres en manifestaciones contra la guerra de Vietnam y que escuchaban y grababan sus conversaciones telefónicas en Estados Unidos. Este tipo de prácticas de guerra sucia secreta y operaciones encubiertas impulsadas por Nixon y Kissinger se demostró que eran procedimientos habituales de su gobierno que, de hecho, cuando fueron descubiertas en la investigación del caso Watergate, le costaron a Nixon tener que dimitir como presidente de los Estados Unidos, al demostrarse que mintió a la opinión pública sobre la actuación de sus servicios de inteligencia. Al mismo tiempo, resultó ser una canción profética, que se adelantó casi 30 años a las prácticas totalitarias que impuso la administración de George W. Bush con la excusa de su absurda *guerra contra el terrorismo* tras los sucesos del 11 de septiembre de 2001.

Musicalmente, «Fingerprint File» es un caso singular dentro de la historia de los Rolling Stones en la década de los 70. La primera versión de este tema se grabó el 20 de enero de 1974, en los Musicland Studios de Munich dentro de las sesiones de *It's Only Rock'n'Roll*, con una peculiaridad; como en otras ocasiones, Bill Wyman no acudió a estas sesiones de grabación y el bajo fue grabado por Mick Taylor. Manteniendo las líneas de bajo de Mick Taylor, se grabó una nueva versión con otras tomas de voz por parte de Mick el 12 de abril con la Mighty Mobile en Stargroves y se mezcló en las sesiones finales de *It's Only Rock'n'Roll* el 25 de mayo de 1974 en los Island Studios de Londres.

Se considera, a mi juicio con acierto que «Fingerprint File» es el tema que anuncia la orientación más funky que iba a tener su siguiente disco, *Black And Blue*; cabe decir más, para muchos críticos de cuyo criterio no discrepo, es un tema que, en muchos aspectos, se anticipa al rap. Y, a diferencia de lo que era el *modus operandi* habitual del grupo, en esta canción se dejaron llevar por la improvisación en el estudio. Keith Richards explicó en una entrevista de 1975 con *Sounds*: «La parte intermedia y final fue totalmente improvisada. Podría haber sido algo mucho más ajustado, un tema de tres minutos, pero se extendió y bueno… al final no estaba mal como quedó». En la grabación de «Fingerprint File» Mick Jagger grabó algunas pistas de guitarra y cuando la tocaron en directo en alguno de los conciertos de su Tour Of The Americas de 1975, el cantante también tocó la guitarra acompañando a Keith y a Ronnie.

Indian Girl

Cuando se grabó *Emotional Rescue* a lo largo del año 1979, el escenario político a nivel internacional era muy convulso: caída del Sha de Irán y llegada al poder del fundamentalismo islámico, golpes de Estado en varios países del África subsahariana, la explosión nuclear de Harrisbourg, una guerra civil internacionalizada en Angola y sobre todo, la enconada lucha guerrillera en Centroamérica, especialmente en Nicaragua, donde la revolución sandinista logró derribar la corrupta y criminal dictadura de la familia Somoza, tras unos últimos meses de combates muy sangrientos, y en El Salvador, donde la represión del régimen militar contra todo opositor, que era considerado un *terrorista por el gobierno militar* y los escuadrones de la muerte de la extrema derecha instalaron un clima de implacable terror paramilitar, perpetrando auténticas masacres en las poblaciones campesinas y llegando al extremo de asesinar al obispo de San Salvador, monseñor Óscar Romero.

Probablemente por su vinculación más personal con Nicaragua, a través de sus años de matrimonio con Bianca Jagger, Mick puso una letra con claro trasfondo político a una canción que nació en las sesiones de grabación de *Emotional Rescue* del verano de 1979 en París, como un country rock al que luego le añadieron un toque más latino, con trompetas mexicanas y unas marimbas que tocó en el estudio la leyenda del reggae jamaicano Max Romeo, una de las amistades que los Stones hicieron en Kingston durante la grabación de *Goats Head Soup* más una parte de piano de Nicky Hopkins verdaderamente sublime.

Indian Girl es una canción que trata un problema político, la represión de Estados Unidos contra los movimientos revolucionarios en América Latina, pero desde una óptica no tan abiertamente de crítica política, sino desde un punto de vista más humano, poniendo el acento en la tragedia de una niña nicaragüense de Masaya que es víctima de ese clima de violencia y terror, aunque también se refiere a chicas de la isla de Granada u otros lugares del Caribe inmersos en conflictos. Como miles de personas más, la joven india de la canción se encuentra sola, su madre había sido violada por soldados y su padre peleaba en las calles de Masaya, ambos arriesgando sus vidas por la revolución que inspiró Cuba, Che Guevara y Fidel Castro años antes.

«Mamá dice que no hay comida, no queda nada en la despensa / el último trozo de carne se lo comieron los soldados que la violaron / todos los niños estaban muertos, excepto la chica que dijo: por favor, señor Gringo, por favor encuentre a mi padre / Chica india ¿dónde está tu padre / ¿dónde está tu mamá? / Luchando por la revolución de Fidel Castro».

Hang Fire

Se dice que a finales de 1978 Mick Jagger declaró: «Los laboristas han gobernado en Inglaterra estos últimos cuatro años y han sido cuatro años de mierda. Ya no tengo apenas confianza en la clase política británica, pero espero que, si el año que viene hay un cambio de gobierno, los *tories* lo hagan mejor».

Cuando los conservadores no llevaban ni tres meses en el gobierno, los Stones en general y Mick Jagger en particular se convirtieron en los más ácidos críticos de la política antisocial y antipopular que el gobierno de Margaret Thatcher puso en práctica el mismo día que ocuparon el 10 de Downing Street y los gabinetes ministeriales en la primavera de 1979: privatización de servicios públicos, privatización de amplios sectores de la sanidad pública, subida de impuestos a las clases medias, cierre de empresas públicas, aumento espectacular del paro, precarización del empleo, degradación y empeoramiento del conflicto en Irlanda del Norte...

Esta canción se grabó en su primera versión en febrero de 1978, en las míticas sesiones de *Some Girls* en los Pathé Marconi de París, sin letra. Se retomó en las sesiones de grabación de *Emotional Rescue* en el verano de 1979 nuevamente en París y se hizo la mezcla final en diciembre en los Electric Lady Studios de Nueva York, incluyendo sus típicos coros en falsete. Su *working title* hasta que finalmente se cambió la letra y el título al grabarse la versión definitiva era «Lazy Bitch», y el grupo nunca desmintió que ese título estuviera dedicado a la primera ministra británica.

La letra es un golpe al país de origen de los Stones, Inglaterra. Por supuesto, es una mordaz crítica contra la política del gobierno Thatcher, pero está dirigida no tanto contra las medidas del gobierno, sino contra el pasotismo y la indiferencia de la gente ante esa situación. Un «disparo suspendido», es decir, un *hang fire*, es el retardo entre el momento en que se aprieta el gatillo de una pistola y el momento en que realmente la bala sale disparada. La expresión viene a significar una respuesta tardía, aplicada a las personas que no actúan cuando deberían.

«En el dulce y viejo país de donde vengo / nadie trabaja nunca / sí, no se hace nada / Estamos colgados / ¿Sabes que casarse por dinero es un trabajo a tiempo completo? / soy un vago perezoso / y estoy colgado / no tenemos nada que comer / no tenemos donde trabajar / nada de beber / acabamos de perder nuestras camisas / estoy en paro / no estamos de alquiler», decía la letra de *Hang Fire*, que formó parte del *set-list* de las giras por América y Europa de 1981 y 1982, aunque después nunca volvió a los *set-lists*.

High Wire

A modo de cierre y conclusión del contrato de distribución que el grupo había firmado con Sony/CBS, se decidió editar un doble álbum en directo con fragmentos de las mejores actuaciones en las giras de *Steel Wheels* y *Urban Jungle* de 1989 y 1990 respectivamente. Ese álbum, editado en la primavera de 1991 se llamó *Flashpoint* y cara a ofrecer algún aliciente más atractivo para el fan del grupo, más allá de la calidad de las grabaciones en vivo, se incluyeron dos canciones inéditas en estudio, que la banda compuso, montó y grabó entre el 7 y el 16 de enero de 1991 en los Hit Factory Studios de Londres. Una de ellas, de la que se hicieron varias versiones, «Sex Drive» y la que nos ocupa en este sentido, «High Wire».

En aquel momento, comienzos de 1991, el gobierno de los Estados Unidos dirigido por el republicano ultraconservador George Bush, apoyado por sus aliados de la OTAN y otros países subalternos, había lanzado un ultimátum al gobierno de Irak presidido por Sadam Hussein, su aliado incondicional durante más de 15 años y al que los USA financiaron, apoyaron y mantuvieron para que fuera una suerte de dique de contención contra el potencial avance del islamismo radical, patrocinado por el Irán del *ayatollah* Jomeini. Si Irak no retiraba sus tropas del vecino Kuwait, que había ocupado militarmente, una coalición militar internacional *liberaría* por la fuerza el Emirato en el marco de la llamada Operación Tormenta del Desierto que, de hecho, se inició el 16 de enero de 1991.

El Irak de Sadam Hussein era una pieza tan importante en la estrategia imperialista americana en Oriente Medio que, de hecho, declaró una guerra promovida por Estados Unidos en 1980 contra el Irán de los *ayatollahs* que duró ocho años, sin ningún resultado ni beneficio para el país, sino todo lo contrario: aquella guerra ordenada por el Pentágono como operación militar encubierta dejó Irak devastado económicamente, inmensamente empobrecido y sin ninguna de las compensaciones territoriales prometidas. Cuando, terminada la guerra, Irak pidió una serie de créditos para la reconstrucción del país y el banco mundial y el FMI se los negaron, Sadam Hussein cometió el error, creyéndose apoyado por Estados Unidos, de ocupar Kuwait para apoderarse de sus pozos petrolíferos y lograr con ello recursos para poder sacar a su país del desastre en el que lo dejó aquella guerra. En ese momento es cuando Estados Unidos puso en marcha lo que se conoció como la I guerra del Golfo, en defensa de los intereses de otro aliado que le parecía mucho más importante en la zona, Kuwait.

La canción es una dura crítica sobre la hipocresía y el cinismo de Estados Unidos y Gran Bretaña sobre su política internacional, sobre todo en relación con el comercio internacional de armas y la intervención americana contra Irak. Los Stones se pusieron radicalmente en contra de esta intervención y en la letra de *High Wire* (*Cuerda floja*) decían: «Les vendemos misiles, les vendemos tanques / les damos crédito, puedes llamar al banco / es solo un negocio, puedes pagarme en crudo, y eso es gasolina ¿sabes?/ no tenemos vergüenza, no sabemos qué botas lamer / actuamos por avaricia y esto me enferma / caminamos por la cuerda floja / enviando hombres a la primera línea de batalla / con la esperanza de que no les alcance el fuego infernal / con armas calientes y frías mentiras». En otras partes de la letra, llaman directamente ladrones y traficantes a los políticos que iniciaron esta guerra y les recriminan que estén poniendo al mundo al borde de la autodestrucción.

La canción fue la enésima de los Stones que sufrió la censura en los medios de comunicación públicos, empezando por el Top Of The Pops de la BBC, lo cual explica en gran medida el porqué de su baja posición en listas, alcanzando solo el nº 29 en los *charts* británicos. Se editó el 1 de marzo de 1991, cuando el conflicto ya llegaba a su fase final, como un maxi-single en el que también estaban versiones en directo de *2000 Light Years from Home*, *Sympathy For The Devil* y *I Just Want to Make Love to You*.

Dangerous Beauty

Doce años después de la I guerra del Golfo y con el pretexto de que el régimen de Saddam Hussein en Irak financiaba a Al-Quaida, la organización armada dirigida por Osama Bin Laden, autora de los atentados del 11 de septiembre de 2001 y que acumulaba un arsenal de armas de destrucción masiva que ponía en riesgo la seguridad de todo el mundo occidental, de nuevo Estados Unidos inició una guerra contra Irak, ahora ya con el objetivo claro y deliberado de apoderarse del país y de acabar para siempre con Saddam Hussein. Por supuesto, las famosas armas de destrucción masiva jamás aparecieron y tampoco se demostró nunca que hubiera la más mínima conexión entre Saddam Hussein y Osama Bin Laden, a excepción de lo único que ambos tuvieron en común: ser financiados y armados por Estados Unidos; en el primer caso para hacer la guerra a Irán y en el segundo, para hacer la guerra en Afganistán a favor de los intereses estadounidenses.

En el marco de la ocupación militar de Irak, las fuerzas estadounidenses tomaron la que era prisión de máxima seguridad de Saddam Hussein en Bagdad, la penitenciaría de Abú Grahib y recluyeron allí a todos los antiguos colaboradores del exdirigente iraquí y a quienes se oponían a la ocupación. Pocos meses después de la ocupación se filtraron a la prensa una serie de fotografías en las que se constataba claramente que los prisioneros estaban siendo sometidos a toda clase de torturas, vejaciones y trato inhumano y degradante, en especial por la soldado norteamericana Lynndie England, la cual sometía sexualmente contra su voluntad a los prisioneros, cuya custodia le estaba encomendada y que uno de los casos que provocó mayor escándalo, mostraba a England arrastrando por el suelo a un prisionero como si fuera un perro, atado del cuello con una correa.

Impresionado e indignado por aquellas fotos, Mick Jagger hizo una canción llamada *Dangerous Beauty* cuya letra decía: «En tu foto de la escuela secundaria / parecías tan joven e ingenua / y ahora he oído que tienes un apodo / la dama de la correa». Pero la cruda letra de *Dangerous Beauty*, esa peligrosa belleza a la que el cantante se refiere, no solamente denuncia el sadismo brutal y la repugnancia que esos comportamientos le producían —también se refiere a las descargas eléctricas con las que la soldado torturaba a los presos— , sino que responsabilizaba de ello también a los altos mandos militares. «Con tus guantes de goma puestos / seguro que eres la favorita del jefe de Estado Mayor / está totalmente claro para nosotros / estás cumpliendo con tu deber / se te ve muy natural trabajando con perros».

La primera versión de «Dangerous Beauty» se grabó entre el 16 y el 18 de noviembre de 2004 en la casa de Mick Jagger en La Fourchette, Pocé sur Cisse, Francia y se dejó definitivamente terminada y mezclada a mediados de junio de 2005 en los Ocean Way Recording Studios de Los Ángeles, para su álbum *A Bigger Bang*, que se puso a la venta en septiembre de 2005.

Dato para la historia: Lynndie England fue procesada y condenada por crímenes de guerra a tres años de prisión, de los cuales el último lo cumplió en régimen de prisión atenuada y fue expulsada de manera deshonrosa del ejército de los Estados Unidos, con lo cual perdió su derecho a pensión. Nunca ha expresado arrepentimiento o autocrítica por sus deplorables acciones.

My Sweet Neocon

El escándalo que produjo en todo el mundo la vergonzosa II guerra del Golfo, las mentiras con las que se pretendió justificar y las atrocidades cometidas durante la ocupación inspiraron otra canción de sentido análogo a «Dangerous Beauty», también para *A Bigger Bang*, «Sweet Neocon».

En este tema, el objetivo de sus críticas se puso, como bien decía el título de la canción, en los *neocons*, la nueva extrema derecha estadounidense instalada en el núcleo duro de la administración Bush, no solamente en la figura del presidente, sino en la secretaria de Estado de seguridad nacional Condolezza Rice, el vicepresidente Dick Cheney y el secretario de Defensa Donald Rumsfeld quienes, tras los ataques del 11 de septiembre, se lanzaron a una supuesta *guerra contra el terrorismo* que utilizaron como pretexto para instalar *de facto* una auténtica dictadura antidemocrática en Estados Unidos, en la que desapareció por completo la libertad de expresión, se produjo una caza de brujas similar a la de la época de McCarthy contra toda crítica u oposición a la política del gobierno y se vulneraron derechos fundamentales reconocidos en la Constitución del país.

La letra de la canción, ácida pero con un muy británico sentido del humor, decía entre otras cosas: «Te llamas a ti mismo un patriota / yo creo que eres un hipócrita / dices que eres un patriota / yo lo que creo es que eres es un montón de mierda / claro, esto es libertad para todos / porque la democracia es nuestro estilo / a menos que estés contra nosotros / entonces irás a prisión sin juicio / ¿Cómo puedes estar tan equivocado, mi dulce neoconservador? / esto es aterrador, sí, estoy muerto de miedo / hay terroristas en mi dormitorio / y todo esto no es más que una mierda».

Keith preguntó a Mick sí realmente pensaba que aquellos tipejos merecían una canción de los Rolling Stones, idea que parece ser no le acababa de convencer al principio, aunque el cantante insistió en que era necesario hacerla. «Si realmente piensas que debemos hacerlo, adelante con ello», acabó diciéndole.

«Sweet Neocon», al igual que el resto de las canciones de *A Bigger Bang* se montó y preprodujo en el verano de 2004 y se grabó, al menos en formato *rough mixes* entre noviembre y diciembre de ese año en Francia, siendo mezclada y acabada en junio de 2005 en Los Ángeles.

CANCIONES CON HISTORIA QUE NUNCA SE CONTÓ

As Tears Go By

Esta tierna y suave balada se considera una de las primeras canciones originales compuestas por Mick Jagger y Keith Richards y su origen se remonta a la célebre noche en la que Andrew Loog Oldham, supuestamente, encerró a la pareja con un piano en una habitación de su *flat* de Mapesbury Road y no abrió la puerta hasta que le garantizaron que, por fin, tenían una canción.

Basándose en la famosa canción de la película *Casablanca,* el primer título de la canción era *As Time Goes By,* título que Oldham cambió por *As Tears Go By.* Lo cierto es que el resultado superó las expectativas, tanto que Oldham decidió que era demasiado buena para los Rolling Stones y que funcionaría mucho mejor como single de una de las artistas más prominentes en ese momento de su sello Inmediate Records, Marianne Faithfull, y no se equivocó: El single de Marianne Faithfull con *As Tears Go By* fue nº 2 en ventas en Canadá, nº 9 en Gran Bretaña y nº 22 en Estados Unidos en junio de 1964. «Realmente era como una canción de Françoise Hardy», recordaría Marianne en su autobiografía. «Ligeramente existencial, pero con un toque del festival de San Remo: el Europop que puedes escuchar en una máquina de discos francesa».

Ninguno de los Rolling Stones participó en la grabación del «As Tears Go By» de Marianne Faithfull, pero sin embargo sí jugó un papel destacado un genial músico que, muy poca gente sabe, fue quien grabó la guitarra acústica en este tema: Jimmy Page. Un año y medio más tarde, fue grabada por el grupo e incluida en su álbum *December's Children*, editado en diciembre de 1965 y por primera y única vez en la historia, se grabó una versión en italiano con el título de «Con Le Mie Lacrime», que llegaron a tocar en Milán cantada en ese idioma el 11 de julio de 2006, en el primer tramo europeo del A Bigger Bang Tour.

No dejó de resultar peculiar que, en ambas versiones, la del grupo y la de Marianne, los autores fueran Mick Jagger y Keith Richards, pero figurando como coautor el propio Oldham, asegurándose con ello unos sustanciosos ingresos en concepto de derechos de autor.

Como tal canción, la letra puede interpretarse de diversas formas, aunque quien sin duda ofrece la interpretación más acertada es el propio Mick Jagger. «Es una canción muy melancólica para que la escriba un chico de 21 años. La noche del día, ver jugar a los niños, es muy ingenuo, incluso un poco bobalicón, pero tiene un tono muy triste, casi como si lo escribiera una persona mayor. Ya sabes, es como una metáfora de ser viejo: estás viendo a los niños jugar y te das cuenta de que no eres un niño. Es una canción relativamente madura considerando el resto de nuestra producción en ese momento».

In Antoher Land

Si no recuerdo mal, fue el 13 de julio de 1967. Llegué al estudio con Astrid [N.d.r. Astrid Lundströem, la por aquel entonces pareja y posteriormente mujer de Bill Wyman] como a las seis de la tarde y

Glyn Johns me dijo: «¡Oh, mierda…! ¿nadie te avisó de que la sesión se había cancelado?», y aquello me molestó mucho, porque fueron 45 minutos en coche desperdiciados. Entonces Glyn dijo: «Bueno… ¿tienes alguna canción con la que quieras probar, grabar una toma, algún tema que quieras ensayar y esas cosas?». Nicky Hopkins estaba allí en los teclados y Charlie Watts también, que había ido a repetir algunas tomas de batería de otros temas. Así que le respondí: «Sí, porque había estado probando con esta canción» —recordaba Bill Wyman.

> Me senté al piano y toqué «In Another Land». que iba en ese rollo cósmico y psicodélico que se había puesto de moda y que encajaba bien en un disco como *Their Satanic Majestic Request*. Les gustó y lo intentamos, aunque al principio costaba porque a mí nunca ni me ha gustado ni se me ha dado bien cantar, pero resultó que en la sala contigua estaban los Small Faces con Ronnie Lane y Steve Marriott y, en un descanso de su grabación, se pasaron por allí y cantaron conmigo. Usé ese efecto de trémolo en la voz porque estaba muy tenso por mi forma de cantar. Probamos todo tipo de cosas y salió bastante bien, de manera que me fui a casa bastante satisfecho con aquel experimento. Al día siguiente volví al estudio y estábamos charlando sobre lo que íbamos a hacer aquel día, cuando Glyn les dijo a Mick, Keith y Brian: «Esperad, escuchad esto que hicimos ayer». Puso la cinta y a los tres les gustó, de hecho, Mick preguntó: «¿Qué es?, oye ¡es realmente bueno!» y Glyn contestó: «Bill. Lo hizo ayer». Y como a todos les gustó y pensaron que encajaba, «In Another Land» entró en *Their Satanic Majestic Request*.

Se dice que el bajista de los Rolling Stones escribió este tema a principios de julio de 1967 en un órgano Thomas y luego hizo una demo casera. Probablemente no habría pasado de ser una *song in progress* olvidada de no ser por esta anécdota que el propio Bill Wyman relataba en su libro de memorias *Stone Alone*. Es junto a *Downtown Suzie* y la todavía inédita a nivel oficial *Goodbye Girl*, las únicas en las interviene como cantante y la única en la que aparece como autor.

Ciertamente, el tema era muy propio de la época y estaba claramente en el espíritu de aquel heterogéneo y experimental trabajo. Un cruce entre la psicodelia y la ciencia ficción, en cuya letra se narra la historia de un hombre que se despierta de un sueño y se encuentra viviendo otro sueño, una especie de sueño dentro de otro. «En otra tierra donde la brisa, los árboles y las flores brillan en azul / me puse de pie y tomé tu mano / y la hierba creció y las plumas flotaron / me puse de pie y sostuve tu mano / y desperté ¿fue esto una especie de broma? / para mi sorpresa, abrí los ojos / caminamos sobre la arena, el mar y el cielo / y los castillos eran azules», decía un fragmento de la letra.

Al terminar la canción, se pueden escuchar unos ronquidos provenientes del propio Bill Wyman, que Mick y Keith grabaron a modo de broma una noche que la sesión de grabación se alargó hasta altas horas de la madrugada y Bill se quedó dormido en el sofá que estaba en la sala de trabajo de Glyn Johns. El bajista nunca supo que le habían grabado roncando hasta que escuchó el disco ya editado cuando la compañía discográfica le mandó sus copias de cortesía.

In Another Land fue elegida como cara A de un sencillo lanzado el 2 de diciembre de 1967 con *The Lantern*, otra preciosa e injustamente olvidada pieza de este singular periodo de la historia del grupo de la que ahora nos ocuparemos, como cara B, pocos días antes de que el álbum saliera a la venta. No llegó a entrar en las listas del Reino Unido y en los Estados Unidos no superó el puesto 87 en la lista de singles de *Billboard*.

The Lantern

Se afirma convencionalmente que *Their Satanic Majestic Request*, un álbum en gran medida fruto del colorido, la explosión del *love&peace*, la psicodelia y todo lo que fue el *swinging London* de la época 1967-68, es un disco imbuido completamente de ese espíritu acaramelado, *hippie* y hasta cierto punto ingenuo del ambiente que se vivió en el mundo del pop y el rock en ese momento.

Si para establecer ese criterio hay que tomar como ejemplo exclusivamente *She's A Rainbow*, *Sing This All Together (See What Happens)* o *2000 Light Years From Home*, tal afirmación pudiera tener sentido, pero una canción como *The Lantern* desmiente y desmonta tal teoría. En este tema, Mick Jagger sumerge al oyente en un mundo sombrío, incluso terrorífico, describiendo una escena entre melancólica, oscura y tenebrosa. «Mi rostro palidece mortalmente /

me hablas a través de tu velo / los sirvientes duermen / las puertas están cerradas»

El narrador se dirige al ser amado perdido, que ha muerto y con quien quiere mantener desesperadamente algún tipo de conexión, convirtiéndose en el faro, la linterna que le mantiene la ilusión de poder seguir de alguna forma en contacto, siendo quizá la luz de esa linterna el espacio donde podrían reencontrarse. En ese aspecto, es una de las canciones más poéticas, emotivas y fascinantes, no solo de este álbum, sino con toda seguridad de la producción del grupo en los años 60. Una canción de amor, pero despojada de todo romanticismo, convertido en un silencioso pero ensordecedor grito de dolor que atraviesa las fronteras de la consciencia para entrar en el terreno de unas ensoñaciones teñidas de una tétrica y terrorífica fantasía.

Probablemente esta sea la razón por la cual fue elegida para la cara B del sencillo *In Another Land*, que fue lanzado en Estados Unidos e Inglaterra, aunque triste e injustamente, con muy escasa repercusión comercial.

Jumpin' Jack Flash

Más allá de lo que ya hemos comentado acerca de la filmación y realización de los legendarios videoclips que se hicieron para promocionar esta canción, *Jumpin'Jack Flash*, uno de los clásicos más imperecederos de la historia de los Rolling Stones era otro de esos temas ambiguos, cuya letra se prestó y estuvo sujeta siempre a diversas interpretaciones.

En cuanto a su autoría, Bill Wyman siempre mantuvo que la composición del *riff* sobre el que se basa toda la estructura de la canción fue suyo, y así lo explicó al conocido biógrafo de los Rolling Stones Philip Norman: «Fue como a mediados de marzo de 1968. Primero llegaron a los Olympic Brian y Charlie, les toqué el tema y estuvimos dándole vueltas como unos 20 minutos. Luego llegaron Mick y Keith y al escucharlo ambos dijeron: "¡Joder! ¿qué es esto? suena muy bien". Mick se fue a una sala contigua y en algo más de un cuarto de hora escribió una letra magnífica para la canción, que grabamos aquel mismo día».

Por el contrario, en su autobiografía *Life*, Keith se atribuye la autoría de *Jumpin'Jack Flash*, relatándolo de la siguiente manera: «Lo cierto es que todos los *riffs* están relacionados de alguna manera.

Jumpin'Jack Flash es en realidad, *Satisfaction* al revés. Pero aun así, ... *Flash* es particularmente interesante. «It's aaaaaal right now» suena casi como árabe, o a música clásica muy antigua, es el tipo de ajuste inicial que solo escuchas en el canto gregoriano o en cosas parecidas. Esa combinación se produce como un recuerdo de algo indefinido y la verdad es que no sé de dónde salió. Ahora bien, sí sé de dónde salió la letra: de un amanecer gris y lluvioso en mi casa de Redlands. Mick y yo habíamos estado toda la noche componiendo y ensayando canciones y entonces Mick se fue a echar una cabezada, pero se despertó a los pocos minutos sobresaltado por el ruido de unas botas de goma cerca de la ventana de la habitación donde se había echado a dormir. Eran las pisadas de mi jardinero, Jack Dyer, un campesino de Sussex corpulento y de andar firme. "¿Qué ha sido eso?", me preguntó, a lo que le dije despreocupado: "Es Jumpin'Jack". No sé por qué, pero cogí la guitarra y empecé a jugar con lo de *jumpin'Jack* y de pronto Mick dijo: "Flash!". De pronto, teníamos una frase que encajaba bien con la canción, así que nos pusimos a ello y la escribimos».

En cualquier caso, apareció firmada solo por Mick y Keith. Se rumoreó que trataba sobre drogas, ya que en argot inglés de la época un *jumpin' jack flash* es supuestamente una forma de inyectar heroína en los conductos lagrimales y también se pensaba que se trataba de *speed,* las mismas pastillas que eran los pequeños ayudantes de mamá de *Mother's Little Helper.*

Don McLean hizo referencia a esta canción en su clásico *American Pie* con las palabras «Jack, sé ágil, Jack, sé rápido, Jack Flash se sentó en un candelabro, porque el fuego es el único amigo del diablo». Por aquel entonces, hubo varios críticos que afirmaron que el «diablo» del que hablaba la letra era Mick Jagger.

Midnight Rambler

No siempre es de las fijas en el *set-list* de sus actuaciones, pero con el paso de los años se ha ganado la vitola de clásico absoluto del grupo, en especial en directo. Si hay una imagen icónica como pocas en la historia de los Rolling Stones, es la de Mick Jagger durante las giras del grupo en los años 70 cuando, en esa intensa y oscura transición instrumental que lleva al apoteósico *in crescendo* final de la canción, repta por el escenario como una iguana y azota con su cinto tachonado el suelo mientras aúlla: «Have you heard about the Boston?... honey, it's not one of those...Well, I'm talkin' 'bout the midnight... the one that closed the bedroom door...» (¡¡Wuaoh!!).

Midnight Rambler es una canción que Keith y yo escribimos juntos a comienzos de 1969. Estábamos unos diez días de asueto en Italia, en una hermosa ciudad montañosa, Positano. ¿Por qué escribimos una canción tan oscura en este hermoso y soleado lugar? realmente no lo sé. Escribimos todo allí: el tempo, los cambios, la letra, todo. Estoy tocando la armónica en estos pequeños cafés, aparece Keith con la guitarra y todo fluye. (Mick Jagger).

Cuando hicimos *Midnight Rambler,* ninguno llegó con la idea de hacer una ópera-blues, ni siquiera un blues en cuatro partes. Pero salió así, sin forzar nada en uno o en otro sentido. Creo que esa es la fuerza de los Stones o de cualquier otro buen grupo: Dales una canción medio cruda y la sabrán cocinar para convertirla en un plato exquisito. (Keith Richards).

En cierta ocasión Marilyn Manson aseguró: «Una de las mayores tragedias de la historia de América es que quizá su más conocida aportación a la sociología del siglo xx haya sido la figura del asesino en serie». Si hemos de hacer caso a esta, a mi juicio, acertada aseveración, *Midnight Rambler* es un clarísimo ejemplo en este sentido. En la letra de la canción, Mick Jagger asume la personalidad de un asesino que acecha a su víctima, el cual se hace llamar el «vagabundo de medianoche», que parece disfrutar de su notoriedad, al igual que muchos asesinos en serie de la vida real, obsesionados con convertirse en temidas celebridades de las que se habla constantemente en la televisión y en la prensa.

Los Stones nunca lo han confirmado, y de hecho, cuando se las ha sugerido tal posibilidad, la han rechazado categóricamente, pero de la lectura de las estrofas de *Midnight Rambler* bien pudiera deducirse que el personaje al que da vida en la letra Mick Jagger sería Albert DeSalvo, el famoso estrangulador de Boston, que asesinó a trece mujeres en la ciudad estadounidense entre 1962 y 1964, abusando de ellas sexualmente en más de un caso y asfixiándolas después con sus propias medias de nylon. En una de las frases de la letra, Mick afirma: «Bueno, ¿escuchaste lo de Boston...?».

En 1965, Albert DeSalvo, que cumplía condena en una institución para enfermos mentales sentenciado por violación, confesó los asesinatos y posteriormente fue condenado a cadena perpetua. Sin embargo, nunca hubo evidencia física clara y concluyente de que DeSalvo cometiera esos crímenes y su confesión, así como las circunstancias en las que se produjo ha sido cuestionada, al margen de que algunos expertos forenses afirmaron que, por las pesquisas, pruebas e indicios practicados en casa caso, pudo haber habido múltiples asesinos. DeSalvo murió en prisión en 1973 y de vez en cuando han surgido supuestas nuevas pruebas en el caso que han reforzado la teoría de asesinos múltiples atraídos por una suerte de *efecto llamada*. Tal vez algo parecido a una versión americana de Jack el Destripador.

Cocksucker Blues (también conocida como *Schoolboy Blues* o *Lonesome Schoolboy Blues*)

Lo cierto es que la historia de esta canción se ha explicado ya muchas veces —yo mismo lo he hecho— en otros libros de historia del grupo, aunque muy pocas veces se han proporcionado algunos datos que ahora sí me parece pertinente recoger y exponer en este libro. También porque es de las pocas canciones, junto a *When The Whip Comes Down*, en la que los Rolling Stones hablan abiertamente y sin tabúes sobre un tema del que es fácil hablar hoy, pero no en los años 60: la homosexualidad; en especial la marginalidad y la prostitución asociada a las relaciones homosexuales en la Inglaterra de los años 60.

Como ya es sabido, esta canción surgió en 1970 cuando la banda había tomado la decisión de no renovar ni negociar un nuevo contrato con Decca Records y estaban ya pensando en establecer su propio sello discográfico. No obstante, para poder resolver el contrato y quedar libres de toda vinculación con Decca, les quedaba un sencillo por grabar para su antiguo sello. Dadas las malas relaciones entre grupo y compañía, que se remontaban a hacía varios años y a la censura que Decca ejerció contra la portada de *Begars Banquet*, Mick y Keith pensaron: «OK, ¿quieren una canción más? Bien, se la daremos. Pero a ver si de verdad quieren editarla».

Lo he dicho en más de una ocasión y lo repito ahora: *Cocksucker Blues* tiene el único valor para un fan, seguidor o coleccionista de ser una canción *prohibida*, que el sello se negó a editar y que, durante muchos años, fue una codiciada pieza en el mercado clandestino de los discos piratas. Pero como tal canción es un bodrio lamentable, un simulacro de blues deliberadamente mal hecho por los propios Stones, con toda seguridad borrachos o con una buena fumada de hierba encima, precisamente para que Decca, más allá del supuestamente escandaloso contenido de su letra, se negase a editarla y con ello, rompiera de hecho toda ligadura del grupo con la compañía, en tanto en cuanto ellos habían cumplido con el contrato entregando una última canción; si Decca quería o no editar, ya era problema suyo.

La letra del tristemente célebre *blues del chupapollas* decía: «Bueno, soy un colegial solitario / y acabo de llegar a la ciudad / estoy esperando en Leicester Square / donde los chicos nunca me miran a los ojos / ¿dónde puedo conseguir que me chupen la polla? / ¿y dónde puedo conseguir que me follen por el culo? / Bueno, le pregunté a un joven policía / si solo me encerrase por la noche estaría bien / me jodió con su porra / y su casco estaba demasiado apretado».

Portada del single pirata *Cocksucker Blues*, 1970.

Se grabó en mayo de 1970 con la Mighty Mobile en Stargroves durante las sesiones de *Sticky Fingers* y por supuesto, Decca se negó a editarla. En un momento en el que se empezaba a generar todo un nuevo fenómeno con la aparición de los *bootlegs*, de los discos piratas con grabaciones de conciertos en directo o con versiones alternativas o inéditas de grabaciones de estudio, aunque el grupo nunca lo reconoció obviamente, estoy convencido de que ellos mismos filtraron al mercado *bootleg* «Cocksucker Blues» que, de hecho, se fabricó y distribuyó clandestinamente como single a lo largo de toda la década de los 70 y 80. Yo personalmente lo compré en una de las ferias del Disco de Catálogo y de Colección organizadas por Mikel Barsa en el hotel Convención de Madrid en la primavera de 1989.

Increíblemente, aunque Decca nunca lanzó este sencillo, la canción apareció como parte del lanzamiento original en Alemania Occidental de la caja *The Rest of the Best*, uno más de los cientos de lanzamientos que Decca y Allen Klein pusieron en circulación para competir con los discos originales del grupo, pero después de 4 semanas, el set se reeditó sin esta canción. Asimismo, a finales de mayo de 1978, cuando el grupo se reunió en la localidad neoyorquina de Woodstock para empezar los ensayos de la gira americana que harían ese verano por Estados Unidos para presentar su nuevo disco de estudio *Some Girls...* ¡montaron una versión eléctrica de «Cocksucker Blues»! y la ensayaron al menos que se sepa, en cinco sesiones, aunque finalmente no la incorporaron al *set-list* de aquella gira. Existe una versión registrada de esa versión eléctrica en el famoso *disco pirata* grabado en los ensayos de aquella gira The Rolling Stones – The U.S 1978 Tour Rehearsals.

Con esta ocurrencia aparentemente siguieron el ejemplo de Phil Spector, quien en 1963 escribió y produjo el sencillo de las Crystals *(Let's Dance) The Screw* como despedida a Lester Sill, su antiguo socio en Philles Records, con quien Spector había tenido un fuerte enfrentamiento, que solo se solucionó cuando Sill vendió a Spector su participación en el sello. Se dice que *The Screw* también estaba destinada a cumplir técnicamente los términos de un contrato, pero Sill siempre lo negó. Esta canción, escrita por Phil Spector, quien también cuenta lo que pasa en la historia en su estribillo («dance the screw»), nunca fue lanzada, ni siquiera tuvo la intención de publicarse. De hecho, sólo se imprimieron unas pocas copias del sencillo.

Casino Boogie

No es de las más conocidas canciones de *Exile On Main Street*, a pesar de atesorar una innegable calidad y tener un rollo *groove* que engancha y hace adicto a ella a cada nueva escucha, es favorita de muchos de sus fans, entre los que me cuento y es de las que otorga ese plus de calidad tan especial e indefinible que posee, para el mundo Stone, *Exile On Main Street*.

Lo más curioso del caso es que musicalmente fue una de las últimas canciones que Mick y Keith compusieron para este disco porque, tras cuatro meses entre la primavera y el verano de 1971 escribiendo temas casi sin parar un día tras otro, llegó un momento en el que ya, en especial a nivel de letras, según Mick Jagger, estaban empezando a repetirse, a no ser capaces de crear historias originales.

En las cercanías de Villefranche Sur-Mer, en la Riviera mediterránea francesa donde Keith se había instalado y donde con la inestimable ayuda de la famosa Mighty Mobile, la unidad móvil de grabación que los Stones habían adquirido en 1970, estaban grabando *Exile...* había muchas salas de juego y casinos, a los que varios miembros del grupo iban con frecuencia, con lo cual de ahí salió el título de la canción y la idea para hacer una letra... pero no mucho más.

> Llegó un momento en el que se nos agotó la inspiración. *Casino Boogie* surgió cuando ya estábamos extenuados, y entonces recordé la vieja estratagema de William Burroughs: recortamos unos cuantos titulares de periódicos y fragmentos de libros al azar y lo mezclamos todo en el suelo a ver que salía. Y funcionó para *Casino Boogie*. Me sorprende que no lo volviéramos a utilizar, la verdad, pero en aquel momento era pura desesperación. (Keith Richards, en su autobiografía *Life*),

30 años después surgió con una fuerza inmensa, recogiendo la huella de las vanguardias artísticas de los años 20 en lo literario —ultraísmo, dadaísmo, etc.—, surgió lo que hoy se conoce como el *flarf*, una rompedora corriente literaria que crea poemas partiendo de los primeros resultados de búsquedas en Internet de los más diferentes temas entre sí, al estilo de lo que fue en las artes plásticas la creación por parte de Picasso y Duchamp del *collage* pictórico a comienzos del

siglo xx o, en la literatura, los poemas de la etapa más experimental del Premio Nobel español Juan Ramón Jiménez. Deliberadamente o no, los Rolling Stones siempre han estado en la vanguardia de los avances culturales.

Tal vez valga como muestra este fragmento de la letra de *Casino Boogie*: «No es bueno, no puedo hablar, no puedo dormir / buceo alrededor del firmamento, salto la cuerda, truco volante / un último ciclo, el monstruo de la emoción tío Sam / pausa para esperar el autobús, espero que lo entiendas / Juez y jurado salen de la mano / películas de Dietrich, cerrar *boogies* / Besando la concha de oro en Cannes / música grotesca, millones de dólares tristes».

All Down The Line

Siendo sincero, es una de mis canciones favoritas de los Rolling Stones de toda su historia y siempre que la tocan en directo —no es una de las fijas en los *set-lists*, cae de vez en cuando— la disfruto inmensamente, al igual que el propio Mick Jagger, que en más de una ocasión la ha señalado como una de sus favoritas. Tanto que, de hecho, estuvo punto de ser el primer single editado a modo de primicia de *Exile On Main Street*, aunque ese privilegio finalmente fuera para «Tumbling Dice».

La historia secreta de «All Down The Line» es la siguiente, según contó el ingeniero de sonido Glyn Johns a la revista *Goldmine* en 2010, cuando se reeditó *Exile...* en el formato especial para coleccionistas: «Estábamos en Los Ángeles haciendo las últimas grabaciones y las mezclas de *Exile on Main Street*, y como hacia el 15 o 16 de enero de 1972 si no recuerdo mal, acabamos la mezcla definitiva de «All Down The Line». Mick se entusiasmó cuando escuchó la mezcla final porque nos había costado muchas horas dejarla tal y como nos gustaba a todos, y exclamó "¡Va a ser el primer single!", pero yo le llevé a otra sala aparte, donde pudiéramos hablar solos y le dije: "Mick, «All Down The Line» no es un buen single. No resiste la comparación con «Jumpin' Jack Flash» o «Street Fighting Man»". "¡Vamos, hombre! ¿En serio piensas eso? ¿Eso crees de verdad?" me dijo entre preocupado y contrariado. Pensé: "¡Dios mío, me está escuchando!" (risas) pero justo en ese momento llegó Ahmet Ertegun al estudio con unas botellas de champagne y unas chicas con... digámoslo así, ganas de diversión. En medio de todo el barullo que se formó, le dije a Mick que si pudiera escuchar esta mezcla final de «All Down The Line» en la radio, me haría una idea mucho más apropiada de si podría o no ser un buen single. La verdad es que se lo dije un poco como una ocurrencia que ni se me pasó por la cabeza que Mick se tomara en serio, pero el caso es que dijo: —¡Ah, bien! ¡Eso no es ningún problema! ¡Stu! —dijo refiriéndose a Ian Stewart— por favor, llama a una limusina que venga a recogerte y lleva una copia de «All Down The Line» a la estación de radio en FM más cercana. Diles que nos gustaría escucharla por radio ¿quieres?—. ¡Y una hora y media más tarde «All Down The Line» estaba sonando en una FM de Los Ángeles».

Desconozco cual fue la afortunada emisora que se encontró un sábado a las nueve de la noche con Ian Stewart en persona llevándoles, en primicia, un tema del nuevo disco de los Rolling Stones que aún tardaría cuatro meses en ponerse a la venta. Lo cierto que es que sobre las diez menos cuarto de la noche en la misma limusina que llevó a Stu a la emisora, Andy, Mick, Keith, Charlie y Stu estaban dando vueltas por el Sunset Strip con la emisora sintonizada y un DJ

Mick Jagger durante una actuación en la gira de presentación de
Exile On Main Street por Estados Unidos, junio-julio de 1972.

asombrado diciendo: «¡Estamos de suerte esta noche! ¡Somos los primeros en presentar a toda nuestra audiencia un adelanto del nuevo LP de los Rolling Stones!». Mick Jagger se volvió hacia Andy Johns y le preguntó: «¿Qué te parece ahora?», a lo que el productor le dijo que preferiría escucharla otra vez. La limusina se detuvo delante de la puerta de la emisora y esta vez el propio cantante se fue hacia el vestíbulo del edificio, solicitó que le pusieran en comunicación con el DJ y le pidió que por favor la pusieran otra vez. ¡Y lo hicieron!

La primera versión de «All Down The Line» se grabó a mediados de junio de 1969 en los Olympic Studios de Londres, durante las sesiones de grabación de *Let It Bleed,* pero se dejó simplemente en formato *rough mixes* hasta julio de 1970, en que se retomó con idea de que formara parte de *Sticky Fingers* y se regrabó, pero nuevamente se dejó en el archivo. En septiembre de 1971 se grabó una vez más con la Mighty Mobile en Nellcote, y se dejó lista la versión que finalmente se mezcló en Los Ángeles de enero de 1972 y que fue la que pudieron escuchar los privilegiados que, aquella noche, sintonizaron la FM de la ciudad californiana, y la que entró definitivamente en *Exile On Main Street.* Kathi McDonald, corista de Leon Russell y colaboradora posteriormente de Nicky Hopkins y Quicksilver Messenger Service fue quien puso los coros femeninos mientras que Bobby Keys y Jim Price grabaron la sección de vientos tan característica de este clásico de los Stones.

It's Only Rock'n'Roll

Según Mick Jagger, «el título de la canción ha sido utilizado frecuentemente por los periodistas y la frase se ha convertido en un gran tópico. En verdad, es una canción muy de Chuck Berry, pero tiene un sentimiento diferente al de una canción de Chuck Berry tal y como la conocemos. Siempre hay que empezar imitando a alguien. En la pintura, cualquier artista famoso siempre comienza siendo un impresionista para convertirse luego en el artista abstracto más famoso. O un actor comienza imitando el estilo de otra persona para más tarde desarrollar el suyo propio. Y creo que eso es lo que pasó con esta banda y todos los músicos que han tocado con nosotros».

It's Only Rock'n'Roll es una canción con una historia realmente singular dentro de la trayectoria del grupo por varias razones.

Primero, fue la canción principal del primer álbum después de que el productor Jimmy Miller dejara de trabajar con la banda desde 1968, lo que llevó a Mick Jagger y a Keith Richards, a partir de entonces conocidos para el mundo de la producción Stone como The Glimmer Twins, a convertirse en productores de los discos del grupo hasta bien entrados los años 80. Por otro lado, casi un año antes de que Mick Taylor dejase la banda, fue la primera ocasión en la que, aunque obviamente no figurase en créditos, Ron Wood contribuyó a la composición de una canción de los Stones. Y finalmente, porque aunque parezca increíble —esa es la función de este libro, contar lo que nunca se dijo antes—, aunque el tema se convirtió con los años en un clásico del grupo indiscutible, Mick Jagger la compuso en su versión más primigenia... ¡para cedérsela a David Bowie!

> Keith y Anita vinieron de visita a The Wick, mi casa de Richmond a primeros de diciembre del 73 y se quedaron allí conmigo hasta después de año nuevo. Fue un diciembre muy frío y llovía todos los días, así que no nos apetecía salir mucho, con lo que en el *flat* del segundo piso montamos unos amplificadores, una mesa de mezclas... y empezamos a hacer música. Un día Keith llamó a Mick y le dijo: «Oye, ¿estás en Londres? estoy en casa de Ronnie, lo estamos pasando de puta madre, ¡vente y tocamos algo!» a lo que Mick le respondió que sí, porque además quería enseñarle algo que en principio había pensado para David Bowie. Al día siguiente vino y pusimos en un casete una cinta que Mick trajo con una versión muy primigenia de *It's Only Rock'n'Roll*. Nada más terminar, Keith se empezó a reírse a carcajadas y le espetó a Mick: «¡Serás cabrón! ¡Esto es una jodida maravilla...! ¿se la querías dar a Bowie? ¿de verdad? Vamos, no me jodas, esta mierda es nuestra». (Ronnie Wood).

La primera versión de *It's Only Rock'n'Roll* se grabó de tal suerte en la casa de Ronnie Wood a mediados de diciembre de 1973, con Mick Jagger a la voz, —Mick fue quien llamó al ingeniero de sonido de los Olympic Studios, George Chkiantz para que fuera a The Wick a grabar la canción—, Keith y Ronnie en las guitarras y dado que Bill y Charlie no estaban disponibles esos días, Willie Weeks, el bajista de la banda en solitario de George Harrison, que estaba trabajando con Ronnie varios temas para un disco en solitario que quería sacar junto a su compañero en los Faces, el batería Kenny Jones, pusieron su talento a la primera versión de este clásico que llegará a ser de los más duraderos y favoritos de todos y todas sus fans.

Acerca de su letra, Mick nunca ocultó que fue para él una importante influencia a la hora de hacer «It's Only Rock'n'Roll» el álbum de David Bowie *The Rise and Fall of Ziggy Stardust and the Spiders from Mars*, uno de sus discos favoritos, en especial canciones como «Ziggy Stardust» y «Rock'n'Roll Suicide». La idea sugerida en ese disco de la estrella de rock antítesis de sí misma, que de hecho proviene de otro mundo, al lado del hartazgo que le producían los comentarios desdeñosos de la prensa musical inglesa, que criticaban con muy mala baba al grupo diciendo que «solo hacían rock'n'roll» cada vez que sacaban un nuevo disco, está en la génesis de esta original canción.

En algunas biografías y libros sobre la historia de los Rolling Stones, se dice que David Bowie estuvo presente en la grabación de este tema en The Wick y que hizo coros. No es cierto, Mick Jagger lo ha dicho en alguna ocasión, pero tanto Keith como Ronnie y George Chkiantz lo ha desmentido.

«Si pudiera clavarme mi pluma en el corazón / y derramarlo por todo el escenario / ¿te satisfacería? / ¿pensarías que ese chico es extraño / si pudiera ganarte / Si pudiera cantarte una canción de amor tan divina / ¿sería suficiente para tu corazón infiel? / ¿y si me quebrara y llorase? / Si pudiera clavarme un cuchillo en el corazón / suicidarme en mitad del escenario / ¿sería eso suficiente para tu adolescente lujuria? / ¿Ayudaría a aliviar tu dolor? / lo dije, es solo rock'n'roll / pero me gusta / me gusta, ¡es tan bueno!». Significativa letra...

Sobre la base de esta primera grabación, entre el 10 y el 15 de abril de 1974 se dejó terminada con la unidad móvil de grabación del grupo en Stargroves, la casa de Mick Jagger en Newbury, Inglaterra, la versión de definitiva de *It's Only Rock'n'Roll* que se incluyó en el álbum, con la adición de guitarras por parte de Mick Taylor, nuevas tomas de voz de Mick Jagger y coros que, esta vez, sí contaron con la participación de David Bowie y pistas de piano y teclados de Ian Stewart, aunque las pistas de bajo y batería de Willie Weeks y Kenny Jones se dejaron tal cual se grabaron en diciembre de 1973. Charlie Watts estaba allí y se le ofreció quitar las pistas de batería originales para que él grabase sus partes, pero según George Chkiantz, cuando Charlie escuchó la grabación, dijo que le parecía perfecto como habían quedado y que no consideraba necesario regrabarlas, contrariamente a como se ha publicado en algunas versiones de la historia de esta canción.

Memory Motel

En otros capítulos de este libro me he referido a los escenarios de la memoria como una parte importante de la historia de los Rolling Stones, aunque pocas veces las canciones del grupo han hecho referencia directa o explícita a lugares donde vivieran momentos concretos de su trayectoria que guardasen especial relevancia. *Memory Hotel* es una de esas excepciones.

Cuando la banda empezó a preparar los ensayos en la primavera de su gira del verano de 1975 por Estados Unidos, la gira que presentaría a Ronnie Wood como su nuevo guitarrista en lugar de Mick Taylor, en una primera fase alquilaron un chalet en Montauk, Long Island, propiedad de Andy Warhol, donde instalaron su equipo y donde estuvieron semanas ensayando antes de irse a hacer los ensayos generales definitivos al famoso hangar del aeropuerto de Newark, montando las canciones y la puesta en escena del legendario Tour Of The America's 1975.

Como muy bien explica Javier Bardo en su excelente libro *101 lugares míticos del rock*, los Stones se instalaron allí, pero cuando querían tomarse un descanso del trabajo en los ensayos y tomar unas copas, iban de vez en cuando al Memory Motel & Bar del 692 de la Montauk Highway, un local en el que se podía cenar, con una amplia y surtida barra, habitaciones para pasar la noche, y un escenario para conciertos en directo, que acogía numerosas actuaciones y que a día de hoy, sigue abierto tal y como lo conocieron los Stones en 1975. En sus inmediaciones, se encuentra una famosa marisquería oriental, la Shagwong, donde se dice que Mick Jagger almorzaba a menudo con su mujer Bianca y cerca de allí el famoso faro de Montauk, desde el que pueden disfrutarse unas maravillosas vistas del océano Atlántico.

Una canción verdaderamente hermosa, una balada cantada entre Mick y Keith, en la que se habla de una aventura amorosa con una chica, que en la canción se llama Hannah, cuya descripción física podría estar entre Carly Simon —de quien se decía que tuvo una fugaz relación con Mick Jagger— o la célebre y legendaria fotógrafa

Annie Leibovitz, habitual acompañante de los Stones en sus giras de los años 70 y que siempre respondió con evasivas a las preguntas de muchos periodistas acerca de si había tenido o no alguna aventura con Jagger u otro miembro del grupo.

Whole Wild World

En este nuevo disco de los Stones, hecho tras la muerte de Charlie Watts, en el que en cierta manera han hecho un disco coral, con la colaboración de Elton John, Paul McCartney, Bill Wyman o Lady Gaga, que quizá podría interpretarse como un disco que, caso de ser el último que editasen, sería una especie de resumen de toda su trayectoria. en tanto en cuanto engloba todo lo que ha sido su bagaje musical: blues, pop, hard rock, country-rock... pero. en la letra de esta canción en particular, no pueden mostrar un relato más autobiográfico sobre los episodios que más marcaron su trayectoria.

En esta canción hay paralelismos claros con *Street Fighting Man*, —«las calles por las que solía caminar / están llenas de vidrios rotos»—, con sus días en Edith Grove y la incertidumbre de sus inicios —«hay recuerdos de mi pasado / el piso sucio en Fulham / el olor a sexo y gas / nunca supe realmente dónde iba a dormir a continuación»—, su paso por la cárcel en 1967 —«detrás de las rejas de la prisión, nunca saldrás / quieren romperte las pelotas en esas paredes viscosas / y los guardias son unos patanes / las cámaras que te están mirando / miran una cara hosca / sácame por la puerta, no puedes retenerme más / estoy derribando las puertas»—, la historia del chapero de *Cocksucker Blues* y el descontento y el inconformismo de la juventud de su generación en los años 60 —«bueno, las tristes calles de Londres nunca prometieron mucho / más allá de un trabajo sin futuro que lleva a ninguna parte / y todos tus sueños son aplastados»—, y, en el fondo y a pesar de todo, un mensaje de optimismo y de pura filosofía Rolling Stone. «Cuando todos tus amigos te han decepcionado / te han tratado con desdén / y crees que se acabó la fiesta / esto apenas ha comenzado / levantemos una copa, levantémonos y bailemos / porque la vida es sólo un golpe».

* * *

Pudieron haber sido stones...
(y algunos casi lo son o lo fueron)

Cuando empecé a trabajar con los Rolling Stones, entré en cierta manera de la mano de Mick Jagger, con quien había trabajado en sus producciones en solitario. No podía entender por qué, pero desde que hice el primer ensayo con ellos, Keith Richards mostró hacia mí una antipatía, un menosprecio y una arrogancia, incluso una agresividad que me parecía incomprensible. Mick hacía como si no lo notara y no hacía ningún comentario.

Después de varios comentarios desagradables y reacciones fuera de tono, un día me fui hacia él y le dije: «Oye Keith, quiero hablar contigo. Yo estoy aquí para colaborar con la banda, para hacer mi trabajo y sé que estoy haciendo bien mi trabajo», a lo que me respondió moviendo la cabeza de arriba abajo y con un gesto altivo: «Lo sé». Proseguí: «Entonces ¿se puede saber que tienes en contra mía? ¿he hecho algo que te haya molestado o algo que te haya ofendido? Creo que no. Entonces ¿vas a estar siempre de uñas contra mí?» y Keith se empezó a reír y me dijo: «No, chaval, tranquilo. Tenía que ponerte a prueba. Si vas a pasar mucho tiempo con nosotros, tienes que estar preparado y saber qué tienes que hacer cuando se viene un terremoto. No siempre es fácil estar en esta banda ¿sabes? Y tú, en efecto, eres un tío que sabe hacer bien su trabajo, si no, no estarías aquí. Y parece que tienes la cabeza en su sitio, así que... ¡Examen aprobado!», chocamos las manos, nos reímos juntos, y terminó diciéndome: «Además, tengo que felicitarte. No todo el mundo tiene huevos como para hablarme a la cara de la manera en la que tú lo has hecho». Desde entonces, Keith es una de las personas a las que más quiero y con las que mejor me lo paso. Y el sentimiento es mutuo.

Bernard Fowler, 2007.

Nadie se va de los Rolling Stones a no ser que lo haga dentro de un ataúd.

Keith Richards, 1992.

Mick Jagger, Keith Richards, Brian Jones, Bill Wyman y Charlie Watts constituyeron la formación que grabó el primer disco de la banda, *The Rolling Stones,* su primer single «Come On» y, hasta la muerte de Brian en 1969, el *line up* clásico de los Stones de la década de los 60. Tras los años de Mick Taylor como sustituto de Brian en el grupo, con la entrada de Ronnie Wood, quien a su vez reemplazó a Taylor en 1975, esa formación se mantuvo inalterable hasta 1991, cuando Bill Wyman anunció su intención de no continuar en la banda y hasta 2021, cuando Charlie Watts falleció.

Es decir, a lo largo de 60 años y en comparación con otras muchas otras bandas grandes dentro de la historia del rock, los Rolling Stones han sido un grupo con una gran estabilidad interna, aunque por diversas circunstancias, no han sido pocos los músicos que, en algún momento de su carrera, pudieron haber entrado a formar parte del grupo, sobre todo en sus comienzos.

En muy pocos libros dentro de la bibliografía *stoniana* se ha hablado de esos músicos que estuvieron en su órbita: quiénes eran, qué fue de ellos y cómo y por qué no llegaron a ser Stones. Ahora tal vez sea el mejor momento para seguirles la pista.

DICK TAYLOR

Técnicamente hablando, Dick Taylor no solamente fue miembro de los Rolling Stones, sino que se le puede considerar uno de sus fundadores. Nacido en 1943 en Dartford, al igual que Mick y Keith, fue compañero de colegio de ambos y en 1962, estudiaba con Keith en el Sidcup Art College y formaba parte de Little Boy Blue and the Blue Boys, el precedente inmediatamente anterior a los Stones. Ese mismo año, cuando Mick y Keith decidieron formar un grupo con Brian Jones y Ian Stewart, Dick dejó el puesto de guitarrista a Brian para pasar a ser bajista. Tony Chapman a la batería completó esa primigenia formación, aunque su duración fue muy corta, ya que muy pronto Dick decidió dejar el grupo en octubre de 1962 y formar más tarde The Pretty Things, un grupo que logró una popularidad relativa en los años 60 y 70 y que aún existe en la actualidad.

¿Por qué? La respuesta nos la ofrece el mismo Dick Taylor en una entrevista concedida con motivo de la visita a Catalunya del grupo que formó tras abandonar a los Stones, The Pretty Things, en 2017. «En realidad, lo que yo quería era tocar la guitarra, yo me sentía un guitarrista, no un bajista, y en los Stones no podía hacerlo. Además, yo no quería dejar por completo mis estudios, y me encontré a mí mismo dividido entre mis estudios en la escuela de arte y la banda. Me di cuenta de que tocar la guitarra estaba en mi sangre y eso fue lo que originó The Pretty Things. Todavía estamos aquí, así que algo debemos haber hecho bien ¿no es cierto?».

Preguntado sobre si alguna vez se arrepintió de dejar el grupo, pensando en lo que llegó a ser poco tiempo después, afirmaba: «No es algo en lo que piense demasiado, únicamente lo hago cuando alguien me pregunta por ello. Mirándolo fríamente, esa pregunta tiene que ver con quiénes éramos cuando decidimos separarnos. Y honestamente, no envidio el lugar que ocupan ellos, vivir con toda esa fama tiene que ser muy opresivo. Y sé que no toda su vida ha sido un camino de rosas».

Su sustituto en el grupo, obvio es decirlo, fue Bill Wyman, aunque entre la marcha de Dick en octubre de 1962 y la entrada de Bill en diciembre, eventualmente el grupo hizo algunas actuaciones con Ricky Fenson o Colin Golding a las cuatro cuerdas, incluso en algunos shows sin bajista.

En cuanto a The Pretty Things, fue una banda más cruda y rockera aún que los propios Stones en sus comienzos, hasta el punto de que Joey Ramone les definiera como la banda inventora del rock *garajero*. A pesar de no estar nunca en la primera fila del rock, David Bowie hizo dos versiones de ellos en su álbum *Pin Ups*, David Gilmour y Van Morrison han sido invitados especiales en sus conciertos y el que es considerado su mejor disco, *S.F. Sorrow*, editado en diciembre de 1968 puede ser definido como la primera ópera-rock de la historia, adelantándose al *Tommy* de los Who.

TONY CHAPMAN

Otro de los compañeros de Keith Richards en el Sidcup Art College, el primer batería de los Rolling Stones, del que se dice fue el batería que tocó en la primera actuación oficial del grupo el 12 de julio de 1962 en el Marquee Club de Londres; aunque el propio Chapman luego puso en duda que hubiera aparecido en el Marquee, lo cual en principio concordaría con quienes defienden que el batería en esa primera actuación fue Mick Avory.

Chapman fue el músico a través del cual Bill Wyman entró en los Stones, ya que le conocía de haber estado en su grupo anterior, The Cliftons, aunque coincidieron poco tiempo juntos en el grupo. Tony Chapman, aun siendo un muy buen batería, musicalmente no acabó de encajar en el estilo que los Rolling Stones querían hacer. En palabras de Keith Richards, «Tony Chapman era un desastre. Uno de los peores… comenzaba un número y terminaba 4 veces más rápido de lo que empezó o 3 veces más lento», además, su trabajo como viajante de comercio le impedía ensayar con ellos a menudo y dedicarse a ello como a ambas partes les hubiera gustado, con lo cual dejó los Rolling Stones a comienzos de diciembre de 1962. Tras algunos ensayos y actuaciones con otro batería que solía cubrir a Chapman cuando no podía tocar o ensayar con ellos, Steve Harris —nada que ver con el bajista y fundador del gran grupo de *heavy metal* Iron Maiden— a mediados de diciembre de ese mismo año, entró como batería definitivo en el grupo Charlie Watts, que venía de la Alexis Korner's Blues Incorporated.

Tony Chapman entró poco tiempo después como batería en una banda llamada Alphabeats, antes de unirse a otro grupo llamado de The Preachers, que llegó a editar un single en 1964, *Hole In The Soul*, en donde estaba un apenas adolescente Peter Frampton como guitarrista. The Preachers se disolvieron por un tiempo, después de un accidente fatal de carretera el 4 de junio de 1964 y algo más tarde formó con Frampton The Herd, un grupo de pop-rock más orientado al público que prefería algo más accesible que lo que hacían los Stones o los Who y el que coincidió con Andy Bown, posteriormente uno de los colaboradores más estrechos de Status Quo.

En los años 70 dejó la música, emprendió varios negocios y se sabe que desde el año 2011 reside en Portugal, organizando torneos de golf.

MICK AVORY

El batería Mick Avory ensayó con la banda varias veces y no son pocas las fuentes que aseguran que él fue quien se sentó tras los tambores y los platos en el mítico primer concierto del 12 de julio de 1962, aunque increíblemente, es también de los que asegura no recordarlo. «Al principio, hablé con Mick Jagger, que fue bastante cordial y amigable, aunque la persona con la que más hablé fue Ian Stewart, pianista de la banda en ese momento, quien me dijo que la música R&B que estaban tocando iba a ser grande y que de hecho fue quien me introdujo en el entorno del grupo», recordaba Avory en una entrevista de 2017. Pero, sin embargo, poco después aceptó una oferta de Ray Davies para unirse a los Kinks, con los que permaneció en la batería hasta 1984.

CARLO LITTLE

En ese periodo entre el verano de 1962 y enero de 1963, cuando Charlie Watts entró ya como batería fijo en los Stones, si surgía alguna actuación o querían grabar alguna maqueta, básicamente llamaban para tocar la batería con ellos a quien estuviera disponible, si Tony Chapman no podía tocar con ellos, bien fuera el propio Charlie Watts —sí, ensayó alguna vez con ellos antes de entrar como miembro oficial del grupo—, Mick Avory o quien nos ocupa, un formidable batería que probablemente es quien más destacó en la música con posterioridad y que, de no haber estado Charlie, hubiera sido la mejor opción como batería para los Stones: Carlo Little.

Carl O' Neil Little, conocido para el mundo del rock como Carlo Little, empezó en la música como miembro de una de las formaciones que eran habituales de esos primeros tiempos del rhythm'n'blues británico y que llegaría a ser un referente para guitarristas como Jeff Beck, Jimmy Page de Led Zeppelin o Ritchie Blackmore de Deep Purple, Screamin'Lord Sutch & The Savages, banda pionera de lo que después se conocería como *shock rock* que, según propia confesión, influiría en la idea del concierto de rock concebido como espectáculo teatral terrorífico que popularizó entre otros Alice Cooper, así como en la génesis de *The Rocky Horror Picture Show*.

La primera gira por Inglaterra de Screamin'Lord Sutch & The Savages en 1962, en la que estaba también otro frecuente colaborador de los Rolling Stones, el pianista Nicky Hopkins, con sus muertos vivientes, ataúdes y números propios de las películas de terror de la Universal, es algo que todavía se recuerda en los anales de los primeros tiempos del rock'n'roll en los años 60. No obstante, la mayor parte de los miembros de The Savages, incluido Little, se fueron en 1962 para unirse a Cyril Davies All Stars y grabaron un sencillo *Country Line Special* que impresionó vivamente a Keith Richards. De hecho, Keith fue quien propuso que Carlo Little se uniera al menos en algunas actuaciones a los Stones, lo que hizo en ese periodo en el que el puesto de batería nunca estuvo fijo.

Incluso Brian Jones le propuso que se uniera oficialmente a la banda después del gran concierto que Carlo Little hizo como batería con los Stones el 26 de diciembre de 1962 en el Picadilly Jazz Club de Londres, pero por razones que se desconocen —hay quien afirma que Carlo pedía una especie de sueldo fijo por estar en el grupo que el grupo no podía o no quería pagarle— rehusó la oferta. A partir de ahí es cuando Charlie entró en el foco de la luz para ser el batería de los Rolling Stones.

Carlo Little tocó en diferentes grupos del *underground* británico a lo largo de los años 60 y 70 y grabó como batería de sesión infinidad de discos para los más variados artistas, desde Billie Davis a Neil Christian hasta que, en el año 2000, creó su All Stars Band, en la que participaron el propio Ronnie Wood de los Rolling Stones, Jeff Beck, Long John Baldry, Ricky Fenson —sí, otro de los bajistas eventuales de los Stones en 1962— y Matthew Fischer de Procol Harum entre otras celebridades del rock clásico británico. En 1998, durante la gira europea de los Stones, fue invitado oficialmente al *backstage* de uno de los conciertos en París del Bridges To Babylon Tour. Falleció a consecuencia de un cáncer de pulmón, el 6 de agosto de 2005.

GEOFF BRADFORD

Probablemente haya sido el músico que menos tiempo haya pasado en los Stones y el único que formó parte de una formación de la banda, la única en su historia, en la que tuvieron tres guitarristas: Keith, Brian y Geoff, entre abril y mayo de 1962. Se unió al grupo de la mano de Brian Jones, con quien tocaba cuando se presentaba en solitario como Elmo Lewis y cuando Brian decidió aceptar la propuesta de Mick y Keith para formar lo que luego serían los Rolling Stones, Geoff entró en el proyecto, pero apenas estuvo algo más de tres semanas con ellos.

¿Porqué Geoff Bradford dejó a los Stones? Dos razones básicas están detrás de ello. La primera porque en lo personal, nunca tuvo ni complicidad ni empatía con Keith Richards; más bien todo lo contrario, e incluso hay quien afirma que se marchó del grupo tras una acalorada discusión en la que los demás miembros de los Stones tuvieron que sujetarles para que no llegasen a las manos. Por otro lado, Geoff Bradford, purista absoluto del blues y fan declarado de Big Bill Broonzy y Bo Diddley, venía de tocar con Blues By Six, banda en la que también estuvo Charlie Watts y que hacían blues de la vieja escuela, muy influenciados por el Chicago blues. Cuando notó que el grupo también quería hacer rock'n'roll, decidió desvincularse del proyecto.

Tras dejar los Stones, se unió al siguiente proyecto de Cyril Davies, los R&B All-Stars, a quienes es inevitable reconocer como los pioneros de la primera hora del *british blues* junto a The Yardbirds, Manfred Mann y los propios Rolling Stones. Sin embargo, tras la temprana muerte de Cyril Davies, los R&B All-Stars se convirtieron en Hoochie Coochie Men, encabezados por Long John Baldry. El *british blues* evolucionó hasta convertirse en la base del nuevo hard rock que se desarrollaría plenamente en los 70, pero la música de los Hoochie Coochie Men no logró evolucionar con los tiempos. Como resultado, Bradford desapareció de la escena musical en general, aunque esporádicamente grabó algunos discos y colaboró con otros artistas y apareció en el video documental *Masters of British Guitar* y en la película *Living with the Blues*.

Jimmy Page, Jeff Beck y Eric Clapton entre otros, le consideraron uno de los mejores guitarristas de blues de la historia en Inglaterra, en especial porque en su personalísimo estilo de blues aglutinó la influencia del ragtime, el soul y el jazz e incorporó la música de la Tamla Motown y Django Reinhardt a su forma de tocar.

ADIÓS A BRIAN... BIENVENIDO, MICK TAYLOR

Consolidados los Rolling Stones a finales de 1962 con Mick, Keith, Brian, Bill y Charlie, esta formación se mantuvo estable hasta el 9 de junio de 1969, fecha en la que se anunció oficialmente la salida de Brian Jones del grupo y ante ello, la necesidad de incorporar un

Mick Taylor, el sustituto de Brian Jones en los Rolling Stones en 1969.

Mariano Muniesa, autor de este libro, con Mick Taylor en Madrid, junio de 1992.

nuevo guitarrista a la formación. En aquel mismo momento, se dice, y Bill Wyman lo deja intuir en alguno de los libros que ha escrito sobre sus años en los Stones, que descontento por su situación en el grupo, sin poder firmar como autor en las canciones o incluso viendo como alguna de sus ideas —según él, el *riff* de *Jumpin' Jack Flash*, por ejemplo— se las apropiaban Mick y Keith y exigiendo más dinero por estar en el grupo, habida cuenta de que desde la primavera de 1967 el grupo solo había hecho dos actuaciones en directo, planteó claramente al resto del grupo marcharse y no continuar con ellos. Finalmente decidió quedarse en los Stones, aunque con toda sinceridad, siempre diera más la impresión de ser un músico a sueldo que un verdadero Stone.

Nunca se ha hablado de ello en la mayoría de las biografías que se han publicado sobre los Rolling Stones, pero hay que decir que la primera opción para ocupar el lugar de Brian Jones en la banda no fue Mick Taylor. Dos historias a cuál más sorprendente.

ERIC CLAPTON

Mick Jagger, que siempre tuvo una muy buena relación con el guitarra de Cream, fue quien propuso al resto de la banda que se uniera a ellos, aunque con alguna reticencia de Keith Richards. Clapton era amigo del grupo, había hecho más de una *jam-session* con ellos —participa en varias *outtakes* de la grabación de *Begars Banquet*—, fue habitual como espectador de los primeros conciertos del grupo en el Ealing Club y el Crawdaddy y solía visitarles cuando estaban en los Olympic Studios grabando *Let It Bleed*. Había participado en el *The Rolling Stones Rock'n'Roll Circus* en diciembre de 1968 como guitarrista junto a John Lennon, Keith Richards y Mitch Mitchell del efímero súper grupo The Dirty Mac y a comienzos de 1969, Cream ya se habían disuelto.

Se cuenta que Mick se lo propuso abiertamente toda vez que ya habían tomado la decisión de sacar del grupo a Brian, pero llegó tarde... y en cualquier caso, la unión probablemente no hubiera sido armoniosa. Obviamente, Eric Clapton habría exigido componer canciones y aparecer como autor, lo cual llevaba a una negociación a tres bandas de muy complicada solución, al margen de que Eric

Clapton ya había sido líder de un proyecto musical que había logrado un éxito sensacional como Cream y no parece probable que hubiera aceptado conformarse con ser un mero músico de acompañamiento. Algunos biógrafos de Clapton aseguran que, si bien se negó a entrar de manera permanente en los Stones, sí se ofreció a colaborar con ellos de manera puntual, como guitarrista invitado en alguna gira, como pudo haber sido la gira americana del año 1969, al estilo de lo que había hecho con John Lennon o haría después con Delaney & Bonnie And Friends, pero los Stones necesitaban un miembro permanente, no un colaborador estrella eventual. Además, cuando se supone que Mick Jagger habló con Eric Clapton para hacerle esta propuesta a finales de marzo de 1969, el guitarra ya había acordado con Steve Winwood formar un nuevo súper grupo al estilo Cream, en el que recuperaba a Ginger Baker en la batería y a Rick Grech de Family para el bajo: Blind Faith, quienes tenían ya firmado un contrato discográfico, una gira por Estados Unidos para el verano de 1969 y la presentación del grupo el 7 de junio en un gran concierto gratuito al aire libre en Hyde Park.

Precisamente de este concierto tomaron los Stones la idea de hablar con los mismos promotores, Blackhill Enterprises, para hacer un concierto igual, cara a presentar a su nuevo guitarrista, que aún no se sabía quién sería en ese momento. Porque aún entraría en juego la segunda posibilidad.

Eric Clapton continuó manteniendo una estrecha amistad con los Stones, en especial con Mick Jagger, con quien no era extraño verle a menudo tomando unas copas en discotecas de Londres o Nueva York y en más de una ocasión se subió al escenario con ellos, como por ejemplo en la histórica actuación de Atlantic City de 1989 de la que hablamos en otro apartado de este libro o el 22 de junio de 1975 en la primera de las seis actuaciones, con lleno absoluto y entradas agotadas, que los Stones hicieron en el Madison Square Garden de Nueva York, tocando con ellos por primera vez desde 1969 *Sympathy For The Devil*.

En estudio, grabó una de las más primigenias versiones de «Brown Sugar» el 18 de diciembre de 1970 durante el cumpleaños de Keith Richards, ampliamente difundida en la discografía *bootleg* de los Stones, hizo una serie de grabaciones en junio del 75 con ellos de las cuales surgió un tema titulado «Carnival To Río», que los Stones nunca editaron —aunque se incluyó en algunos discos bootleg—, pero que Clapton regrabó con su banda para el álbum *No Reason To Cry*, editado en septiembre de 1976. Finalmente, y al coincidir con el grupo en diciembre de 2015 en los British Grove Studios de Londres, en la grabación de *Blue And Lonesome* mientras él estaba grabando su álbum *Still I Do*, resultó inevitable que se pasara a escuchar lo que los Stones estaban haciendo y grabase partes de guitarra en algunos temas como «Everybody Knows About My Good Thing» de Miles Grayson y Lermon Horton y «I Can't Quit You Baby» de Willie Dixon.

Eric Clapton y Mick Jagger comparten además una intensa pasión al margen del blues y del rock: el cricket. Clapton posee su propio club, el Bumbury Criket Club, un club de caridad no profesional, en cuya plantilla Bill Wyman ha llegado a jugar algunos partidos.

RONNIE WOOD

No, no crean, no me he equivocado ni tampoco los maquetadores de este libro han traspapelado las pruebas de imprenta o los PDFs. Muy pocas veces, de hecho creo que nunca, se ha dicho, al menos en medios periodísticos españoles, pero Ronnie Wood fue ya en 1969 tras Eric Clapton la opción principal para ser el nuevo guitarrista de los Rolling Stones, después de la marcha de Brian Jones. Y no lo fue porque Ronnie Wood nunca creyó que los Stones estuvieran realmente interesados en él.

Este fue el relato de lo que realmente ocurrió, explicado por el propio Ronnie Wood a su biógrafo Terry Rawlings.

Aunque se unió al The Jeff Beck Group en 1967 como bajista, Ronnie Wood se había hecho un nombre como guitarrista en The Birds, un grupo de rock y rhythm'n'blues que alcanzó cierta notoriedad a mediados de los 60, merced al éxito que lograron sencillos como *Leaving Here* —¡tema de Holland-Dozier-Holland que fue versionado por Motörhead!— *That's All I Need For You* o *How Can It Be*, con lo cual ya en ese momento atrajo la atención de los Stones, en especial de Mick Jagger. A comienzos de abril de 1969 editó con The Jeff Beck Group el segundo álbum de la formación, *Beck-Ola*, y muy poco después la banda salió de gira por Estados Unidos para presentar el disco.

La casualidad, el destino o como se le quiera llamar, hizo que justo a mediados o finales de junio de 1969, The Jeff Beck Group volvieran a Londres para pasar unos días de descanso antes de reemprender el segundo tramo de esa gira americana. Ronnie aprovechó para pasar unos días en casa de sus padres y Mick Jagger le llamó por teléfono para sondearle sobre si le gustaría la idea de hacer una audición para ser el nuevo guitarrista del grupo, pero... ¡Ronnie Wood no le creyó! Según contaba Ronnie, su madre respondió a la llamada, le dijo que estaba Mick Jagger al teléfono, pero pensó que era una broma de mal gusto y le dijo a su madre que le dijera, en su opinión al «supuesto Mick Jagger» que estaba muy ocupado y que llamase en otro momento. Según Terry Rawlings, Jagger respondió: «Bueno, espero que le veré por ahí algún día».

Ronnie Wood durante la actuación de los Stones en El Ejido en junio de 2007. (Foto Mariano Muniesa)

Lo peor del asunto es que unas semanas más tarde, Ronnie acudió como fan de los Rolling Stones que siempre fue, al concierto del grupo en Hyde Park de homenaje a Brian Jones el 5 de julio de 1969 y casualmente, mientras caminaba por el parque buscando la mejor ubicación para ver el show, vio a Mick Jagger y a Charlie Watts bajándose del coche que les llevaba del hotel donde habían establecido su centro de operaciones al *backstage* de Hyde Park. Les gritó desde lejos: «¡Hey chicos! ¡Buena suerte, que hagáis un gran show!», sin imaginar en absoluto que él podía hacer estado en ese coche con Mick y Charlie como nuevo guitarrista de los Stones; recibió como respuesta una sonrisa irónica de Jagger que, obviamente, Woody entendió años más tarde, cuando supo años después que la llamada del cantante a casa de sus padres no fue ninguna broma pesada.

Ronnie siempre dijo que encima, el segundo tramo de esa gira americana del The Jeff Beck Group fue un desastre que de hecho, acabó con esa formación saltando en pedazos antes de terminar la gira, hasta el punto de que aunque estaban anunciados en los carteles, no llegaron a tocar en el festival de Woodstock, dado que dos días antes Jeff Beck decidió disolver la banda y regresar a Londres para empezar un nuevo proyecto ante los constantes desencuentros y discusiones con Rod Stewart y el propio Ronnie Wood. Según el guitarrista, el mánager tardó tres meses en pagarles lo que Jeff Beck les debía por las actuaciones no pagadas de esas giras americanas.

Woody sin embargo, tuvo una segunda oportunidad y no la desaprovechó. Le llegó en 1975, tras la marcha de Mick Taylor. Un poco más tarde hablamos sobre ello.

ADIÓS, MICK… BIENVENIDO, RONNIE

Problemas con las drogas, sobre todo con la heroína, una no oculta insatisfacción con su rol en el grupo al no poder firmar canciones en las que consideraba que tenía derecho a figurar como coautor y un proyecto de formar un súper grupo con Jack Bruce, que sin embargo nunca llegó a cuajar, motivaron que el 12 de diciembre de 1974 la oficina de prensa de los Rolling Stones emitiera un comunicado de prensa en el que se anunciaba que Mick Taylor había dejado de ser miembro del grupo.

«Supongo que sentí que ya tenía suficiente. Decidí irme y empezar un grupo con Jack Bruce. Realmente nunca sentí, y no sé por qué, pero nunca sentí que iba a quedarme con los Stones para siempre, ni siquiera desde el principio», afirmó a la revista americana *Hit Parader* el guitarrista en 1979. Taylor comunicó a Mick Jagger su decisión de abandonar el grupo el 4 de diciembre de 1974 en Londres en el *after party* que se celebró tras el concierto de Eric Clapton el Hammersmith Odeón, al cual acudieron juntos. Pero por suerte para ellos, en esa misma fiesta estaba también Ronnie Wood...

En ese momento de anunciar la noticia, los Stones habían empezado las primeras sesiones de grabación en los Musicland Studios de

El autor de este libro, Mariano Muniesa, con Ronnie Wood
en su club de Londres, diciembre de 2001.

Munich de lo que sería después su álbum *Black And Blue* y ya estaba Ronnie Wood grabando con ellos, aunque ni mucho menos aún como miembro del grupo. Cuando Mick Taylor afirmó que se desvinculaba por completo del grupo y que ya no acudiría a las sesiones de grabación que empezaban el 7 de diciembre, Jagger le dio la primicia a Woody: «Oye Ronnie, Mick Taylor acaba de decirme que se va del grupo y yo tengo que empezar en tres días la grabación de un nuevo disco. ¿Podrías venirte a Múnich y ayudarnos? Cancelar estas sesiones de grabación sería para mí un verdadero problema». «Bueno, los Faces no estábamos haciendo nada en ese momento y me apeteció la idea. ¡Iba a aparecer en un disco de los Rolling Stones! Así que me fui a Alemania, pero sin imaginar que al cabo de unos meses entraría como nuevo guitarrista en el grupo. Yo todavía estaba en Faces, no tenía intención de dejar el grupo y así se lo dije a Mick, que lo entendió perfectamente, a pesar de que Rod Stewart ya me había dicho que estaba empezando a darle vueltas a la idea de abandonar el grupo para centrarse en su carrera en solitario», contaba Ronnie Wood a *Rolling Stone* en 1981.

Empezó a partir de los primeros días de 1975 la búsqueda de un nuevo guitarrista. La prensa musical hizo pronósticos de todo tipo, lanzó toda clase de rumores y enumeró una lista interminable de candidatos; solo algunos tuvieron alguna opción real de entrar en la banda y no fueron muchos los que llegaron a hacer una audición con ellos en Rotterdam, donde el grupo estableció su nuevo cuartel general para los ensayos, tanto de los temas de *Black And Blue* como para las pruebas a los posibles sustitutos de Mick Taylor.

Aquí tenemos la relación de los guitarristas que pudieron haber sido unos Rolling Stones junto a alguna que otra anécdota curiosa…

JIMMY PAGE

Ni los Stones pensaron nunca en Page como posible sustituto de Taylor ni al propio Page se le pasó por la cabeza en modo alguno dejar Led Zeppelin, pero un encuentro casual entre ambas partes desató tal catarata de lo que hoy conocemos como *fake news* que hubo gente que llegó a creer que la unión de Jimmy Page al grupo pudiera haber sido posible.

Led Zeppelin comenzaban el 18 de enero de 1975 una larga gira por Estados Unidos para presentar su doble álbum *Physical Graffitti*. Como era costumbre en el grupo antes de una gira americana, hacían dos conciertos tipo *warm up*, es decir, shows tipo ensayo general con público en locales pequeños. El 7 de enero de 1975 Jimmy se instaló con el grupo en Rotterdam, donde harían el primero de sus *warm up* shows, que sería precisamente en la ciudad holandesa el 11 de enero.

Cuando supo que los Stones estaban allí, decidió una tarde acercarse al estudio para saludarles y charlar con ellos, dado que las relaciones entre los dos grupos eran muy cordiales —John Paul Jones había colaborado en la grabación de *Their Satanic Majestic Request*, Led Zeppelin habían grabado dos discos en 1970 y 1971 con la unidad móvil de los Stones— y de hecho, la charla acabó en una *jam-sessión* de la cual se sabe que, por lo menos, se grabó una canción, «Scarlet», una más de las infinitas *outtakes* que circularon durante años en los discos piratas de grabaciones de estudio y que recientemente salió a la luz de manera oficial en la reedición especial de *Goats Head Soup* en 2020. Se filtró a la prensa que Jimmy Page había estado varias horas en el estudio con el grupo y determinados medios lanzaron la supuesta exclusiva: ¡Jimmy Page se unía a los Rolling Stones!

Como se pueden ustedes imaginar, la tormenta que se desencadenó fue de proporciones apocalípticas. Se cuenta que Peter Grant, el mánager de Led Zeppelin amenazó de muerte a los directores de ciertas publicaciones si seguían difundiendo esa noticia en las vísperas de una gira del grupo por los USA que podía perjudicar las ventas de sus tickets y el propio Jimmy Page, quien no era muy dado a hablar con la prensa por aquel entonces, tuvo que salir públicamente a explicar que simplemente se pasó por el estudio de los Stones para pasar un buen rato con ellos, divertirse tocando versiones de viejos clásicos de blues y rock'n'roll y nada más. En modo alguno la continuidad de Led Zeppelin estaba amenazada ni iba a unirse a los Stones.

El incidente no perjudicó la buena relación entre el guitarrista y el grupo, en tanto que, de hecho, en 1985 participó como guitarrista invitado en la grabación de su álbum *Dirty Work*, donde tocó en su tema «One Hit (To The Body)».

Se dice que no llegó a haber un contacto directo entre Marriott y los Stones, aunque sí es cierto que Keith Richards propuso que se hablase con él, pues valoraba mucho lo que había conseguido con su grupo Humble Pie, una de las bandas pioneras del *heavy metal* como estilo musical, y al mánager de Humble Pie le llegó la sugerencia de que Steve considerase tal posibilidad.

En aquel momento era un secreto a voces que Humble Pie iban a separarse y entrar en los Stones podría ser una buena salida para el guitarrista, pero por un lado, el propio Marriott, a pesar de que tenía buena sintonía con el entorno de la banda, había sido buen amigo de Brian Jones y en su época de Small Faces había compartido alguna que otra vez escenario con ellos, estaba decidido a empezar una carrera en solitario y de hecho cuando le llegó esa noticia

Steve Marriott. (Foto Dina Regine)

estaba grabando su primer disco fuera de Humble Pie. Por otro lado, Mick Jagger parece ser que no estaba de acuerdo en absoluto con tal pretensión. Steve Marriott además de ser un guitarrista que habría encajado muy bien musicalmente con ellos, era también un gran cantante que probablemente no habría renunciado a ejercer ese rol, algo que Jagger nunca habría aceptado.

«Keith quería a Steve en los Stones pero toda vez que Steve quisiera cantar, no habría posibilidad alguna de que Mick le mantuviera en la banda», recordó la esposa de Marriott, Pam, en la biografía de su marido, *Steve Marriott: All Too Beautiful*. «Mick sabía que Steve nunca permanecería en un segundo plano».

PETER FRAMPTON

A pesar de que a las alturas de 1975 el exmiembro de The Herd y Humble Pie ya tenía un nombre como artista en solitario de cierta relevancia, al igual que su compañero en los Pie Steve Marriott, se pensó en él para invitarle a una audición y llegado el caso, proponerle entrar en el grupo.

La idea vino de parte de Bill Wyman y Charlie Watts, según afirmaría el propio Frampton años más tarde. Bill Wyman le conocía de cuando produjo algunos sencillos de The Herd a finales de los años 60, tenía buena amistad con él y tanto él como Charlie le veían más que como un sucedáneo, una posible segunda versión de Mick Taylor. Mick y Keith no lo veían tan claro, pero no se opusieron tampoco a esa posibilidad.

En una entrevista que Peter Frampton hizo en el show de Howard Stern en marzo de 2022, declaró: «Era finales de enero de 1975 y estaba escuchando una célebre emisora de rock en el coche mientras iba conduciendo por un peaje en la autopista Thruway de Nueva York entrando a Manhattan, y tuve que detenerme después de escuchar eso. En aquellos días no se podía rebobinar nada, así que llamé a la emisora a Scott Muni, el DJ de dos a seis, un DJ muy famoso de Nueva York que había dado esa noticia. Le dije: "¿Acabo de oír bien? ¿estoy entre los que podrían ser candidatos a entrar en los Stones?" y él dijo: "Sí, oíste bien". Llamé a Bill Wyman y le dije: "¿En qué me has metido ahora?" La cosa fue que él y Charlie pusieron mi nombre en la lista, pero pasado el shock inicial, estaba seguro de que la plaza iba a ser para Ronnie Wood. Su personalidad es mucho más Stone que la mía, es más como el hermano de Keith».

Frampton no fue elegido y de hecho ni siquiera llegó a hacer algún ensayo de prueba con ellos, pero consiguió una fama y un éxito mundial extraordinario en 1976 con su mítico doble álbum *Frampton Comes Alive!,* que vendió millones y millones de copias en todo el mundo, especialmente en América y que batió récords de permanencia en el nº1 de las listas de *Billboard,* que no fueron batidos en décadas. En octubre de 1976, Frampton se encontró con Mick Jagger en los Electric Lady Studios en Nueva York. Confirmó que el guitarrista estaba en la lista, pero le dijo: «No te llamamos porque sabíamos que estabas a punto de hacer lo que acabas de hacer».

NILS LOFGREN

En el momento en que Nils Lofgren se enteró de que Mick Taylor había dejado los Stones, entró en acción. Según Lofgren, se puso en contacto con Ronnie Wood, quien le dijo que no se uniría a los Stones para no romper en aquel delicado momento a los Faces, pero que le había dado su nombre a Mick y a Keith para que le tuvieran en cuenta. De hecho, Ronnie Wood le pasó un teléfono de contacto a Lofgren y este obviamente llamó para ofrecerse. «Llamo y, efectivamente, Keith responde», recordó Lofgren a Mojo en 2023. —Sí, Ronnie me habló de ti... reuniremos a la banda en Ginebra y tendremos un grupo de guitarristas. Puedes venir, sí, no hay problema. Te volveré a llamar para darte los detalles».

La reunión en Ginebra no se llegó a realizar porque a finales de marzo la decisión estuvo tomada a favor de Ronnie Wood. Sin embargo, Nils Lofgren, músico que desarrolló una excelente carrera con su primer grupo, Grin; con Neil Young, Crazy Horse; con la E. Street Band de Bruce Springsteen y en solitario, demostró su devoción por los Stones justamente en su primer disco en solitario que, por carambolas del destino, salió precisamente en 1975, tras la disolución de Grin un año antes.

En este trabajo homónimo incluyó un tema titulado *Keith Don't Go (Ode to the Glimmer Twin),* dedicado obviamente al guitarrista de los Stones, cuya letra decía textualmente, en referencia a la adicción de Keith a la heroína: «Echamos de menos a nuestro padre Jimi y cuesta respirar tras esa pérdida / pero aún te tengo a ti, hermano / así que no te claves tú mismo en la cruz / te he visto liderar la banda / has puesto movimiento en mi alma y has llevado el mensaje a millones / que ahora te dicen: Keith, no te vayas».

MICK RONSON

Mucha gente cercana al entorno de Mick Jagger asegura que el álbum favorito de su buen amigo David Bowie siempre fue *The Rise and Fall of Ziggy Stardust and the Spiders from Mars*, disco en el cual jugó un papel de gran relevancia el guitarrista de Bowie Mick Ronson, quien anteriormente había grabado con Elton John su álbum de 1970 *Tumbleweed Connection*. Mick Jagger se interesó por que Mick Ronson hiciera una audición con la banda, que de hecho tuvo lugar a finales de marzo de 1975, pero… según las crónicas, no hubo buen entendimiento personal ni musical, y tras el ensayo, todos parece que estuvieron de acuerdo en que no era el reemplazo adecuado.

WAYNE PERKINS

Wayne Perkins, el guitarrista que más posibilidades tuvo de unirse al grupo, después de Ronnie, venía avalado por una trayectoria verdaderamente envidiable. Tras tocar en diversas bandas locales, en 1968 entró como músico de sesión en los Muscle Shoals Studios, donde durante cuatro años participó en grabaciones de gente de la categoría de Steve Winwood, Joe Cocker, Jim Capaldi, Leon Russell o Jimmy Cliff, antes de dejar los estudios para formar en 1972 su banda, Smith Perkins Smith, a los que Chris Blackwell fichó para el sello Island Records. La banda giró por el Reino Unido entre 1972 y 1973 acompañando a grupos como Free, Uriah Heep o Family antes de unirse a los Wailers de Bob Marley para grabar su mítico *Catch A Fire* de 1973.

También grabó y giró con Joni Mitchell y Leon Russell en 1974, amén de rechazar una oferta para unirse a Lynyrd Skynyrd; en esos años inició una estrecha amistad con Eric Clapton, de hecho fue quien le puso en contacto con el *management* de los Stones durante las audiciones de comienzos de 1975.

—Me quedé en Kingston con Eric Clapton a comienzos de 1975, durante uno o dos meses, mientras grababa su álbum *There's One In Every Crowd*, —contó Perkins—. Una mañana, durante el desayuno, Eric dijo: «¿Te enteraste de que Mick Taylor dejó los Stones?». Y le dije: «No, ¿han encontrado a alguien que ocupe su lugar?». Eric dijo que no creía que lo hubieran hecho, así que dije: «Bueno, joder, hazme una llamada telefónica». Entonces Clapton llamó a Jagger y le dijo: «Sí, este chico, Perkins, sabe tocar la guitarra. Invitadle a Rotterdam, creo que os gustará». Meses antes, Perkins había tocado el bajo en el debut solista del bajista de los Stones, Bill Wyman, *Monkey Grip* y este recomendó muy especialmente que hiciera una audición con el grupo. Por su parte Keith Richards, quien estaba muy interesado por el reggae en aquella época y le gustaba muchísimo *Catch A Fire*, apoyó la moción.

—Hasta donde yo sé, fui el último en hacer audiciones para sustituir a Mick Taylor en los Stones. Habían alquilado un pequeño teatro en Rotterdam y me fui para allá prácticamente nada más bajar del avión. Cuando llegué, Keith estaba sentado en un sofá con Bill Wyman y había un foco en el medio de la habitación. Empecé a charlar con Keith y no tardaron en aparecer Mick y Charlie, que al principio parecían muy distantes, —recordaba Perkins.

La audición de Perkins impresionó tanto a los Stones que le invitaron a tocar en las sesiones de *Black and Blue*. «Una noche empezamos de cero con «Hand of Fate», ya en Múnich. Estábamos empezando desde cero con algo sobre lo que Keith tenía una idea musical», dice Perkins. «Tenía la pista básica, pero no tenía un puente, o lo que llaman *un medio ocho*. Estaba tocando una parte de contraguitarra para Keith, y comencé a hacer ese toque de Motown que va con lo que él está tocando. Mick caminaba por la habitación con una pandereta, y se decía a sí mismo: "¡párate en un rincón y agita esa maldita pandereta!". Todo el asunto también sonó muy duro. Era como la peor banda de garaje que había escuchado en mi vida. Entonces el ingeniero encendió la luz roja para comenzar a grabar y fue como si alguien extendiera la mano con una varita mágica y dijera: ¡bing! Y de repente, ¡son los Stones! Sonaban como dioses. La cosa más increíble que he visto en mi vida».

Montamos «Memory Motel» desde cero, como hicimos con «Hand of Fate». Keith estaba a la guitarra, Mick estaba en el piano de cola y yo estaba en una cabina de sonido con una guitarra acústica, sobre la que luego sobregrabé una guitarra eléctrica. Y luego sobregrabé algunas partes de *slide* en «Fool to Cry». Grabé con ellos unas 10 pistas que eran simplemente improvisaciones, de las cuales varias acabaron siendo canciones como «Worried About You», que incluyeron en su álbum *Tattoo You*, ya en los años 80. (Wayne Perkins).

Wayne Perkins vivió con Keith Richards y Anita Pallenberg durante aproximadamente un mes, en un pequeño chalecito detrás de la casa londinense de Ron Wood, que todavía era miembro de The Faces en ese momento. Richards trató a Perkins como si fuera un nuevo miembro de la banda. «Empezamos a salir y a divertirnos mucho, nos llevamos muy bien», dice Perkins. «Keith me enseñó sus canciones y me dio dos casetes de unos 60 temas, que incluían lo que los Stones podrían tocar en su gira americana de 1975. Mientras estábamos en Alemania, tenían dos salas de grabación, en cuyas paredes había diseños de diferentes escenarios y me preguntaban mi opinión sobre qué escenario me gustaba más. Pero cuando Mick entró en escena… Si estaba con Mick, estaba bien, de hecho era muy amable y también me llevaba bien con él. Si estaba con Keith, estaba bien. Pero cuando los dos se juntaban, parecía que automáticamente caía bajo un microscopio».

Si Wayne Perkins hubiera nacido en 1951 en Birmingham, Inglaterra, en lugar de Birmingham, Alabama, podría haberse convertido en un Rolling Stone… aun así estuvo muy cerca. Era un músico fantástico, con el mismo estilo de Mick Taylor, muy melódico y muy bien interpretado. Técnicamente era impecable y a todos nos gustaba. Pero yo creía que el nuevo miembro debería ser inglés. Ahora es diferente, pero en ese momento, siendo los Stones una banda inglesa, pensaba que había que mantener ese carácter británico. Cuando estás en la carretera y preguntas: «¿te suena esto?», todos tenemos el mismo bagaje y es fácil entenderse. Ronnie y yo ya teníamos esa sintonía de manera natural y eso nos permitía mantener la calma en situaciones de stress, como dos soldados rasos que han estado juntos en el frente. (Keith Richards en su autobiografía *Life*).

CHRIS SPEDDING

Siendo apenas un adolescente, Chris Spedding conoció a los Stones en julio de 1969 en el concierto de Hyde Park de homenaje a Brian Jones, ya que el grupo en el que tocaba, Battered Ornaments, formó parte del cartel del festival y, de hecho, como utilizaban para desplazarse una antigua furgoneta del ejército que no tenía ventanas, los propios Stones la utilizaron para entrar de incógnito al *backstage*. Antes de que el grupo se fijara en él, además de Battered Ornaments formó parte de Sharks, la banda que creó el bajista de Free Andy Fraser al marcharse del grupo en 1972 y poco después inició su carrera en solitario. Justamente en 1975 estaba gozando de una enorme popularidad con su single *Motorbiking* y había empezado a grabar un álbum con Roy Harper.

Como explicó Chris Spedding a *Classic Rock* en 2023, cuando llegó la noticia de que Mick Taylor dejaba los Rolling Stones, recordaba: «Todas las revistas musicales estaban llenas de especulaciones. Era un poco como cuando muere el papa y ves fotografías de todos esos cardenales que podrían sucederle. Mick Jagger me llamó y me preguntó si me uniría a ellos en la gira que iban a hacer por América en el verano de 1975, pero la semana anterior había cerrado mi propia gira, de manera que le dije que no podía acompañarles. A los pocos días se anunció que Ronnie Wood era el nuevo Rolling Stone».

HARVEY MANDEL

Otro excelente guitarrista en cuyo currículum se encontraban, en 1975, bandas y trabajos de la suficiente entidad como para que, en efecto, fuera un candidato claro a ser un Rolling Stone, en especial por parte de Mick Jagger, quien fue su más decidido apoyo a la hora de invitarle a Rotterdam a hacer unos ensayos con el grupo. Aún nacido en Detroit, a mediados de los 60 se estableció en San Francisco y no tardó, como guitarrita, en hacerse un músico de una sólida reputación en el ambiente del West Coast Rock y en el movimiento *hippie*. Formó parte de Canned Heat y posteriormente de John Mayall & The Bluesbreakers, además de emprender una carrera paralela en solitario en el ámbito del blues y el rock, con álbumes que, si bien no tuvieron impacto comercial, consolidaron su prestigio como guitarrista.

De hecho, en principio se dice que los Stones no le llamaron para que ensayara con ellos como posible sustituto de Mick Taylor, sino como guitarrista invitado en las grabaciones de *Black And Blue*. Es más, Harvey Mandel no fue a Rotterdam, sino directamente a Múnich, donde grabó guitarras para dos temas de aquel disco: *Hot Stuff* y *Memory Hotel*.

Declaraciones de Harvey Mandel a la revista británica Mojo en 2010: «Una noche en casa, alrededor de las tres o cuatro de la mañana, recibí una llamada de Mick Jagger, que me dijo: Hola, Harvey ¿qué tal, todo bien? estamos en Múnich, Alemania; queremos que vengas a tocar un par de canciones. Y si la cosa funciona, quizá podrías quedarte con nosotros en lugar de Mick Taylor. ¿Te gusta la idea? ¡Vente mañana!».

Pero a pesar de que los ensayos y la audición, así como las sesiones de grabación, que tuvieron lugar entre el 24 de marzo y el 4 de abril de 1975, fueron muy bien y las pistas grabadas por Mandel entraron en el disco, finalmente Keith Richards se opuso a que entrase en el grupo, a pesar de que Mick insistió mucho en incluirle. Como sucedió en el caso de Wayne Perkins, Keith no menospreciaba a Harvey Mandel como músico y en más una ocasión alabó su estilo y su valía como guitarrista, pero en ese momento en los Stones se necesitaba no solamente un buen músico, sino un cómplice para Keith, alguien que se compenetrase con él más allá de la música y que, en cierto modo, hiciera de pegamento entre él y el resto de la banda. Y según todo indica, Keith ya tenía prácticamente decidido que Ronnie Wood tenía que ser el sustituto elegido.

RORY GALLAGHER

En 1975 Rory Gallagher era, como en el caso de Steve Marriott o Peter Frampton, un guitarrista con una carrera ya consolidada, varios álbumes en solitario y todo un referente, sobre todo en el mundo del hard rock. A lo largo de su carrera, Jimi Hendrix habló extensamente de su aprecio y su admiración por el talento de Gallagher cuando aún estaba en Taste, sobre todo cuando apareció en el popular programa vespertino de entrevistas *The Mike Douglas Show*. Douglas le preguntó a Hendrix: «¿Cómo es ser, como se siente cuando se es el mejor guitarrista de rock del mundo? y, haciendo una pausa por un momento, Jimi respondió: No lo sé, tendrás que preguntárselo a Rory Gallagher».

Sin embargo, la posibilidad de unirse a la banda más grande del mundo era una oportunidad que no dudó en explorar. La ocasión sorprendió a Gallagher, que estaba en su casa con su familia en Irlanda, cuando recibió la llamada para la audición.

Rory Gallagher.

Su hermano Dónal recordó más tarde a *The Telegraph*: «Era alrededor de la una de la madrugada. En aquel entonces, si la llamada era del extranjero, había que pasar por el operador y mi madre me pasó la comunicación. Estuve un poco a la defensiva porque en aquellos días, había muchos secuestros por parte del IRA Provisional, hasta que el tipo que estaba al otro lado del hilo telefónico me dijo: "Hola, mi nombre es Ian Stewart… estoy buscando a Rory Gallagher". Llamé a Rory a su casa, y recuerdo que se enfadó mucho cuando le desperté, porque era una de esas raras noches en las que se había acostado temprano y parece ser que estaba muy cansado. Al principio no se lo creía, pero al rato se dio cuenta de que la cosa iba en serio y a la mañana siguiente se fue al aeropuerto y tomo un avión a Rotterdam».

La oportunidad de ensayar con los Rolling Stones le llegó a Rory Gallagher en un momento muy inoportuno, porque le llegó apenas una semana antes de una *gira* por Japón que empezaba el 26 de enero de 1975 y que ya tenía contratada desde hacía meses antes. Según se informa, el mánager de los Rolling Stones, Marshall Chess, incluso le dijo a Rory cuando llegó a Rotterdam el 19 de enero: «Sabía que eras el hombre adecuado para este trabajo, me alegra que estés aquí».

Pero la situación se tornó kafkiana. Rory ensayó al día siguiente con la banda, aunque para su sorpresa, ensayó con Mick Jagger, Ian Stewart, Bill Wyman y Charlie Watts, pero sin Keith Richards. De hecho, volvió a ensayar con ellos en dos ocasiones más, el 20 y el 21 de enero, pero una vez más sin Keith.

Dónal explicó a *Eon Music* cómo se frustró todo: «La última noche, Keith había reaparecido e hicieron un largo ensayo, pero Keith estaba en un estado lamentable, apenas capaz de seguir el ensayo. Entonces al acabar la sesión Rory le dijo a Mick: "Por favor, déjame saber qué está pasando porque necesito por lo menos dos días para ensayar con mi banda para la gira que empiezo por Japón". Mick le dijo: "Bien Rory, espera un momento, tenemos que arreglar algunos asuntos" y una hora y media más tarde, Mick volvió a la sala de descanso del estudio donde Rory estaba tomando una cerveza y le dijo: "Keith quiere tener una larga charla contigo, por favor sube. Está esperándote en su *suite* arriba, en el segundo piso". Y Rory subió, pero Keith estaba inconsciente, seguramente bajo el efecto de la heroína».

Añadió: «Rory se quedó despierto toda la noche, volvía cada media hora e intentaba hablar con Keith, pero no pudo. Por lo que me contó, apenas balbuceaba algunas palabras incoherentes. Así que al día siguiente Rory empacó su guitarra y su amplificador y le encontré en Heathrow, esperando la conexión con Cork y una mirada muy triste. Sin duda, sabía que por no cancelar la gira japonesa, había perdido una gran oportunidad que ya no se volvería a presentar».

A primeros de enero de 1975 yo estaba en Londres y me llamó Marshall Chess para decirme que tenía que ir a Rotterdam para las pruebas con los posibles sustitutos de Mick Taylor y para ensayar los temas del próximo disco. Marshall, igual que yo, también estaba enganchado, así que como estábamos en esto juntos, le dije: «Marshall, asegúrate de conseguir caballo. Yo no me muevo de aquí hasta que me asegures que has pillado porque ¿qué sentido tiene que me vaya a Rotterdam a trabajar estando con el mono?». El mismo día que salí para Holanda, antes de ir al aeropuerto, me dijo: «Sí, sí, la tengo aquí mismo, en la mano». Bueno. Pero cuando llegué, vi a Marshall con una expresión compungida: no tenía heroína, le habían vendido arena para gatos. En aquella época la heroína, por lo general sudamericana, era de color marrón, unos cristalitos de color beige que eran iguales a los granitos de arena para gatos, y la habíamos pagado a precio de heroína de la máxima calidad. En vez de ir al estudio, salí disparado con Marshall a buscar caballo, porque ya sentía los síntomas del mono y estaba empezando a ponerme paranoico. Era el mono, tío. Quien no lo ha vivido no puede imaginarse lo que es. Me disculpé con los Stones y les dije lo que ya sabían; tíos, id calentando, trabajad sin mí, empezad a sacar el sonido. Estuve dos o tres días buscando caballo hasta que por fin me pude colocar. Todos sabían de qué iba el rollo, y sabían que hasta que no estuviera en condiciones, no aparecería. (Keith Richards, en su autobiografía *Life*).

JEFF BECK

Al igual que en otros casos, parecía sumamente difícil que un guitarrista del renombre, la categoría e incluso del bagaje histórico de Jeff Beck aceptara ser el segundo guitarra de los Rolling Stones y poco menos que renunciase a una carrera en solitario, que ya le había convertido por sí mismo en toda una *rock star*. Sin embargo, cuando Ian Stewart, quien parece ser hizo de agente para el grupo en estas gestiones le telefoneó, Jeff Beck tomó un avión a Rotterdam y se alojó en un hotel de la ciudad holandesa con idea de ensayar con ellos.

Según comentó años más tarde, «después de tres días en Rotterdam, aún no había visto ni a uno solo de los Stones, así que el cuarto día, al encontrarme con Ian Stewart en el bar del hotel, le dije que me volvía a Inglaterra, pero me convenció de que esperase y que me quedase unos días más».

> Al día siguiente, Ian Stewart me acompañó al teatro donde estaban haciendo los ensayos y al llegar, me sorprendió ver cuidadosamente apiladas casi cuatrocientas guitarras, que pensé que serían de Keith. Stu me comentó que eran para las audiciones, y le dije: «¡¡¿Qué?!! ¡No voy a hacer una audición! ¡Yo no hago una puta audición para nadie! ¡¿Por quién me estáis tomando?!» y Stu me respondió: «Tranquilo Jeff, nadie va a examinarte, ya tienen decidido que serás tu, van a enviar a los demás a casa», pero aún así, esperé media hora mas y viendo que nadie aparecía por allí, me marché y regresé a mi hotel. (Jeff Beck)

No obstante, Jeff Beck sí ensayó al final durante cerca de cuatro horas con los Rolling Stones en Rotterdam el 6 y el 7 de febrero de 1975 y de hecho, de esas sesiones aparecieron en diversos discos piratas de *outtakes* al menos dos temas, *Sexy Nite (Lovely Lady)* y *Come On Sugar (Let's Do It Right)* sin contar las grabaciones que aparecieron en 2012 en las que se recogía una gran parte de los ensayos, *jam-sessions* e improvisaciones que Beck hizo con el grupo.

> Si he de ser sincero, a pesar de que al principio estaba muy enfadado porque me habían citado para ensayar y estuvieron tres días sin aparecer, cuando por fin nos reunimos y empezamos a tocar, realmente lo disfruté. Los Stones son geniales como músicos, tenemos la misma edad, venimos del blues, de las mismas influencias y pasé dos días fabulosos con ellos. Pero lo cierto es que tuve como un especie de flash que me dijo: No lo hagas, nunca te vas a llevar bien con Mick y Keith musicalmente, más allá de pasar un buen rato tocando blues y rock'n'roll, porque tú apuntas en otra dirección. Ese fue realmente

el punto. No voy a negar que me hubiera gustado experimentar ese ritmo de vida tan veloz, de estar de fiesta en fiesta, rodeado de mujeres, coca y bebiendo hasta agotar el champagne o el Jack Daniels. Pero yo estaba en otra cosa y tenía la certeza de que no íbamos a funcionar bien juntos. Es decir, ¿habría podido grabar un disco como *Wired* estando en los Rolling Stones? Estoy seguro de que no. (Jeff Beck, declaraciones a la revista Word).

Aun así, Jeff Beck acabó por decir a *Rolling Stone* en 1980: «Al acabar los ensayos, Mick, Keith, Stu y yo fuimos a tomar unas copas y les dije lo que sinceramente pensaba: Mirad chicos, lo he pasado genial con vosotros, sois unos putos cracks, pero a estas alturas, ni debo ni quiero acabar mi carrera por ser un Rolling Stone. Pero creo sinceramente que puedo deciros quién debe ser vuestro nuevo guitarrista: Ronnie Wood. Le conozco bien, le tuve como bajista en mi grupo a finales de los 60, os adora, es fan vuestro hasta la médula y tiene un carácter y una forma de ser que encaja con vosotros como un guante. Hablad con él, creedme, Ronnie es vuestro hombre».

¡¡Gracias, Jeff!!

Jeff Beck. (Foto Klaus Hiltscher)

BILLY PRESTON

Billy Preston fue el único músico que grabó canciones en discos oficiales tanto de los Beatles como de los Rolling Stones, hasta que naturalmente, Paul McCartney grabase el bajo en «Bite My Head Off», de su último trabajo editado en 2023 *Hackney Diamonds*.

Caso prototípico de niño prodigio en la música, ya a la edad de 12 años tocaba el órgano para la cantante de góspel Mahalia Jackson y muy poco tiempo después entró como pianista en las bandas de gente como Nat King Cole, Pearl Bailey, Eartha Kitt, Ruby Dee, Sam Cooke y como organista con Little Richard. Fue fichado como teclista para la banda residente del conocido programa de televisión *Shindig*, donde inició su amistad con los Beatles, a quienes ya había conocido en Hamburgo durante una de las giras europeas de Little Richard.

En 1969, mientras los Beatles estaban grabando *Get Back*, George Harrison fue a un concierto de Ray Charles en Londres en el que estaba Billy Preston como teclista de la banda. Fue a saludarle al *backstage* y le invitó a que fuera al día siguiente al estudio para enseñarle lo que estaban haciendo. Sobre esto hay versiones encontradas, pero es una realidad contrastada que Billy Preston no solamente hizo una visita de cortesía al estudio, sino que se implicó en el trabajo que estaban haciendo, hasta el punto de que, según George Harrison declaró años más tarde, John Lennon llegó a proponer que Preston se uniera oficialmente al grupo por la labor musical tan relevante que estaba haciendo en esa grabación. Paul McCartney se opuso, pero al menos como premio de consolidación en los créditos de *Get Back* apareció Billy Preston, no solamente como teclista y organista de la canción, sino como co-autor. Fue el único músico en la historia que apareció en créditos al lado de una canción de los de Liverpool además de Tony Sheridan.

Preston continuó trabajando con los miembros de los Beatles incluso después de que iniciaran sus proyectos en solitario y firmó como artista en solitario para su compañía Apple Records, en la que editó sus álbumes *That's The Way God Planned It* (1969) y *Encouraging Words* (1970). Por su estrecha amistad con George Harrison, participó tanto en el concierto para Bangladesh organizado por el exBeatle como en la gira de Harrison en solitario por Estados Unidos en 1974.

La primera intervención de Billy Preston en una grabación con los Rolling Stones tuvo lugar en la primavera de 1970 durante la grabación de «Can't You Hear Me Knocking?» en Stargoves, dado que Nicky Hopkins abandonó durante unos días las sesiones de grabación por motivos de salud. Entonces, para suplirle, parece ser que fue Glyn Johns quien sugirió el nombre de Billy Preston. Se le llamó, acudió y el trabajo que hizo mereció el aprobado de la banda que, de hecho, le volvió a llamar en febrero de 1972 para que grabase unos teclados en «Shine A Light», tema que se incluiría en *Exile On Main Street*. A partir de ese momento, ya estaba en la nómina de *ayudantes*, a la que a veces se refería Charlie Watts, de músicos que habían demostrado que tenían buena sintonía con ellos y de los que llegado el momento, podían echar mano.

Cuando se empezó la grabación de *Goats Head Soup*, Nicky Hopkins e Ian Stewart eran los encargados del piano y de los teclados, con lo cual es muy posible que Billy Preston no hubiera aparecido en el disco si no fuera por su habilidad con el clavinet. Preston ya tenía un disco de éxito con su instrumental *Outta Space*, que incluía un clavinet a través de un *pedal wah-wah* y este detalle incluido en este *hit single* no les pasó en modo alguno desapercibido a Mick y a Keith, que le llamaron de nuevo para que colaborase con su clavinet en *100 Years Ago*, el último tema que se grabó para Goats Head Soup entre el 23 y el 26 de mayo de 1973 en los Olympic Studios de Londres.

Su habilidad con el clavinet le valió que los Stones le volvieran a llamar en noviembre de 1973 a los Musicland Studios de Múnich para que lo introdujera en la grabación de «Ain't Too Proud To Beg», junto a unas tomas de piano muy estilo Motown, dentro de las sesiones de grabación de *It's Only Rock'n'Roll*. Meses más tarde, en la fase final de la grabación de este álbum en abril de 1974, Preston volvió, esta vez a Stargroves, a grabar teclados para «Fingerprint File». Especialmente relevante fue su participación en *Black And Blue*, la más relevante de todas en un disco de los Rolling Stones; toca el piano en «Hot Stuff» y en «Crazy Mama», aporta una toma de sintetizador a «Memory Motel», toca el órgano en «Hey Negrita» y «Melody» llega a ser firmada como una «inspiración de Billy Preston». Pero como el tema estaba en realidad registrado como una composición de Mick Jagger y Keith Richards a pesar del título, esto no generaba ningún tipo de derecho de autor para Billy Preston, lo cual se dice que marcó el inicio de su distanciamiento con los Stones. También tocó los teclados en dos temas de esta época que no se conocieron hasta la edición de Tattoo You en 1981: «Slave» y «Worried About You».

El músico texano se había convertido ya en un habitual de las grabaciones de la banda, pero nunca se le invitó a girar con ellos, dado que esa plaza ya estaba cubierta hasta el *tour* europeo de 1973, en el que se unió a la *troupe*, como haría en el Tour Of The Americas de 1975 y el Tour Of Europe de 1976, llegando a lograr tal protagonismo en el show que el grupo presentaba en estas giras, que se llegó a incluir en el set de los Stones de los *tours* de aquella época dos temas suyos, algo que nunca nadie había hecho antes ni por supuesto nadie hizo nunca después: *Outta Space* en ambas giras y por su parte, *That's Life* en la gira americana de 1975 y *Nothing For Nothing* en la gira europea de 1976.

Billy Preston apareció en directo con los Stones en los shows del Mocambo Club de Toronto en febrero de 1977 por última vez. En el otoño de ese mismo año, cuando empezaron las sesiones de grabación de *Some Girls* en los Pathé Marconi Studios de París, se le invitó para grabar con ellos, pero según contaba el legendario periodista catalán experto en los Stones, Oriol Llopis, en el número extraordonario que la ya desaparecida revista *Rock Espezial* dedicó al grupo en el verano de 1982 con motivo de sus conciertos en Madrid, Billy Preston se presentó en París con su propio ingeniero de sonido y su propio productor, exigiendo que ellos se ocuparan de sus grabaciones, a lo que Keith Richards se negó tajantemente en una acalorada y según se dice, muy agresiva discusión entre Keith y Billy tras la cual este se marchó del estudio y no volvió nunca a trabajar con ellos.

Pasado el tiempo y suavizados los rencores, los Stones grabaron para su álbum de 1997 *Bridges To Babylon* una canción llamada «Saint Of Me», uno de los singles de mayor impacto y que no faltó en el *setlist* de la gira mundial de presentación de aquel disco, escrita como tributo a Billy Preston, uno de los músicos que junto a Gram Parsons más influencia ejerció en el grupo a mediados de los 70, sin ser de hecho un miembro de la banda aunque girase con ellos y participara en, al menos, la grabación de cuatro de sus álbumes en aquella década.

Hacia 2004 Billy Preston empezó a padecer una enfermedad indentificada como hipertensión renal, según varias versiones por complicaciones derivadas de un trasplante de riñón al que se sometió dos años antes. A raíz de la evolución desfavorable de esta dolencia, falleció el 6 de junio de 2006.

«BUENO, ESPERO QUE NO NOS COSTARÁ DEMASIADO ENCONTRAR UN BAJISTA QUE SEPA BAILAR Y QUE NO ODIE VIAJAR EN AVIÓN» (MICK JAGGER).

Entre el 7 y el 12 de enero de 1991 los Stones estuvieron en los Hit Factory Studios de Nueva York grabando dos canciones de estudio nuevas, «Higwhire» y «Sex Drive», que irían como temas, tipo *bonus track,* dentro de *Flashpoint,* el nuevo álbum en directo del grupo, grabado durante el Urban Jungle Tour europeo del verano de 1990. Fueron las últimas sesiones que Bill Wyman hizo como miembro oficial de los Rolling Stones, puesto que, cuando en marzo de ese mismo año, la oficina de los Stones le telefonearon para anunciarle dónde tenía que desplazarse para filmar el videoclip de «Highwire»,

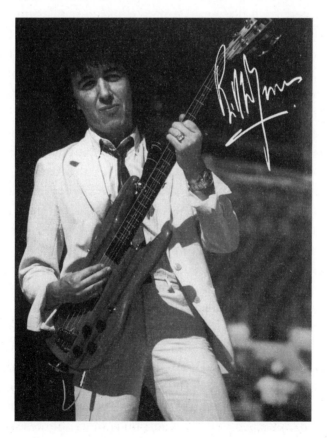

Bill Wyman, 1981. (Foto del Club de Fans Internacional, Archivo Mariskal Romero)

contestó que no iba a acudir a la cita y que en breve anunciaría de manera pública y oficial que abandonaba el grupo, cosa en efecto hizo pocas semanas después, tras sí aparecer en la filmación del videoclip de «Sex Drive».

Curiosamente —o no— lo cierto es que esa noticia nadie se la creyó, ni siquiera los propios Stones. Mick Jagger afirmó que Bill ya les había anunciado que se iba en 1969, en 1973 y en 1982, pero que al final siempre acababa por quedarse. «Siempre decía que se iba al acabar una gira. La vida en la carretera le estresaba mucho, según parece, y odiaba viajar en avión. Pero siempre nos dio la impresión de que era simplemente cansancio, que luego, después de dos o tres semanas de vacaciones, se le olvidaba el asunto».

Pero aquella vez la cosa fue en serio. *Flashpoint* era el disco con el que el grupo finalizaba su contrato con Columbia/CBS y Richard Branson, el jefe de la Virgin Records, había puesto encima de la mesa un nuevo contrato discográfico para el grupo que la empresa que gestionaba esos asuntos debía firmar con la conformidad de todos sus socios, en este caso Mick Jagger, Keith Richards, Bill Wyman y Charlie Watts.

En noviembre de 1991 Bill Wyman se negó a firmar ese nuevo contrato y según los estatutos de la sociedad que los Stones habían creado para la gestión de sus contratos, si un miembro se negaba a firmar un acuerdo contra los otros tres, quedaba automáticamente excluido de la sociedad. Así que legalmente, Wyman quedó fuera de los Rolling Stones, aunque se acordó darle un año más sin ejecutar la maquinaria legal para forzar su marcha y se dijo, por parte de Mick y Keith, que se le volvería a preguntar pasado un año, en la esperanza de que reconsiderase su decisión.

El 6 de enero de 1993 se consumó la ruptura. En el programa de televisión británico *On London Tonight*, Bill Wyman anunció que definitivamente se iba de los Rolling Stones. 31 años después de su primer ensayo con ellos, Bill se marchó.

Ya no se podía aplazar más todo lo que estaba pendiente. El grupo había firmado con Virgin Records un nuevo contrato discográfico y estaban obligados a editar un nuevo álbum de estudio en el verano de 1994. Así que, de nuevo, se encontraron en una situación similar a la de 1975: había que grabar un nuevo disco al mismo tiempo que se probaban posibles nuevos bajistas. El nuevo cuartel general fue Windmill Lane, en Irlanda, hogar de Ronnie Wood.

No se repitió lo de 1975. Los Stones llevaron los ensayos y las audiciones con extrema discreción y de hecho, en tanto que el sustituto de Bill Wyman no sería un miembro de la sociedad Rolling Stones, sino un músico contratado como Lisa Fischer, Chuck Leavell, Bernard Fowler o Tim Rees, la lista de candidatos fue mucho menor que en el caso de la sustitución de Mick Taylor.

DUFF MCKAGAN

Guns N'Roses, la banda que hizo estallar toda la industria del hard rock en la América de finales de los 80, como es sabido, fue invitada por los propios Stones a telonearles junto a Living Colour en el Steel Wheels Tour del otoño de 1989 por Estados Unidos. A pesar de que GN'R dejaron abruptamente la gira por problemas internos, no perdieron el contacto con el grupo y cuando a comienzos de 1993 empezaron a pensar en posibles bajistas, se pusieron en contacto con Duff McKagan: era un músico joven, que ya conocía el *mainstream* del negocio del rock, de un espíritu, una personalidad y una forma de ser que desde luego se ajustaba mucho más a ellos que la del propio Bill Wyman. Eso sí, siempre como músico contratado.

Creo sinceramente que si Duff McKagan hubiera sospechado que, al terminar en julio de 1993 la gira de Use Your Illusion, Guns N'Roses iba a desaparecer de la escena durante más de 20 años, probablemente no hubiera dicho no a los Stones. Según el propio bajista me explicó en la entrevista telefónica que tuve con él para la revista *Heavy Rock* en junio de 1992, meses antes de que fuera a editar su álbum en solitario *Believe In Me*: «Sí, el entorno de los Stones ha hablado conmigo, pero Guns N'Roses tenemos siempre mucho trabajo, es posible que empecemos a trabajar en un nuevo álbum de estudio el año que viene, en seguida saldríamos de nuevo de gira y eso me impediría trabajar con los Stones al nivel y con la dedicación que ellos exigen. Es muy halagador, sin duda, pero no puedo compatibilizar las dos opciones, y en caso de tener que elegir, siempre elegiría Guns N'Roses».

Esto seguramente no lo habría dicho tres años después...

PINO PALLADINO

Giuseppe Henry Palladino, más conocido como Pino Palladino, es sin duda uno de los grandes bajistas de la historia de la música popular contemporánea. Aunque poseedor de una experiencia, difícilmente igualable, en el rock and roll, el blues, el rhythm'n'blues y el jazz, su talento le ha permitido tocar en discos de estudio y con bandas en directo de soul, new age y de cualquier otro estilo que se le pusiera por delante.

Galés de ascendencia italiana, su destreza como bajista le posibilitó participar desde muy joven como músico de estudio en grabaciones de Eric Clapton y de Elton John a finales de los años 70. Salió de gira con Jools Hollands a comienzos de los 80, tocó con Paul Young, con quien también estuvo de gira y grabó durante más de cinco años.

Al margen de su impecable currículum como músico, algo que llamó sobre él la atención de los Stones, parece ser sobre todo de Charlie Watts, fue el hecho de que fuera todo un virtuoso a la hora de tocar el bajo *fretless*, es decir, un bajo que no cuenta los trastes del diapasón: una técnica que agudiza tanto el oído como la precisión del intérprete al tocar que Pino, al añadir el efecto *chorus*, le permitió crear un sonido, un estilo y una personalidad única como bajista.

Esta capacidad le llevó a ser un instrumentista codiciadísimo por muchos músicos, y le posibilitó acompañar, tanto en estudio como en directo años más tarde, a gente de la categoría de Richard Ashcroft, David Gilmour, Don Henley o The Who, amén de que la marca Fender fabricase una línea de bajos que llevaba su nombre. Melissa Etheridge, Rick Wright de Pink Floyd o Phil Collins, eran en 1993, cuando los Stones se ponen en contacto con él, tan solo algunos de los grandes nombres de la historia del rock con los que había tocado. Un artista versátil, ecléctico, respetado y muy bien valorado siempre como profesional de su instrumento.

Noviembre de 1993: Durante unos días que paso en Barcelona para hacer la promoción de mi primer libro, *Historia del Heavy Metal*, soy invitado por Jordi Tardá, mi maestro en el mundo Stone y en tantas cosas del mundo del rock, a su programa en Catalunya Radio *Tarda Tardá* para hablar de ese libro, y al acabar la entrevista, Jordi me dice: «Mariano, si quieres quédate, cuando termine el boletín informativo vamos a llamar a Nueva York para hablar con Pino

Palladino, que ha estado ensayando con los Stones». ¡¡Hostia puta!! ¡No me sacaban de Catalunya Radio ni con cien destacamentos de Mossos D'Esquadra!

En efecto, aunque costó hacer la conexión telefónica —hablamos de una época muy anterior no solo a Skype o a Zoom, sino a Internet—, Jordi habló con Pino y este le dijo que había estado ensayando con ellos dos días canciones clásicas de los Stones. Me llamó especialmente la atención: habían estado ensayando, según Pino, tanto *Honky Tonk Women, Silvertrain* y *Emotional Rescue* como temas menos conocidos y *standards* de blues tipo *I Can't Quit You Baby* o *Smokestack Lightnin'*. Según Pino, al terminar la audición, le dieron las gracias, dijeron que les había gustado mucho su forma de tocar, se quedaban con su teléfono y que le llamarían si decidían hacer una nueva audición con él. Pero Pino no recibió ninguna llamada más...

DOUG WIMBISH

El bajista afroamericano Doug Wimbish, nacido en Hartford, Connecticut, en 1956 comenzó a tocar la guitarra a los 12 años y se pasó al bajo a los 14. Tras un breve y poco satisfactorio paso por la banda pionera del rap The Sugarhill Gang, en 1984 se mudó a Londres y comenzó a trabajar con el productor Adrian Sherwood dentro del grupo Tackhead, que logró una más que notable popularidad en la disco-music y los sonidos experimentales tipo drum&bass, que predominarían en la escena musical más vanguardista de mediados/finales de la década de los 80. Fue justamente en ese momento cuando conoció y trabó buena amistad con Bernard Fowler, el cual ya estaba en el entorno de los Stones y que había sido colaborador de Tackhead; fue el que sugirió su nombre a la banda como posible candidato para, por lo menos, hacer una prueba.

Doug Wimbish hizo una audición con el grupo, pero como es sabido, a pesar de que en general quedaron contentos y se pensó seriamente en incorporarle a los Stones, Darryl Jones fue quién se quedó finalmente con la plaza de Bill Wyman. Aun así, fue un músico que desde entonces estuvo eventualmente en la órbita de la banda, entró como nuevo bajista en Living Colour tras la marcha de Muzz Skilings, en gran medida por sugerencia de Mick Jagger a Vernon Reid, guitarrista y líder del grupo —Jagger hizo de descubridor de Living Colour en Nueva York cuando les vio en el CBGB en 1987, les produjo maquetas y les consiguió su primer contrato discográfico, además de incorporarles como teloneros con Guns N'Roses en el Steel Wheels Tour— y le llamaron para colaborar con ellos en la grabación de *Bridges To Babylon* en 1997.

Al margen, formó en 1999 un grupo de drum&bass con el batería de Living Colour Will Calhoun y el percusionista y vocalista Vinx, al tiempo que editó su primer disco en solitario, *Trippy Notes for Bass*. También al lado de Will Calhoun formó Head Fake, otro proyecto de drum&bass.

¡HOLA, DARRYL!

El tercer bajista de los Rolling Stones, que entró en 1993 en el grupo para ocupar el lugar abandonado por Bill Wyman, nació el 11 de diciembre de 1961 en el Southside de Chicago. Según confesión propia, se decidió a dedicarse a la música en gran medida por la influencia de su madre, devota fan de James Brown. «La música conmovió mi cuerpo, pero James Brown bailando conmovió mis ojos», dice Jones. «Solíamos quitarnos los zapatos en el piso de madera de casa con los calcetines para poder deslizarnos como James Brown».

En sus comienzos Darryl Jones empezó tocando la batería, aunque más tarde decidió pasarse al bajo, según explicaba en varias entrevistas, muy influenciado por James Jamerson, uno de los más reputados músicos de la Motown; Stanley Clarke, Anthony Jackson, Alphonso Johnson y Jaco Pastorius no tardarían en ser otras de sus influencias fundamentales como bajista, mientras estudiaba música en la Escuela Secundaria Vocacional de Música de Chicago, en el lado sur de la ciudad, en donde según decía, se estudiaba tanto a Duke Ellington como a Beethoven o Rimsky-Korsakov.

Dato que poca gente conoce: fanático absoluto del baloncesto, estuvo a punto de dejar la música para intentar entrar en los Chicago Bulls, pero no tenía suficiente altura.

Profundizó en las técnicas más avanzadas y vanguardistas del bajo y gracias a su amistad con un sobrino de Miles Davis, pudo hacer una audición para él en 1983 y unirse a su banda en gira. Jones grabaría con la leyenda del jazz los álbumes de estudio *Decoy* (1984) y *You're Under Arrest* (1985).

A raíz de su trabajo con Miles Davis conoció a Branford Marsalis, con quien trabó una buena amistad, tanto que cuando Sting decidió no volver a tocar el bajo en su banda Branford Marsalis, que formaba parte del grupo de Sting, le llamó para invitarle a hacer una audición.

—Sting no es solamente un inmenso intérprete —recordaba Darryl Jones— sino que también escribe excelentes líneas de bajo. A veces estaba tocando la línea de bajo que él escribió para una canción durante un ensayo y me decía: «Darryl, no está escrito en piedra. No tienes que tocarlo exactamente igual». Pensé: «Hombre, si no está roto, no intento arreglarlo». Hubo muchas ocasiones en las que yo toqué las líneas de bajo que él escribió. Eran líneas de bajo geniales.

A raíz de tocar con Miles Davis y Sting, Darryl Jones adquirió un prestigio y un nombre dentro de la música que le facilitó trabajar con otros muchos grandes nombres en diferentes ámbitos. En 1988 sustituyó a Tony Levin en la banda de Peter Gabriel, con quienes hizo la gira de apoyo a Amnistía Internacional *Derechos Humanos ¡Ya!,* tocó con Madonna en su Blonde Ambition Tour, con Eric Clapton, Herbie Hancock y en 1991 llegó a hacer una audición con Bruce Springsteen cuando este decidió para sus discos *Human Touch* y *Lucky Town* de 1992 no continuar con la E. Street Band… pero Springsteen le rechazó.

> Lo curioso es que los Stones estábamos dando un concierto en la gira de *Bridges To Babylon* en Meadowlands. Caminábamos por un pasillo del *backstage* y Bruce Springsteen y yo nos encontramos. Me dijo: «Hey, Darryl ¡Qué bueno verte tío, suenas muy bien con la banda!». Estaba pensando: «¿Debería recordarle que hice una audición para él?». Y lo decidí. Le dije: «No sé si lo recuerdas, Bruce, pero hice una audición para tu banda y no me aceptaste». Me miró y dijo: «¡Oh, sí! ¡La cagué!», y le dije: «No, no, no, Bruce. ¡Todo salió bien!. (Darryl Jones)

Cuando se le pregunta a Darryl Jones, de adolescente no era especialmente seguidor de los Rolling Stones, igual que en el caso de Mick Taylor. Recuerda, siendo todavía un niño, haber escuchado a menudo *(I Can't Get No) Satisfaction* en la radio, pero solo empezó a comprarse sus discos y a seguirles a parte de 1973 con *Angie*.

Los Stones ya me gustaban, pero entraron en mi radar a nivel, digámoslo así, profesional, a través de una chica con la que empecé a salir y se convirtió en mi novia en 1989. Ella sí que era una fan total y ponía sus discos constantemente. Cuando salió a la venta *Steel Wheels*, lo ponía una y otra vez y llegué a engancharme con ese disco, tanto que un día le dije: «¿Sabes? por la forma en la que toco, creo que podría trabajar con ellos». Y esto pasó mucho tiempo antes de que Bill Wyman dejara la banda, te hablo de la Navidad de 1989. Aunque debo decirte, por ejemplo, que me gustaba muchísimo un álbum como *Some Girls*, sobre todo en su vertiente más disco. Si escuchas «Miss You», el trabajo de Bill Wyman en esa canción es brillante. La forma en que hizo las subidas y bajadas en ese tema es increíble. (Darryl Jones).

Darryl entró en la lista de posibles sustitutos para Bill Wyman por un lado a través de Sandy Torano, un productor de música para la televisión especialista en *jingles* de publicidad, antiguo miembro de la Average White Band. Darryl era amigo suyo y grababa a menudo música para sus campañas publicitarias, de manera que Sandy, que trabajaba también para el *management* de Mick Jagger en solitario, fue quien le propuso, cuando Bill Wyman dejó la banda, intentar hacer una audición y le facilitó los contactos con el entorno de los Stones. De hecho, cuando contactó con su oficina y le confirmaron que podría hacer una prueba, le dijeron que el propio Mick Jagger le conocía y se acordaba de él de cuando visitó a Sting durante el rodaje en 1985 del documental *Bring On The Night* que se hizo para apoyar la salida del doble disco en directo del mismo título. «Ni por asomo imaginé que Mick Jagger se acordaría de mí», recordaba. «¡Buena señal!, pensé».

Al mismo tiempo, en 1987 Darryl había conocido a Keith Richards a través de sus amigos Charlie Drayton y Steve Jordan, que entraron en los X-Pensive Winos, con los que Keith grabó su primer álbum en solitario *Talk Is Cheap* e incluso fantaseó con la idea de haber formado parte del grupo, ya que no siempre la formación en el estudio era estable. «Cuando escuché Talk Is Cheap pensé: Si eso es rock & roll, quiero tocar rock & roll con esos tíos».

El 21 de junio de 1993 Darryl Jones acudió a los SIR Studios de Nueva York invitado por los Stones a hacer una audición con ellos. Según recordaba el propio Darryl, a modo de precalentamiento empezó a tocar las líneas de bajo de *Licking Stick* de James Brown e inesperadamente para él, Charlie Watts se sentó a la batería y empezó a seguirle. Esa fue la primera canción que tocó como posible aspirante a entrar como bajista de los Rolling Stones, a la que siguieron *Brown Sugar*, *Miss You*, *Honky Tonk Women* y probablemente ocho o diez de las canciones más populares de los Stones.

A primeros de septiembre, los Stones volvieron a ponerse en contacto con Darryl y le dijeron que fuera a Irlanda, al estudio casero de Ronnie Wood para hacer una nueva audición, pero cuando llegó allí, tras tres días de ensayos y *jam-sessions*, le dijeron: «Darryl, estamos grabando un nuevo disco de estudio, y queremos que grabes las partes de bajo. ¿Puedes volver a principios de noviembre?».

De esta manera nuestro hombre grabó como bajista *Voodoo Lounge* en Irlanda entre el 3 de noviembre y el 11 de diciembre, día en el que terminó la grabación del disco y quedó listo para mezclar.

Dato a tener muy en cuenta: el 18 de diciembre de 1993 Keith Richards celebró su 50 cumpleaños con una gran cena en el Metropolis Restaurant de Nueva York. Entre los que recibieron una invitación personal a esa cena, estaban Eric Clapton, Ronnie Wood, Bobby Keys, Phil Spector, Naomi Campbell, Jann Wenner, fundador y editor de la revista *Rolling Stone*, Kate Moss, Jon Bon Jovi, Slash de Guns N'Roses… y Darryl Jones.

El 14 de enero de 1994 los Stones, que estaban mezclando el álbum en Los Ángeles con Don Was, llamaron a Darryl de nuevo para que estuviera presente en la mezcla del disco y pasar un buen rato tocando algunos temas… o al menos eso le dijeron. «Ya llevábamos dos días tocando en plan informal. El 16 de enero me pasé por el estudio por la tarde y vi en la sala principal a Charlie y a Keith improvisando. Entonces les dije: "Hola, ¿qué hacemos hoy? ¿cómo va Don con las mezclas?" a los que Charlie dijo: "¿No crees que deberíamos decírselo?" Y entonces Keith dice: "Sí, tienes razón. Está bien, Darryl. Este verano empezamos una nueva gira por Estados Unidos para presentar este nuevo álbum. Queremos que vengas con nosotros, si aceptas, eres el nuevo bajista de la banda". Básicamente así fue como descubrí que me iba de gira con los Stones como su nuevo bajista».

Darryl Jones hizo su primer show en directo como bajista de los Rolling Stones el 19 de julio de 1994 en el RPM Club de Toronto,

Canadá en uno de los típicos conciertos tipo *warm up,* de ensayo general con público. «Fue grandioso. Fue ruidoso. Nunca había tocado con tipos que tocaran tan alto, ni siquiera en un club. Pero habíamos ensayado tanto tiempo antes, casi nueve semanas, que a pesar de que ninguno de ellos había tocado esa música desde las giras del *Steel Wheels,* estamos hablando de cuatro años, todo fluía con una naturalidad increíble. Nunca antes había tocado con una banda que aun siendo por momentos tan caótica, funcionasen casi por una especie de telepatía que solo percibes cuando tocas con ellos. Unos días más tarde hice con ellos mi primer gran concierto en el estadio RFK de Washington. Yo ya estaba acostumbrado por las giras con Sting y Madonna a las grandes *venues,* pero aquello era otro mundo. Los fans de los Rolling Stones son algo que no tiene nada que ver con los fans de otros artistas, se vuelven locos en cada show, sienten mucha más pasión y mucho más fervor, y te lo transmiten».

Desde aquellos días, han pasado ya 30 años. Y Darryl, aunque no aparezca en las fotos de promoción, ni en la portada de los discos, ni forme parte de la sociedad de negocios que gestiona los asuntos de los Rolling Stones, es para los fans a todas luces, un miembro más de la banda.

Unas declaraciones que tienen que ver con nuestro país y que creo son sumamente significativas, en relación con el grado de compromiso, identificación e incluso la ligazón afectiva que Darryl ha desarrollado en todos estos años como bajista del grupo. «La música es un santuario para los músicos. Si lo peor que puedas imaginar que está sucediendo en el mundo sucede en ese momento, todavía tienes la oportunidad de subir al escenario, donde realmente no puedes pensar en eso y evadirte. Pero te das la vuelta y te das cuenta de que "Charlie no está aquí" y eso te aplasta, pero luego te das la vuelta y hay música para tocar. Tienes que volver a ello. Mi dolor por perder a Charlie me ha asaltado en lugares extraños. Estuve en Madrid este año, en junio de 2022. Esta era la segunda gira que hacíamos después de su muerte y el primer concierto era justo en la víspera del día de su cumpleaños. Me senté en mi habitación del hotel y comencé a escribir. No sabía si iba a publicarlo, pero comencé escribiendo sobre él y terminé llorando como un niño. No estaba seguro de si iba a publicarlo. Dejé que el asistente de Keith, Tony Russell, lo leyera y le dije: "¿Crees que a Charlie le importaría si publicara esto?" Dijo:

"Darryl, no hay nada aquí que a Charlie no le encantase. Publícalo, por favor". Y además me dijo: "Por cierto, estás en la habitación en la que habría estado Charlie en esta gira". Entonces entendí por qué sentí en Madrid una emoción tan fuerte pensando en mi querido Charlie».

STEVE JORDAN

Un caso muy parecido al de Darryl Jones. Charlie Watts, el eterno batería de los Rolling Stones quien, a excepción de unos pocos años en la década de los 80 en los que tuvo problemas de adicción al alcohol y a las drogas y un cáncer de garganta, que sin embargo superó a través de radioterapia sin problemas en el otoño de 2004, siempre hizo una vida saludable y nunca tuvo problemas de salud, hasta su inesperado final el 24 de agosto de 2021.

Sostiene Keith Richards, al menos según lo que declaró al periodista de la *CBS News* Anthony Mason en marzo de 2022, mientras Keith había reunido a los X-Pensive Winos para actuar en el Love Rocks NYC, un concierto benéfico en el Beacon Theatre de Nueva York, a Charlie se le había detectado desde hacía un año antes nuevamente un cáncer, algo que mantuvo en secreto hasta que la enfermedad físicamente le imposibilitó sentarse de nuevo tras la batería para hacer una nueva gira con los Stones.

Cuando en el verano de 2021 el grupo había empezado los ensayos de la gira americana, Charlie les anunció que no se encontraba en condiciones de salir de gira con ellos, pero que se recuperaría y que se uniría a los Stones de nuevo en el *tour* europeo de 2022, que ya estaba planeado y que la oficina del grupo estaba empezando a diseñar paralelamente al americano. Y siempre insistió en que no cancelasen la gira, que siguieran adelante, que la maquinaria Stone no debía parar. *The show must go on...*

De hecho, Charlie fue tajante: «No hagáis ninguna audición. El mejor batería que podéis contratar, hasta que yo vuelva a poder tocar en directo, es Steve Jordan. Llamadle, es el mejor». «No concibo ninguno como él para poder estar en mi lugar», aseguró Keith que fue lo que Charlie les dijo el día que les anunció que no podía ir de gira con ellos. Obviamente, le hicieron caso.

Tal vez dentro de unos años esta versión cambie o el grupo quiera desvelar si el curso de los acontecimientos fue en realidad diferente de lo que ellos mismos contaron, pero en el verano de 2021, en principio, la baja de Charlie Watts era temporal y se contaba con su recuperación para la gira Sixty por Europa en 2022. Tres semanas después de la publicación de la noticia de que Charlie no haría la gira USA, el 24 de agosto se dio a conocer en todo el mundo la noticia de que Charles Robert Watts, el querido y entrañable Charlie, había fallecido.

Steve Jordan, nacido el 14 de enero de 1957 en Nueva York, estudió batería y percusión en la High School of Music and Art de su ciudad natal, donde se graduó en 1974, empezando desde entonces su carrera en la música. Tocó desde entonces con Stevie Wonder, Joe Cocker y The Blues Brothers. En 1986, cuando Keith Richards y Ronnie Wood grabaron con Aretha Franklin una versión de *Jumpin'Jack Flash* para la banda sonora de la película del mismo nombre protagonizada por Whoopie Goldberg, fue cuando Steve Jordan entró por primera vez en contacto con ellos y fue el batería que grabó esa versión. A raíz de ese encuentro, Keith le llamó un año más tarde para trabajar con él, en esta ocasión, en la grabación de la banda sonora de la película-documental de Taylor Hackford, sobre la vida de Chuck Berry, *Hail, Hail Rock'n'Roll!* y, posteriormente, para formar con él los X-Pensive Winos, su banda paralela a los Rolling Stones, con quienes grabó *Talk Is Cheap* (1988), *Main Offender* (1992) y *Crosseyed Heart* (2015).

Keith Richards afirmó siempre que Steve Jordan era quizá junto a Gram Parsons el músico con el que mejor se había compenetrado fuera de los Stones y que sería alguien que siempre estaría musicalmente en su entorno. De hecho, en 1989 hizo su primera colaboración con los Stones en la grabación de *Steel Wheels*; tocó la batería en «Almost Hear You Sigh».

Sin embargo y tal y como Steve Jordan relató a *Rolling Stone* en 2021, su primer contacto con los Rolling Stones llegó precisamente... ¡a través de Charlie Watts! Estaba el grupo en París, en los Pathé Marconi Studios grabando *Dirty Work*, y según recordaba Jordan: «Charlie me invitó al estudio en 1985, cuando coincidió que yo estaba en París produciendo un disco con una banda derivada de Duran Duran llamada Arcadia, que estaba formada por Nick

Rhodes y Simon Le Bon. Charlie me preguntó si podía tocar la batería, a lo que le dije: "Por supuesto que no". Yo no haría eso. Pero yo tocaba percusión o aumentaba algunas cosas que él estaba haciendo. Tal vez si quisiera un apoyo adicional o una percusión le seguiría el juego. Haría algo así, pero no tocaría la batería. Eso habría sido un sacrilegio. Era halagador, pero como fan incondicional de los Stones, no podía sentarme en la misma batería que Charlie. Solo hay unos pocos baterías que hayan tocado en las pistas de los Stones, mientras Charlie estaba vivo. Por ejemplo, Kenney Jones, quien tocó en *It's Only Rock'n'Roll* con Willie Weeks en el bajo, ya que la canción fue realmente cortada con Ron Wood en Londres, antes incluso de empezar la grabación de ese disco. Luego, Jimmy Miller tocó la batería en *You Can't Always Get What You Want* y *Happy*, porque Jimmy Miller estaba produciendo y resultó ser un excelente batería. Tenía ese pulso, ese funk neoyorquino, ese ritmo clave para reforzar ese aspecto de la banda, como hizo con Traffic y Spencer Davis Group. Y luego Sly Dunbar tocó en *Undercover of the Night*. Pero eso era algo específico que buscaban en ese momento. No era mi caso en 1985».

Mientras tanto, la reputación de Jordan no hizo sino crecer y crecer: como batería, grabó con Sonny Rollins, B.B. King, Stevie Nicks, Sheryl Crow, Kelly Clarkson, Solomon Burke, Neil Young, Jon Spencer Blues Explosion, Don Henley, John Mayer Trio —con Pino Palladino como bajista—, Bruce Springsteen, John Scofield, Bob Dylan o John Mellencamp entre otros, mientras que, en su faceta como productor, nombres como los de Boz Scaggs, Patti Scialfa o Herbie Hancock, entre otros, han grabado en estudio con Steve Jordan sentado detrás de la mesa de mezclas.

Recordando como fue su proceso de incorporación a los Stones, asegura: «Te puedo asegurar que casi tanto como los conciertos, disfruto muchísimo de los ensayos, y creo que a ellos les pasa lo mismo. Los ensayos son increíbles porque básicamente tocábamos cinco horas seguidas, y se nos pasaban sin apenas darnos cuenta, apenas hacíamos descansos. Para la gira americana de 2021 montamos unas 80 canciones, incluso creo que algunas más. Por supuesto, todo tiene que ser resumido porque hay 14 temas que deben tocarse para que la gente sienta que valió la pena pagar su ticket para escuchar los clásicos de toda la vida. Pero cuando realmente lo pasábamos mejor era tocando piezas no tan habituales, como *All Down the Line, If You Can't Rock Me, Live With Me, Parachute Woman, Sweet Virginia, Dead Flowers, Far Away Eyes, Shattered, She's So Cold, Black Limousine* o *She Was Hot.* Tocábamos de todo. Tocamos mucho también *Moonlight Mile, Memory Hotel, Sad, Sad, Sad* y *Around And Around* y fue realmente genial.

> La mañana en que recibí la noticia de la muerte de Charlie fue uno de los peores días de mi vida. Todavía se me destroza el corazón al recordarlo. No olvides que justo la semana antes de su fallecimiento, los ensayos adquirieron una energía diferente porque estábamos optimistas sobre su recuperación. La semana anterior dijimos: «¡Charlie se está recuperando, esto va a ser genial!». Toda la energía de los ensayos fue aún más optimista porque nos dijeron que se sentía mucho mejor. Estábamos tocando con menos carga, con menos presión. «Vamos a hacer esto y tocar aquello, Charlie regresará y todo será genial», esa era la filosofía. Eso quizá hizo que la noticia fuera aún más impactante y trágica, ya que la semana anterior había una mentalidad completamente diferente. Pero Mick y Keith supieron manejar la situación muy bien. (Steve Jordan).

La entrada de Steve Jordan en los Rolling Stones ha dado sobradamente la razón a Charlie Watts. Ha sabido ser un digno sustituto, un profesional competente y eficaz, como muy pocos habrían podido ser en estas circunstancias, y aunque no figure como miembro oficial del grupo, creo que nadie puede dudar de que ya es todo un Stone...

* * *

Los diez falsos mitos más extendidos en la historia de los Rolling Stones

De Freddie Mercury se dijo en la prensa musical inglesa que llegó a acostarse con 20 chicos diferentes en una sola noche durante una fiesta que Queen organizaron en su *suite* principal de un hotel en San Francisco. De Paul McCartney, que murió en un accidente de automóvil en 1966 y que, desde entonces, tenía un doble en los Beatles. De Ozzy Osbourne, que comía murciélagos vivos, de Led Zeppelin que sus canciones escuchadas al revés se podían traducir como oraciones de alabanza al diablo en latín y de Robert Johnson, que consiguió su éxito y su fama merced a vender su alma al diablo, en el cruce de caminos de las carreteras 61 con la 49 de Clarksdale, Mississippi.

En ocasiones alimentados por los propios músicos para crear un halo de misterio y de morbo en torno a su figura, rumores y leyendas urbanas de lo más inverosímil, por no decir estúpido, se han fabricado en torno a muchos de los grandes nombres de la historia del rock y han perdurado con el tiempo, aun cuando fueran auténticos disparates. En concreto en el caso de los Rolling Stones, es uno de los grupos que acumula más cantidad de falsos mitos acerca de muchos episodios de su carrera. Con una considerable carga de ironía y en clave de cachondeo, si les parece, les propongo que nos riamos un poco de la calenturienta imaginación de algunos paranoicos, desmontando los falsos mitos más extendidos e increíblemente asumidos por gran parte del público, incluso por parte de algunos fans.

1. LOS ROLLING STONES ERAN
DEVOTOS DEL SATANISMO

A finales de los años 60, debido a la ocurrencia de titular uno de su álbumes *Their Satanic Mejestic Request*, por canciones como «Sympathy For The Devil» y otras anécdotas similares, junto al viejo mantra de que el rock'n'roll era la música del diablo —esto se repetía desde que Elvis Presley meneó sus caderas en la televisión americana a mediados de los años 50, la leyenda de Robert Johnson y bla, bla, bla— empezó a tomar forma el mito de que los Rolling Stones practicaban cultos satánicos y eran adoradores del diablo.

De hecho, algunos supuestos *expertos* en historia sagrada e interpretación de la biblia, aseguraban que Mick Jagger era el anticristo anunciado por el libro del Apocalipsis y que, gracias al éxito mundial de los Rolling Stones, reuniría en torno a él a las huestes dirigidas por el maligno en la batalla entre el bien y el mal, que culminaría el día del juicio final. Como hemos advertido en otro capítulo de este libro, el hecho de que Mick Jagger apareciera en los créditos de la película *Invocation of My Demon Brother*, del conocido satanista Kenneth Anger, como autor de la música y también algunas escenas del concierto de los Rolling Stones en el homenaje a Brian Jones en Hyde Park, no hicieron sino acrecentar la rumorología.

Pongamos las cosas en contexto. Cuando se desarrolló todo el fenómeno de la contracultura, tanto en Estados Unidos como en resto del mundo y quizá particularmente en Inglaterra, como reacción crítica hacia la religión tradicional dominante en esas sociedades, bien fuera el catolicismo, el anglicanismo o el protestantismo, se despertó un inmenso interés acerca de otras formas de espiritualidad, que iban desde el uso de drogas y sustancias psicodélicas como supuestos medios de *expansión de la conciencia,* al hinduismo —recuérdese el célebre viaje de los Beatles a la India o la relación de Pete Townsend de los Who con el Meher Baba— la meditación trascendental, el I Ching o la parapsicología y las ciencias ocultas.

En Inglaterra y en parte de Estados Unidos, especialmente en California, dentro de esa tendencia, en determinados ambientes hubo un frívolo y snob interés por el satanismo, la brujería, la magia negra y demás estupideces, especialmente entre las clases altas. El espiritismo y la *ouija,* una superchería que había adquirido una popularidad inmensa en la Inglaterra inmediatamente posterior a la I Guerra Mundial, ante los miles de muertos que tuvo el ejército británico en las batallas del frente occidental, de pronto, en los años 60, rebrotó con una fuerza inusitada en ese Londres cosmopolita de aristócratas ociosos, galeristas de arte, directores de teatro de vanguardia, etc., en el que Mick Jagger y Keith Richards entraron de la mano de Marianne Faithfull y sobre todo de Anita Pallenberg, donde, digámoslo así, se puso de moda el filósofo fundador del culto de Thélema Aleister Crowley, el ocultismo, el satanismo, al igual que en San Francisco Anton Szandor La Vey, el fundador de la Iglesia de Satán, quien se convirtió en un personaje de moda que llegó incluso a grabar discos y a aparecer en portadas de revistas como un icono más de la cultura pop, como Marilyn Monroe, Mickey Mouse o Elvis Presley.

Así pues, entre 1967 y 1969, los Stones se dejaron querer por ese ambiente y coquetearon, más por ese snobismo propio del momento que por otra razón, con esa moda, pero nunca tomándose aquella tontería en serio. Marianne Faithfull aseguró en su autobiografía que tras la muerte de Brian Jones, que les afectó muy profundamente a ella y sobre todo a Anita Pallenberg, fue cuando se metieron más en esa paranoia, que evidentemente las drogas alentaron hasta un grado cercano al paroxismo, tratando de conectar con el espíritu de Brian y cosas por el estilo. Ahí fue cuando Mick y Keith pudieron estar, influidos por ellas, más cerca de todo aquello, pero de ninguna manera se metieron en aquello más allá de la mera curiosidad y del postureo.

Marianne, yendo más allá, asegura que la razón por la que Mick aceptó colaborar con Kenneth Anger en *Invocation Of My Demon Brother* no fue otra que se dio cuenta de Anger estaba totalmente enamorado de él y de que, en el fondo, aunque Mick no fuera homosexual, se sentía halagado en su vanidad al ser objeto de deseo por parte tanto de hombres como de mujeres y que, en el caso de Anger, quiso ver hasta dónde podría ser capaz de llegar el *alumno de Lucifer*. De hecho, Anger se hizo un visitante habitual de la casa de Cheyne Walk en el verano de 1969 donde vivían Mick y Marianne, hasta un día en el que, en uno de sus, parece ser, frecuentes e imprevisibles abscesos de irascibilidad, discutió acaloradamente con la pareja y empezó a coger los libros de William Blake que había en la librería de la sala de estar y a arrojarlos por las ventanas. Mick Jagger no solamente le echó de allí a patadas, sino que cogió todos los libros de parapsicología, ocultismo, Wicca, etc, que había en la casa, hizo con ellos un paquete y les pegó fuego. Ahí terminó toda la efímera relación del cantante de los Stones con el satanismo.

En cuanto al título de *Their Satanic Majestic Request*, la idea se dice que fue de Brian Jones y en realidad, tan solo era una especie de broma relacionada con esa retórica frase que aparecía en los pasaportes británicos que decía: «Their Gratious Majesty Request...». Es decir, *Su graciosa majestad solicita...* que convirtieron en *La petición de su satánica majestad*. Una puya a la monarquía, bastante lógica si se piensa que, en el momento de grabar ese disco, acababan de salir de la cárcel acusados de delitos que se demostró no habían cometido, que habían sido atacados y denostados en la prensa de manera insoportable y que la policía les había hecho la vida materialmente imposible, todo ello en nombre de *su graciosa majestad...*

Acerca de la supuesta declaración de principios satanistas de los Stones que muchos pseudoperiodistas ignorantes atribuyeron a una canción como *Sympathy For The Devil*, según la cual Mick Jagger afirmaba ser la encarnación del propio Satanás, para quien todavía crea en semejante sandez, explicamos el origen de esta canción. Musicalmente, cualquiera que haya visto la película *One Plus One* de Jean Luc Goddard recordará la escena en la que se puede ver a Mick, Keith y Brian con las guitarras haciendo un ensayo de la canción en una versión muy primigenia, cuando todavía era una balada acústica muy dylaniana. Pero tras un viaje de vacaciones que Mick y Marianne hicieron a Brasil poco después, en el que Mick conoció de primera mano los ritmos, la percusión y la música brasileña y le gustó mucho, decidió que *Sympathy For The Devil* tomara otra orientación.

Sobre la controvertida letra, esta se inspiró en el libro *El maestro y Margarita*, del escritor soviético Mijaíl Bulgakov, en el cual se narra, de manera tan surrealista como hilarante, una supuesta aparición del diablo en la Unión Soviética, algo *a priori* difícil de concebir en un Estado oficialmente ateo como la URSS de los años 30. Algo de imaginación, de inteligentes metáforas y de juegos con la frase que Satán utilizaba para presentarse en la capital soviética —«Permítame que me presente...»—, bastaron para construir una letra sugerente, atractiva, que jugaba ciertamente con esa ambigüedad que tanto han explotado siempre los Stones y que al margen de la *maldición* de Altamont de 1969, se ha convertido en todo un clásico de la banda, imprescindible ya en todos sus conciertos.

2. LA CHOCOLATINA EN EL SEXO
DE MARIANNE FAITHFULL

No son pocos los psicólogos que afirman que, en numerosas ocasiones, los creadores y propagadores de bulos, rumores y noticias falsas, proyectan en los disparates que se les ocurren sus propias obsesiones o parafilias. Indudablemente este fue el caso de quien ideó el hilarante episodio del *cunnilingus* de Mick Jagger con su pareja Marianne en junio de 1967, mientras estaba teniendo lugar el juicio por posesión de drogas de Mick Jagger, Keith Richards y su amigo el galerista Robert Fraser, tras el registro policial que tuvo lugar en Redlands, la casa de Keith Richards en West Wittering.

Mick y Keith en el jardín de la casa de Redlands en West Wittering, donde se produjo el, tristemente, célebre registro por el que fueron procesados y encarcelados.

El domingo 12 de febrero de 1967 Keith invitó a Mick y Marianne junto a varios amigos, entre ellos George Harrison de los Beatles y Jimi Hendrix —aunque este finalmente no acudió— a pasar el día en Redlands. Almorzaron allí y después cogieron sus coches para acercarse a dar un paseo por la playa a pesar de que, según recordaba el propio Keith, el día fue frío, desapacible y sobre todo, con mucho viento.

A la vuelta, Marianne se había manchado la ropa, los zapatos y el pelo de agua, barro y arena, de manera que decidió subir al piso de arriba para darse un baño y lavarse la cabeza. No había llevado ninguna muda, ni ropa para cambiarse, de manera que cogió una enorme colcha de piel que había en el dormitorio y se cubrió con ella a modo de túnica. Poco tiempo después apareció una patrulla policial con una orden de registro, que procedieron a llevar a cabo tras las formalidades de turno e identificar a Keith Richards como el dueño de la propiedad. Los agentes se llevaron unas pastillas que Robert Fraser tenía en el bolsillo de su chaqueta, que resultaron ser heroína, un pequeño frasco de anfetaminas que Mick había comprado en Italia con receta médica y prescritas por su doctor, así como un cenicero con restos de hachís y unos botes de mayonesa y mostaza que sacaron del frigorífico en los que pensaban que podría estar escondida alguna sustancia ilegal.

Una de las inspectoras de policía que efectuó el registro pidió a Marianne Faithfull que se quitara la colcha, con lo cual quedó completamente desnuda a ojos de la agente, que lo hizo constar en el informe policial. A raíz de esa operación, perfectamente orquestada por la policía a través del topo que habían introducido en el entorno de los Stones, un supuesto *hippie* americano llamado David Schneidermann que les pasaba, según recordaba Keith, unos ácidos de una calidad fuera de serie y que estaba esa tarde con ellos, Mick y Keith fueron acusados de posesión de sustancias ilegales y procesados judicialmente. Marianne no fue acusada y cuando su abogado conoció el informe de la fiscalía, llegó a un acuerdo con el tribunal para que su nombre no fuera mencionado en el transcurso de la vista, aunque se la nombró en más de una ocasión como la «señorita X» o la «señorita cubierta con la colcha de piel».

Evidentemente todo el mundo sabía que la señorita cubierta con la colcha de piel era Marianne Faithfull, y la prensa sacó tajada de ello, inventándose la historia, publicada por algunas revistas y diarios sensacionalistas de que cuando la inspectora entró en el dormitorio del piso superior, Mick Jagger estaba haciendo un *cunnilingus* a Marianne lamiendo un bombón de chocolate Mars introducido en su vagina. Este falso mito se propagó a velocidad de vértigo por toda Inglaterra —al propio Mick le llegó estando en la cárcel— y propició que la revista *Private Eye* publicara en su portada el titular «Un bombón Mars llena ese hueco», conocido eslogan publicitario por aquel entonces de la famosa marca de dulces.

La invención de tal historia obviamente no buscaba otro efecto que reforzar en la opinión pública la idea de que los Stones y su entorno eran una pandilla de pervertidos degenerados, entregados a una vorágine de consumo de drogas y de sexualidad desenfrenada, entregados a toda clase de vicios y bajas pasiones, que merecían un escarmiento para dar ejemplo a la juventud británica. La oportuna publicación de la historia del bombón Mars en la vagina de Marianne buscaba, sin lugar al menor género de duda, influir en el veredicto del tribunal, para que la sentencia contra Mick y Keith resultase ejemplar y les mandara una buena temporada a la cárcel, lo cual estuvieron a punto de conseguir.

Evidentemente, la historia del cunnilingus con chocolate nunca fue real, nunca existió ninguna prueba ni testimonio por parte de los policías que acudieron a la casa de Keith de la famosa escena sexual, ni las revistas que publicaron aquella información rectificaron nunca. «A Mick no le gustaba el sexo oral. Durante el tiempo que estuvimos juntos, nunca lo practicamos», afirmó Marianne años más tarde.

3. LOS ROLLING STONES ORDENARON MATAR A BRIAN JONES

Cada día estoy más convencido de que, con la ingente cantidad de propagadores de bulos, creadores de rumores o pseudoperiodistas que inventan fantásticas historias para atraer *likes* a su Facebook, *retweets* o lectores a sus medios, es una pena que la industria del cine no aproveche el inmenso talento imaginativo de estas gentes como guionistas para los proyectos de películas de ciencia-ficción, terror, policiacas o infantiles. Se están perdiendo exprimir unas mentes calenturientas, con tal capacidad de inventiva esquizoide-paranoica, que les podrían producir entre siete u ocho producciones al año de éxito en taquilla y Netflix garantizado. Si alguno de los que están leyendo este libro trabaja en el audiovisual, créanme, no tarden en buscar por las redes o preguntar a amigos psiquiatras. Están perdiendo dinero.

Lo recuerdo perfectamente. Uno de mis maestros y más queridos amigos en la profesión periodística musical, El Pirata, me telefoneó un día para explicarme que estaba escribiendo un libro sobre historias controvertidas y sucesos luctuosos en el mundo del rock y quería saber qué opinaba yo acerca de, al parecer, una muy difundida leyenda urbana de la que yo nunca había oído hablar hasta ese momento: Cuando Mick Jagger, Keith Richards y Charlie Watts fueron a casa de Brian Jones el 9 de junio de 1969 para comunicarle que habían decidido continuar sin él y que ya habían elegido a Mick Taylor como su sustituto, le pusieron delante un papel en el que renunciaba al uso y a la propiedad del nombre The Rolling Stones y que, si no lo firmaba, le iban a quitar de en medio. Como, según este gran guionista de cine negro desperdiciado, Brian Jones se negó a firmar el papel, los Stones pagaron a los obreros que trabajaban en su casa el día de su muerte, para ahogarle en la piscina y simular que había sido un accidente.

La historia era digna de una gran película policiaca ¿verdad? ¿se imaginan al teniente Colombo entrando con su gabardina y su aspecto desaliñado en la piscina de una de las mansiones de Mick Jagger? Este, sentado en el porche, leyendo el *Financial Times*, gafas negras, su copa de champagne en la mano y preguntando el policía encarnado por Peter Falk: «Disculpe, señor Jagger, lamento molestarle. No se preocupe, solo le haré unas preguntas...».

Pero... un crítico de cine encontraría fallos en el guion. Sobre todo, uno fundamental: El nombre The Rolling Stones no pertenecía a Brian Jones.

Voy a contarles la historia más o menos como se la conté al Pirata. Entre 1963 y 1967 el nombre y la marca The Rolling Stones eran propiedad de su mánager Andrew Loog Oldham, como parte del contrato de representación que el grupo firmó con él, aunque Oldham aceptó ceder el uso con carácter comercial a su compañía

Decca Records, conservando en cualquier caso para sí la propiedad del nombre. Cuando, en octubre de 1967 Oldham dejó de ser mánager del grupo y el contrato se disolvió por acuerdo de las dos partes, los Stones aún debían por contrato tres discos de estudio a Decca y el sello se preocupó por la posibilidad de que, al terminar la relación entre grupo y mánager, el uso del nombre quedase en un limbo legal que les crease problemas, con lo cual antes de romper el contrato de *management*, Oldham aceptó una más que generosa oferta, de muchos miles de libras esterlinas detrás, para vender a Decca la propiedad del nombre y la marca. En el contrato de compraventa, una de las cláusulas establecía que la propiedad del nombre sería de Decca hasta el 31 de julio de 1970, fecha en la que el contrato entre el sello y los Rolling Stones oficialmente expiraba. A partir de ese día, si no se renovaba el contrato, la propiedad del nombre y la marca quedaría libre.

Dicho de otra forma, en junio de 1969 los Stones sabían cuál era la situación y sabían perfectamente que el nombre no era suyo, ni mucho menos de Brian Jones en exclusiva, de manera que resulta completamente absurdo que le chantajearan por algo que ni tenía, ni le pertenecía legalmente ni había estado a nombre de ninguno de ellos. El 1 de agosto de 1970, justo al día siguiente de la conclusión del contrato de los Rolling Stones con Decca, el príncipe Rupert Lowenstein, aristócrata austriaco que se ocupaba desde 1968 de los negocios de los Stones y de sus asuntos legales, registró en patentes y marcas del Reino Unido el nombre y la marca comercial e industrial The Rolling Stones a nombre de Mick Jagger y Keith Richards. Por aquel entonces, Brian Jones llevaba enterrado 14 meses en el Cheltenham Cemetery and Crematorium de Gloucester, Gran Bretaña.

Dato que con frecuencia pasa inadvertido: cuando Brian Jones fue despedido de los Rolling Stones, se pactó una generosa cantidad (10.000 libras de 1969) para él en concepto de indemnización, se le garantizó además durante un año una renta con cargo al presupuesto del grupo, asignación que cobraron íntegra sus herederos, en este caso sus padres, y se le permitiría en todo ese tiempo utilizar los servicios de la oficina de los Stones en Londres, como si todavía fuera un miembro más de la banda. Evidentemente, ello da cuenta del odio profundo que le tenían y de cómo estaban planeando su asesinato… (nótese la ironía).

4. LOS ROLLING STONES SE MARCHARON A VIVIR A FRANCIA PARA NO PAGAR IMPUESTOS EN INGLATERRA

Esta es otra de las leyendas urbanas más difundidas de la historia del grupo, que bien por desconocimiento o por ganas de perjudicar su imagen, más se ha mencionado en libros, artículos y reportajes hechos a base de corta y pega, refritos periodísticos y rellenos de dominicales de periódico escritos por el *listo* de la clase. Los Rolling Stones en efecto, decidieron abandonar su residencia habitual en Gran Bretaña en 1971 y establecerse en Francia, pero no para eludir el pago de impuestos.

La razón fue exactamente la contraria. Se marcharon del país precisamente para poder pagar la deuda que tenían con el fisco británico y regularizar su situación en un tiempo razonable. Más todavía; fue un importante cargo técnico del Ministerio de Hacienda de *su graciosa majestad* quien les recomendó irse a vivir a Francia, para poder facilitar el pago de las cantidades adeudadas.

La historia fue la siguiente: Cuando Allen Klein pasó a ser en 1967 el mánager de los Rolling Stones, entre sus funciones estaba la de llevar al día la contabilidad de la banda y el pago de los impuestos que generaban sus actividades. No transcurrió ni un año antes de que Mick Jagger empezara a notar que las cuentas del grupo no estaban claras y que había movimientos que no cuadraban. Fue entonces cuando, hasta donde el contrato les dejaba, parte de la gestión económica pasó a ser responsabilidad de Rupert Lowenstein, pero los temas fiscales siguieron corriendo a cargo de Allen Klein. Existen indicios de que Klein, temeroso de que el grupo estuviera empezando a pensar en sustituirle, urdió una complicada ingeniería financiera en la cual eludió el pago de los impuestos de la banda, se dice que para que cuando estallase el asunto y Hacienda entrase en serio a exigir los pagos, él se guardase como arma de negociación con el grupo ocuparse de arreglar el problema, teniendo a buen recaudo los capitales evadidos.

Pero más allá de las cuestiones económicas, los Stones estaban muy descontentos de cómo Klein llevaba los asuntos del grupo a otros niveles y cometieron el error de anunciarle que no iban a renovar el contrato de *management* en el que Klein se había subrogado cuando

Andrew Loog Oldham rompió con ellos. El neoyorquino entonces reestructuró toda la contabilidad de manera que, cuando el contrato se disolvió en julio de 1970, todas las cuentas del grupo habían sido legalmente vaciadas y durante cuatro años no se había pagado ni un penique a Hacienda. Para entonces, Klein ya se había marchado a Nueva York y ni siquiera les cogía el teléfono. *Take the money and run...*

El asunto estalló en el otoño de 1970, cuando al regresar a Londres tras tres semanas de gira por Europa, se encontraron con sus tarjetas de crédito bloqueadas, sus cuentas embargadas y varios requerimientos del Ministerio de Hacienda exigiendo unas cantidades que, con todas las sanciones asociadas y recargos acumulados, ascendían a varios centenares de miles, casi de millones de libras.

Fue entonces cuando la solución llegó precisamente de la mano de un jefe de inspección del ministerio con el que se reunieron y les aconsejó lo siguiente: «Miren, si se quedan en el país, con la intervención de Hacienda sobre todos sus ingresos, pueden estar entre cinco y seis años cobrando un penique y con mucha suerte, dos o tres chelines de cada libra que ganen. Si en cambio, se marchan a trabajar a un país cuya moneda tenga una convertibilidad favorable a su situación con la libra esterlina, pueden liquidar la deuda, dado el potencial de su actividad, beneficiándose de una negociación flexible con el Ministerio, a dos, como mucho tres años. ¿Qué les parece Francia?».

Pocos días después de aquella reunión, Rupert Lowenstein empezó a hablar con agentes inmobiliarios franceses... el resto de la historia ya es conocida.

5. *ANGIE* ERA UNA CANCIÓN DEDICADA A LA MUJER DE DAVID BOWIE QUE SURGIÓ TRAS UNA SUPUESTA RELACIÓN HOMOSEXUAL ENTRE BOWIE Y JAGGER

Uno de los falsos mitos más extendidos sobre esta preciosa balada es la estupidez, de la que más adelante hablaremos, sobre que esta canción se le ocurrió a Mick Jagger después de una alocada noche de copas y sexo en Londres en el otoño de 1972. Para empezar porque *Angie* es obra, tanto en música como en letra de Keith Richards, con independencia de que, desde los primeros años del grupo, se acordase que todas las canciones aparecerían firmadas por Jagger

& Richards, bien fueran escritas conjuntamente o por cada uno de ellos en solitario y, porque el motivo que la inspiró, el nacimiento de su hija Angela, se produjo varios meses antes del supuesto *affaire* sexual de Bowie y Jagger.

En marzo de 1972, cuando ya había terminado la grabación de *Exile On Main Street*, Keith estaba en un periodo crítico de su adicción a la heroína. Ya se había cerrado una larga gira por Estados Unidos para los meses de junio y julio para presentar el álbum y Keith no estaba, de ninguna manera, en condiciones de salir de gira, sin tener en cuenta lo que podría pasar si algún policía, en un registro rutinario, en un aeropuerto encontraba *jaco* entre sus pertenencias —como pasó cinco años después en Toronto— o si algún desaprensivo le pasaba heroína en mal estado o cortada con quién sabe qué clase de veneno. Mick le expuso claramente la situación y Keith se hizo ingresar en una clínica de Suiza para someterse a una profunda desintoxicación, rehabilitarse y estar en condiciones de poder salir de gira con el grupo rindiendo al máximo nivel.

Es el propio guitarrista quien explicó en su autobiografía *Life* la historia de cómo nació la canción. «Mientras estaba en la clínica de desintoxicación entre marzo y abril de 1972, Anita estaba en otro hospital en la misma calle, unas manzanas más abajo, trayendo al mundo a nuestra hija Angela. Una vez que salí de la peor fase del mono y empecé a sentirme algo mejor, cogí una guitarra y escribí *Angie* en una tarde, sentado en la cama, porque finalmente podía mover mis dedos y ponerlos en el lugar correcto otra vez, sin sentir que me hacía mis necesidades en la cama, ni subirme por las paredes, ni estar frenético. Simplemente dije: Angie, Angie. No se trataba de ninguna persona en particular; era solo un nombre, podía haber sido: Ohhh, Diana. No sabía que Angela se llamaría Angela cuando escribí *Angie*. En aquellos días no sabías de qué sexo iba a ser, hasta que aparecía».

Curiosamente, Angela no iba a ser tampoco en principio el nombre de la criatura. Anita eligió para ella el nombre de Dandelion, pero al nacer en un hospital católico, las monjas convencieron a sus padres que debía tener un nombre «como es debido», de manera que aceptaron que fuera inscrita con Angela como segundo nombre, algo que al final resultó ser una buena idea; según Keith, «en cuanto Angela creció un poco, nos dijo: no volváis a llamarme Dandy en la vida».

El falso mito dice que Jagger empezó a escribir *Angie* en la misma casa de David Bowie la mañana posterior a la noche en la que ambos se fueron de juerga, agradeciendo a Angela que le preparase un café bien cargado para combatir la resaca, así como que con quien había tenido una noche de pasión y sexo fue con la propia Angela y no con David Bowie, de manera que la canción venía a ser una suerte de declaración amorosa. Bueno, esto hubiera servido en este caso para un buen guión de comedia sentimental tipo *Love Story*. Este tipo de cintas en los 70 eran muy populares…

Sobre la mañana en la que Angela Barnett, la mujer de David Bowie se encontró juntos en la cama a su marido y al cantante de los Stones, explicó así lo que realmente sucedió según su versión. «Había pasado unos días fuera de Londres y regresé a casa como a las doce y media de la mañana. En efecto, Mick y David estaban en la cama, pero estaban vestidos y sin las cremalleras de sus pantalones bajadas, David recuerdo que ni siquiera se había quitado las botas. No habían movido la ropa de cama y el dormitorio apestaba a alcohol, con lo que imagino que, cuando llegaron, se limitaron a dormir la mona. De hecho, debieron tropezar con algún mueble, por que vi una silla tirada por el suelo. Les desperté, abrí las ventanas, ventilé bien aquello y preparé una buena cafetera».

6. KEITH RICHARDS SE CAMBIABA LA SANGRE DE TODO SU ORGANISMO EN UNA CLÍNICA SECRETA EN SUIZA

Otra de esas historietas que ponen de manifiesto que, los propagadores de bulos en el periodismo musical, tienen muy exiguos conocimientos de medicina. Según revela la ciencia médica, es materialmente imposible cambiar toda la sangre de un ser humano mediante las macrotransfusiones imaginadas por los aspirantes a doctores Frankenstein del siglo XXI. Ya simplemente el hecho de recibir una transfusión de sangre con una cantidad superior a la normal aumenta exponencialmente el riesgo de padecer reacciones hostiles del sistema inmunitario, que pueden afectar gravemente a órganos vitales como el hígado, los riñones o el corazón.

Paradójicamente, la creación este falso mito tenía parte de base real y en cierta manera fue propiciado por el propio Keith Richards. La historia comienza en septiembre de 1973, cuando los Rolling Stones iniciaron su gira europea para presentar *Goats Head Soup* y se encontraron con el mismo problema que un año antes. Keith había vuelto a hacerse adicto a la heroína y además, en los primeros shows del *tour,* estaba haciendo actuaciones desastrosas que repercutían en el nivel de todo el grupo —los primeros conciertos de la gira europea del 73 fueron de los pocos en los que, a lo largo de su historia, la prensa musical afirmó que los Stones estaban haciendo muy malas actuaciones—, volvía a existir el riesgo de una sobredosis o una detención en un aeropuerto...

Pero esta vez la solución tenía que ser *exprés,* porque el grupo ya estaba en gira y Keith no podía pasar tres semanas en un centro de desintoxicación. La solución vino de la mano de Marshall Chess, quien había sido adicto y que explicó al grupo que el médico que le trató para su desintoxicación, el doctor Denber, podía sacarle toda la heroína del cuerpo en 48 horas, sin necesidad de pasar el mono y dejarle totalmente limpio mediante un tratamiento de transfusiones, en gran medida similar a las hemodiálisis a las que se someten los enfermos de diabetes. Es decir, en realidad sí era un cambio de sangre... pero no de todo su organismo.

Así, aprovechando el parón de cuatro días en el *tour,* en la mañana del 20 de septiembre Keith Richards voló desde el aeropuerto de Heathrow con dirección Zúrich para ese tratamiento de choque en la clínica del Dr. Denber en Villars-sur-Ollon, Suiz. A pesar de que iba de riguroso incógnito, un periodista le reconoció en la zona de tránsito y cuando le preguntó por qué iba a Zúrich, Keith le dijo literalmente: «Cállate, cabrón... voy a Suiza a que me cambien la sangre». Obviamente, el asunto solo tardó unas horas en trascender a la siempre sensacionalista y amarillenta prensa inglesa y la bola de nieve empezó a crecer, a crecer... hubo quien dijo que Keith se cambiaba toda la sangre dos veces al año. En otras ocasiones, el guitarrista aseguró que había dicho lo del cambio de sangre a modo de broma, harto de que siempre le preguntaran cómo conseguía desintoxicarse.

En su libro *Up & Down With The Rolling Stones,* Tony Sánchez asegura que Keith le dijo, hablando del procedimiento: «En realidad, es bastante sencillo. Simplemente fue cambiando la sangre poco a poco y sustituyéndola por otra limpia, para que no hubiera heroína en nuestros cuerpos después de cuarenta y ocho horas. No sentí ningún dolor y pasé el resto de los días descansando y recuperando fuerzas».

En cualquier caso, por lo menos hasta que volvió a recaer, el método funcionó. El Keith Richards que volvió de Suiza hizo actuaciones formidables, el grupo recuperó solidez, seguridad y, de hecho, sus históricos conciertos del 17 de octubre de 1973 en el Forest National de Bruselas se recuerdan como de los más apoteósicos que los Stones han hecho en toda su historia, y no es exageración. Cualquiera que escuche el legendario *bootleg Brussels Affaire* —también conocido en otras versiones como *Bedspring Symphony*— comprobará que pocas veces hicieron versiones tan impresionantes y demoledoras de temas como *Midnight Rambler* o *All Down The Line* como las de aquella noche en la capital belga.

7. MICK JAGGER SE INYECTA HORMONAS DE MONO PARA MANTENERSE JOVEN

En los años 20 del siglo pasado, un célebre médico endocrino ruso afincado en Francia, Sergei Voronov, creyó haber encontrado, tras haber pasado un tiempo estudiando en Egipto la fisiología de los eunucos, el secreto de la eterna juventud.

Según los estudios de Voronov, el precoz envejecimiento y la débil salud de las personas a las que les habían extirpado sus testículos de niños evidenciaba que, si se inyectaba esperma en la sangre de las personas, esto tenía un efecto regenerador en su organismo de tales dimensiones que el proceso natural de envejecimiento se detenía. El problema era que el efecto rejuvenecedor no era permanente y se agotaba cuando el organismo asimilaba todo el semen. Así que, buscando una fuente más duradera, probó haciendo trasplantes de testículos de cadáveres de condenados a muerte a ancianos millonarios dispuestos a pagar cifras astronómicas para recuperar su perdida juventud. Increíblemente, aquella técnica cobró una inmensa popularidad, pero como no había suficientes condenados a muerte para satisfacer la demanda de trasplantes testiculares, por similitud genética y tras realizar varias pruebas, encontró la solución: trasplantar testículos de monos.

El fracaso fue total y absoluto. Es cierto que en las primeras fases se producía un aparente rejuvenecimiento, sobre todo en los músculos faciales, pero ello no era sino una respuesta del sistema inmunitario a la introducción de un cuerpo extraño que no reconoce como suyo, y las reacciones de rechazo inmunitarias provocaron a los trasplantados graves problemas de salud y en más de un caso, la muerte por complicaciones renales. Pero años más tarde, se siguió investigando en la supuesta capacidad regeneradora de las hormonas de los simios y llegaron a comercializarse en forma de inyecciones, que se dice proporcionaban una extraordinaria resistencia física y una inmensa capacidad antioxidante. Pero de nuevo, en modo alguno nada de eso se producía en las personas que se las inyectaban. Incluso, en algunas personas produjeron graves problemas de enfermedad cardiovascular.

Bien, pues alguien publicó en 1992 que Mick Jagger se inyectaba regularmente hormonas de mono, lo cual en teoría era el secreto de su excelente estado de forma física e incluso de su legendaria voracidad sexual. Ronnie Wood recordó que uno de los momentos en los que los cinco Stones más se han reído juntos en toda su vida fue cuando durante una conferencia de prensa en México una periodista le preguntó a Mick por las famosas inyecciones y los cuatro estallaron en una sonora e incontenible carcajada.

Según han dicho siempre las personas más cercanas al entorno de Mick Jagger, además de poseer una genética heredada de su padre que le permite gozar de una excelente salud, su vitalidad se debe a ser, desde hace muchísimos años, alguien que cuida de manera metódica y sistemática su salud, tanto física como mental, practica hábitos de vida saludables, entre los que están hacer ejercicio físico diariamente en diversas sesiones de running, bicicleta, kickboxing, pilates y baile: mantener una dieta equilibrada a base de frutas, verduras, pollo, pescado, pasta y arroz integrales, patatas cocidas y suplementos vitamínicos y no fumar desde 1966, aunque sin embargo, le encanta el chocolate, consume bastante café y bebe alcohol moderadamente, limitándose de manera habitual al vino, la cerveza y el champagne. Según su preparador y entrenador personal, Torje Elke, «Mick es una persona extraordinariamente autodisciplinada. Es consciente de lo que se espera de él cada vez que se sube al escenario y vive para dar el máximo en cada gira».

8. MICK Y KEITH NO SE HABLABAN EN LOS AÑOS 80

Otro de esos mitos a los que se podría aplicar aquella máxima de que la peor mentira es la verdad a medias. Es cierto que entre 1983 y 1988 hubo un distanciamiento y una frialdad muy considerable entre Mick y Keith, salpicada por algún episodio de cruce de declaraciones muy desafortunado e inoportuno de uno contra otro en la prensa, pero nunca llegaron a romper sus relaciones hasta el punto de no hablarse, excepto en ocasiones muy puntuales.

Lo que convencionalmente se ha conocido como la *tercera guerra mundial*, es decir, ese periodo de enfrentamiento y de desencuentro entre Mick y Keith a mediados de los 80 se produjo, tal y como el propio Keith Richards explicó en su autobiografía *Life*, básicamente por dos motivos.

El primero de ellos, el hecho de que, en 1984, Mick se negase a que los Stones salieran de gira para presentar *Undercover*, —disco en cuya grabación ya habían saltado las primeras chispas entre los dos líderes de la banda, que discutieron de manera muy frecuente y a veces muy agria sobre cómo debería ser o no aquel, por otra parte, muy desafortunado trabajo— y el segundo, que en el nuevo contrato que los Stones habían firmado con la CBS, Mick había incluido a última hora en dicho contrato que tendría derecho a grabar hasta tres discos en solitario, editados por CBS, con cargo al presupuesto global destinado al grupo, algo de lo que, asegura Keith, el resto del grupo no fue consultado ni informado. «Si quieres grabar discos en solitario, OK. Pero no con mi dinero», fue la frase lapidaria de Keith Richards en su autobiografía.

La situación se agravó cuando, tras la grabación y edición en 1986 de *Dirty Work*, muy controvertida y llena de problemas, no solo entre Mick y Keith —Charlie Watts se marchó un día del estudio dando un portazo y, según se cuenta, llegó a decir privadamente a Mick Jagger que se iba de la banda, siendo Bill Wyman quien le convenció de no anunciar tal cosa y pensárselo mejor pasados unos meses—, Mick volvió a negarse a que los Stones salieran de gira, anunciando que iba a sacar un nuevo disco en solitario y que además, esta vez, iba a formar una banda para sus conciertos. «Si Mick hace una gira sin nosotros ¡le cortaré el cuello!», fue la reacción de Keith a la noticia de esa gira. La reacción de Mick fue decir en los tabloides británicos que muchas veces sentía que los Rolling Stones eran como «una losa colgada a su cuello».

Mick Jagger nunca lo admitió oficialmente, pero se sabe que tomó esa decisión cuando aún existía la posibilidad, cosa que solo se supo años más tarde, que más allá de las frías y tensas relaciones con Keith Richards, de haber planteado una posible gira para *Dirty Work*. El problema surgió cuando el grupo se reunió para ensayar, probar la máquina y ver cómo estaban de forma física y musical, Jagger se encontró con que Keith había vuelto a la heroína, Charlie Watts, sorprendentemente y por primera vez también se había convertido en un *junkie* y Ronnie Wood estaba totalmente alcoholizado. Comentó a alguno de sus íntimos: «Salir de gira con los Stones en estas condiciones sería firmar la sentencia de muerte de la banda. No seré yo quien lo haga».

En realidad, y a pesar de que muchos fans odiamos a Mick por haber hecho tal cosa en ese momento, si realmente fueron así los acontecimientos, hoy no podemos más que darle las gracias.

Pero aún en medio de esa crisis, la más grave que el grupo había atravesado en toda su historia, Mick y Keith nunca rompieron su relación personal. De hecho, los dos reconocieron más tarde que en realidad aquel juego de declaraciones cruzadas en la prensa llegó a ser un juego que les divertía, en plan de decir «¡a ver quién dice la próxima burrada más gorda!», de las que luego se reían juntos a carcajadas en el sofá de la casa de Keith en Connecticut.

Keith Richards en declaraciones a Jordi Tardá en su programa *Tarda Tardá* de Catalunya Radio, 1992: «Aunque parezca increíble, incluso durante la *tercera guerra mundial*, Mick y yo nunca rompimos del todo. Te pondré un ejemplo. En el verano de 1988, llamé por teléfono a Mick y le dije: "Oye cabroncete, voy a sacar un disco con una banda que he formado, los X-Pensive Winos. Vente a casa, escúchalo y dime que te parece". Mick aceptó y vino, nos servimos unas bebidas, le puse el disco y, como a la segunda o tercera canción, le dije que me iba un momento al lavabo. Desde la puerta entornada del salón, le miré sin que me viera y estaba bailando por toda la habitación entusiasmado. Intenté que no me oyera reírme y cuando notó que entraba, se sentó de inmediato, puso cara sería y me dijo: Uuuhmm...no está nada mal ¿eh?».

9. CHARLIE LE PEGÓ UN PUÑETAZO A MICK EN ÁMSTERDAM

Sobre este asunto, existen dos versiones, de nuevo contradictorias, aunque todo indica que la segunda podría ser la más creíble y la primera, fruto de la exageración. Según la primera versión, los Stones se encontraban en Ámsterdam, en los días previos al comienzo de su gira por Europa *Urban Jungle* de 1990 y una noche después de cenar, Mick, Keith y Ronnie se fueron a tomar copas por la ciudad y se dice que Mick bebió hasta emborracharse completamente, tanto que de vuelta al hotel, llamó de manera muy escandalosa a la habitación de Charlie, quien ya estaba acostado, diciéndole que bajara al bar del hotel a tomarse otra copa con ellos, gritando «Vamos, Charlie ¿dónde está mi pequeño batería?». Charlie supuestamente salió de la cama, se vistió, bajo al bar perfectamente vestido e incluso perfumado, se colocó delante de Mick y le dijo sin gritar, pero con una enorme firmeza: «¡No vuelvas a llamarme en tu puta vida *mi pequeño batería*! ¡Tú eres mi jodido cantante!», tras lo cual le soltó un puñetazo en la cara que le hizo caer aparatosamente sobre una bandeja de salmón que había en una mesa cercana a la barra del bar y volvió a su habitación. Esta versión es la mantenida por Keith y Ronnie quienes, por otra parte, recuerdan que iban bastante cargados aquella noche, con lo cual quizá su memoria de los hechos fuera bastante difusa.

Cuesta creer semejante reacción en Charlie Watts, quien probablemente ante los golpes en la puerta de Mick, habría seguido durmiendo sin hacer caso. Más razonable parece la versión del episodio que se narra por Paul Sexton en su biografía autorizada de Charlie, *Charlie's Good Tonight*, según la cual, en efecto el batería se encontró con el resto de los Stones en el bar del hotel de Ámsterdam cuando estos regresaron de su visita a los disco-pubs de la capital holandesa y allí, entre copas, Mick hizo un comentario o una broma que provocó que, a modo de broma, Charlie frunciera el ceño, levantara el puño e hiciera el ademán de darle a Mick un puñetazo cinco segundos antes de echarse todos a reír. Pero alguien que presenció la escena se la comentó a alguien, este la exageró, y a partir de ahí...

10. KEITH SE ESNIFÓ LAS CENIZAS DEL CADÁVER DE SU PADRE

En 1973, cuando Keith le dijo a aquel periodista inglés que se iba a Zúrich a que le cambiaran la sangre, cuando ni existía Internet, ni menos aún las redes sociales, es comprensible que el guitarrista no imaginase de ninguna manera que un comentario hecho a modo de broma pudiera llegar a convertirse en una leyenda urbana de tales dimensiones, pero en 2007... de nuevo, una broma malentendida, sacada de contexto o intencionadamente distorsionada para ser convertida en un titular que acumulase millones de visitas en todo el mundo, dio pie a una descabellada historia, probablemente muy influida por la esta otra truculenta leyenda según la cual a falta de cocaína, las rock stars podrían esnifar cualquier cosa: desde una hilera de hormigas, según se dice que hizo Ozzy Osbourne, a polvo de huesos de cadáver, *hazaña* atribuida supuestamente a Steven Tyler de Aerosmith.

Un periodista de *New Musical Express* preguntó a Keith Richards en 2007 que era lo más increíble y extravagante que había esnifado en su vida y este le dijo entre risas: «las cenizas de mi padre». Claro, el titular tomado así, aisladamente, despierta la imaginación más truculenta y nos lleva a imaginar a un loco depravado capaz de cualquier excentricidad, incluida la de considerar los restos mortales de su progenitor un poderoso estimulante del sistema nervioso.

Keith nunca desmintió la historia, aunque sí la matizó y la explicó de manera que resulta indudablemente mucho más veraz y verosímil. «Ni lo negué ni lo admití. La verdad de todo el asunto es que, después de tener las cenizas de mi padre en una urna negra durante seis años, porque no tuve fuerzas para esparcirlas al viento, finalmente planté un robusto roble inglés para distribuirlas alrededor. Y cuando quité la tapa, un pequeño hilo de las cenizas se volaron y cayeron en la mesa. No podía simplemente limpiarlo, así que pasé mi dedo por encima y me esnifé ese minúsculo residuo. Cenizas a cenizas, de padre a hijo. Así de simple».

* * *

La guinda del pastel enorme del rock'n'roll

Por Vicente *Mariskal* Romero

A menudo me preguntan qué tienen para mí los Stones que los hace únicos, que me ha llevado a seguirles por todo el mundo, que se han convertido en unos referentes absolutos de todo lo que el rock significa. Por encima de todo, la actitud personal de unos transgresores, esa actitud de rebeldía, que es lo que marca el rock and roll en sí mismo. Sin ese punto rebelde, sería pop, eso está más claro que el agua. Es una forma de entender la vida, una tesitura que, de alguna manera, también es la mía, el inconformismo, la actitud contestataria, reivindicativa, tocapelotas si se quiere llamar así. La gente del rock'n'roll somos poco dados a la nómina, a la comodidad. Vamos a jubilarnos con lo mínimo y lo sabemos, pero esa es nuestra actitud.

Luego obviamente está también la evolución, su evolución social y musical. El concepto evolutivo de una banda que va más allá de lo que significaban los Beatles, que quizás tuvieran en el comienzo ese arraigo popular de dar el pistoletazo de salida de lo que significó mundialmente una nueva cultura urbana que se llama rock and roll. Los Beatles eran lo que pedían esos 60 y esa generación tan convulsionada que nace durante la Segunda Guerra Mundial. Esa generación que armará el mayo francés, que protestará contra la guerra de Vietnam, se replanteará muchas cosas y, en ese contexto es donde esa rebeldía de los Rolling Stones entra con fuerza. En relación a los Beatles, ellos dan un paso más al frente, comprometiéndose en muchos aspectos, sobre todo escandalizando, provocando, rebelándose contra la sociedad de aquel momento.

De lo que se trataba era de convulsionar a la sociedad en general, con una música que traté de dar a conocer cuando empecé a finales de 1968 el *Musicolandia*, en la desaparecida Radio Centro. En la careta de presentación del programa ya aglutinaba todo: Hendrix, Cream, Dylan y Muddy Waters con el *Let's Spend The Night Together* de los Rolling Stones, los Beatles con el Magical Mystery Tour... pero los Stones, musicalmente, son quienes, yo pienso, son los protagonistas de ese gran cambio social y cultural. Ese Jagger provocador, lascivo, sexual, es la imagen viva de esa rebeldía.

Para los que nacimos con el rock'n'roll, yo recuerdo que cuando empecé aquel programa de radio en 1967 llamado *La tabla redonda del disco* con Julián Ruiz, con Emilio Gil y otro chico más, José, cuyo apellido no recuerdo y cuya careta nos hizo Pepe Domingo Castaño, que ya estaba en nómina de Radio Centro, a ellos los Rolling Stones no les gustaban mucho porque eran gente que venía de familias de clase media-alta. Tanto Julián como Emilio procedían de familias

Los Stones durante una de sus actuaciones en directo.

más conservadoras y estructuradas, yo era más un chico de barrio y los Rolling Stones esencialmente eran música barrial. A ellos les gustaban mucho los Doors, los Buffalo Springfield, toda esa camada de músicos y de grupos más intelectuales, pero yo me escoraba mucho más hacia lo que eran los Stones, lo que era esa sinvergonzonería de unos tipos que venían a tocarle las pelotas al poder y a la sociedad en general.

No hay que olvidar en modo alguno además su energía en directo y lo que eran capaces de dar en sus conciertos. Conciertos realmente memorables: el disco en directo de 1970 *Get Year Ya-Ya's Out – The Rolling Stones In Concert!* grabado en el Madison Square Garden de Nueva York de finales del 69 es una joya que yo conservo todavía y que posee una vitalidad increíble, el documento sonoro, la foto histórica de un grupo de rock potente y demoledor, mamando del blues que es un clásico de clásicos. En ese bagaje es donde se forja y se fragua toda mi admiración por los Rolling Stones.

SIGUIENDO A LOS STONES EN LA ESPAÑA DE LOS AÑOS 70 Y ENTREVISTANDO A MICK JAGGER

A pesar de que, a partir de 1971, empecé a viajar frecuentemente a Londres y a otras ciudades como periodista de radio y para empezar traer grupos a la discoteca MM, nunca se dio la oportunidad de que pudiera ver a los Stones en concierto hasta que vinieron a Barcelona en 1976. Mi primera aproximación sería la célebre entrevista por teléfono que le pude hacer a Mick Jagger en 1973 en la gira europea que hicieron aquel año con el disco *Goats Head Soup* para la revista *Disco Express*.

En aquellos años se rumoreó, incluso se publicó en el reportaje que hice en la revista, que los Stones podrían haber tocado en alguna ciudad española en esa gira, pero en ese momento ni siquiera Gay Mercader tenía la infraestructura económica y material necesaria para poder optar a organizar un concierto del grupo, más aún con la situación que había en España.

La entrevista de *Disco Express* fue un hito por cuanto en mis viajes a Londres yo ya había estado haciendo programas en Radio Tele Louxemburg, entrevistamos a Rory Gallagher, estuvimos cubriendo la presentación de *Close To The Edge* de Yes en el Crystal Palace, e incluso yo había empezado además del *Musicolandia* el *Mariskal Romero Show* en una faceta radiofónica en cierto modo más comercial, con María del Mar Hernández al control, que era otra *stonmaníaca* total y que se volvía tan loca como yo cuando poníamos los temas del grupo en los programas de radio.

Dentro de esa pasión *stoniana* quería hacer todo lo posible porque vinieran a tocar a España y claro, mis programas intentaba que calentaran el ambiente, cara a esa posible visita del grupo a escenarios españoles, así como en mis colaboraciones para *Disco Express*. Entonces, en una de esas visitas a Londres que hice para traer a tocar a MM a una excelente banda de rock progresivo que llamaba Greenslade, la gestión se encauzó a través de la compañía, Warner Music, que estaba asociada con Atlantic, el sello que distribuía a los Stones a nivel internacional. Creo recordar que fue el A&R internacional de Warner el que nos consiguió el *phoner* con Mick Jagger en las mismas oficinas de la compañía en Londres.

No fue una entrevista muy larga, pero nos dio para hablar de lo bien que estaban funcionando sus últimos discos en España y sobre todo para desmentir ese rumor que difundió la prensa franquista según la cual ellos habían dicho que no querían venir a España hasta que no hubiera una democracia en el país. No lo dijo claramente, pero dio a entender que no venían porque no había aún suficiente estructura como para organizar en España un concierto del grupo. La entrevista tuvo un gran impacto y bueno… fue un paso más hasta que por fin fue posible que actuaran por primera vez aquí tres años después.

BARCELONA 1976

Los Rolling Stones volvieron a girar por Europa en el año 76, con el disco de *Black And Blue* con Ronnie Wood como nuevo guitarrista y la situación en España era completamente distinta. Gay ya tenía un bagaje y una estructura empresarial que le permitiría afrontar un show de la banda, Franco había muerto cinco o seis meses antes y ya todo había empezado a cambiar, todos empezamos a remar por la libertad. Ya antes de la muerte del dictador había una efervescencia social absoluta a favor del cambio, yo había popularizado a través de mis programas de radio el grito de «viva el rollo» que en realidad era «viva la libertad» y hasta el primer disco que sacamos con Zafiro de grupos como Burning, Moon, Indiana, etc. que se llamaba así, ¡*Viva el rollo!*, salió en octubre del 75, un mes antes de la muerte de Franco.

Si he de ser sincero, del concierto de los Rolling Stones en Barcelona de 1976 no recuerdo personalmente mucho. Era un tiempo de tanta actividad, hacíamos tantas cosas, estaban pasando tantas cosas, tantas experiencias... recuerdo que yo fui invitado por la compañía discográfica con un grupo de periodistas entre los que estaba hasta Carlos Herrera, que trabajaba por aquel entonces en Barcelona. Aunque por supuesto aquel concierto fue otro hito impresionante en aquel momento para nuestra música y para la sociedad española del postfranquismo en general.

LA INFLUENCIA *STONIANA* EN NUESTRO ROCK: CAROLINA

Siempre se ha hablado de Burning y de Tequila como las bandas que adoptaron más la personalidad, el estilo clásico de los Stones, y es verdad, pero yo quiero recordar a un grupo argentino en esa misma tesitura con el que yo trabajé mucho a finales de los 70, Carolina.

Carolina fueron el primer grupo que en Argentina es lo que se conoce en la actualidad como un grupo *rollinga*, antes que otras bandas más conocidas en ese circuito como los Ratones Paranoicos o Viejas Locas. Fue el grupo que grabó conmigo los temas de mi disco *Zumo de Radio* y recordaré siempre a su bajista Suri, que imitaba mucho a Jimi Hendrix y con el que estuve la primera vez que viajé a Nueva York precisamente para ver a los Stones en el Madison Square Garden en noviembre de 1981.

Fueron una banda de espíritu puramente Stone que mereció mucha mejor suerte. Como he narrado en otros libros, conseguí que Alain Milhaud, un productor de un enorme prestigio en la música española de los 60 y los 70, que tenía varios sellos discográficos les fichara para un sello que funcionaba muy bien en España a mediados de la década de los 70, K-Tel. Alain Milhaud fue un genio, fue todo un privilegio para nuestra música haberle tenido en España y yo siempre me he enorgullecido de llevarle a Rock Fm en varios de mis programas, como por ejemplo y muy especialmente al show especial que hicimos en el Hard Rock Café de Madrid en junio de 2017 con motivo de los 50 años del *Sargeant Peppers Lonely Hearts Club Band* de los Beatles muy poco antes de que falleciera. Todo estaba listo para sacar el disco, que se grabó en el otoño de 1976 en los estudios Scorpio de Luis Cobos, pero finalmente no se llegó a editar nunca.

¿Por qué? Con toda sinceridad, al margen de que se habló de que K-Tel tenía problemas económicos —quebró muy poco después de la grabación del disco—, lo cierto es que nunca llegué a saber la verdadera razón por la que el proyectado álbum debut de Carolina nunca vio la luz. Pienso que el problema fue fundamentalmente que Alain Milhaud, que era una persona muy peculiar, con un carácter poco dado a las tonterías a las que son muy dados algunos músicos, con toda seguridad no encajó con ellos.

En ese momento los Carolina formaban parte de esa vorágine de miles de argentinos que llegaron aquí buscándose la vida, pidiendo prestado a todo el mundo y me imagino lo que seguramente pasaría: empezarían a ir todos los días a la compañía a pedir anticipos, a preguntar tal o cual asunto, cuando saldría el disco o lo que fuera y Milhaud, que tenía muy poca paciencia para esas cosas, debió desentenderse del proyecto y no sacar el disco.

Fue una verdadera lástima porque el disco era puro espíritu Rolling Stones. No lo he vuelto a escuchar desde hace muchísimo tiempo, tan solo conservo un casete con las canciones que se grabaron y son unos temazos enormes. En algún momento me gustaría investigar dónde quedó aquel máster, del que yo no volví a saber nada después de la quiebra del sello y los problemas judiciales que llegarían a raíz de esa circunstancia.

En ocasiones me han preguntado por qué no lo saqué con Chapa, el sello que monté a través de Zafiro, pero para cuando yo ya pude tener organizada toda la infraestructura necesaria para empezar a grabar a los grupos que entrarían en el sello, que fue hacia mediados de 1977, ante la decepción que supuso para ellos que al final Alain Milhaud no quisiera editarlo, Carolina se deshizo como grupo. Suri se marchó a Estados Unidos, el guitarrista Miguel Botafogo entró en Cucharada, a los que sí produje tiempo después, el batería Antonio tocó con los Mermelada de Javier Teixidor y el otro guitarrista de la banda Dicky Campilongo, el hermano de Marité, conocida aquí como Rubí, la cantante de Rubí y los Casinos se marchó a Barcelona, aunque tiempo después regresó a Argentina con el teclista de la banda, Ciro Fogliatta.

Esa fue mi primera intentona por sacar adelante una banda de estilo Stone en España.

LA INFLUENCIA *STONIANA* EN NUESTRO ROCK (II): BURNING Y TEQUILA

Obviamente, al margen de Carolina mi primera imagen de lo que podrían ser algo similar a unos Rolling Stones fueron los Burning de Antoñito y Pepe Risi, los que estuvieron conmigo en tantos y tantos shows, en las matinales de la discoteca MM y cuando actuaban en directo conmigo en mis programas de radio, con Antoñito en la guitarra acústica haciendo *Sister Morphine*… ¡Quién iba a decir que los dos fallecerían precisamente a consecuencia de su adicción a las drogas!

Precisamente por ese rollo tan *stoniano* que aquellos Burning del comienzo tenían, me peleé a muerte el que estuvieran en el primer volumen de ese legendario recopilatorio de grupos de rock español que yo promoví, ¡Viva el rollo!, que tanto ayudó a cambiar el panorama musical de nuestro país poco tiempo más tarde.

De hecho, como en tantos otros episodios de mi vida como periodista musical y como impulsor de toda clase de iniciativas, los Stones jugaron un papel fundamental en la historia de ¡*Viva el rollo!* Este disco nace en cierta medida por la asistencia a uno de mis shows de radio y concierto en directo con los Union Pacific, la banda de la cual surgiría más tarde Obús, del ejecutivo discográfico Adrián Vogel en una discoteca de Manzanares El Real, un pueblecito cerca de Madrid.

La discoteca estaba llena hasta los topes y yo cerré el show, como era costumbre, cantando el *Jumpin'Jack Flash* en una suerte de fin de fiesta apoteósico, que gustó tanto a Adrián y a Gonzalo García Pelayo, que después de insistir e insistir hasta la saciedad, al ver todo lo que se generaba en esos shows, se convencieron de que había que dar salida a toda esa explosión del *rollo*, del rock que ya se hacía en Madrid y me dijeron: «¡*Venga! ¡Vamos a hacer un recopilatorio!*» y allí metí a los Burning, a quienes había prometido un disco que nunca llegaba, y que pudieron incluir dos canciones en ese histórico álbum.

El caso de Tequila fue distinto. Yo los conocí años más tarde, hacia finales de 1976 o primeros de 1977, cuando aún se hacían llamar la Spoonful Blues Band. Era una banda formada por dos chicos, Ariel y Alejo, cuyas familias habían emigrado desde Argentina a España huyendo de la represión después del golpe de Estado militar de Videla en 1976 y traían la herencia de todo ese rock argentino de la época, tan anclado en el blues y tan aburrido, que poco tenía que ver con lo que la gente quería en España después de 40 años de dictadura y cuando se empezaba a conocer lo que pasaba en el extranjero, lo que era la apertura a Europa, a Inglaterra, a la democracia en definitiva. Ariel Rot sobre todo era quien traía más ese bagaje.

Cuando los conocí vi en ellos de inmediato esa esencia Stone, incluso hasta por cómo su guitarrista Julián Infante tenía un gran parecido físico con Keith Richards. En seguida vi que tenían el descaro, el desparpajo, el *rollo rocanrolero* que necesitábamos en España en ese momento y que la influencia Stone despertaría en ellos, algo a lo que yo contribuí. E hicimos con ellos su primer LP para Zafiro, *Matrícula de honor*, en 1978, aunque muy pronto la directiva de Zafiro vio claro que podían tener otro recorrido y les metió en un *target* completamente distinto.

Aun así y con independencia de lo que pasó después con Tequila, aquel disco era de puro rock'n'roll y ellos jugaban mucho al rollo Stone, Alejo y Ariel sobre todo imitaban mucho la dupla Jagger-Richards. A Gay Mercader también le encantaban por la misma razón; eran, salvando las distancias, como una versión hispano-argentina de los propios Rolling Stones. Tristemente, se dejaron deslumbrar por el *glamour* de convertirse en un grupo de fans y de *40 criminales* y esa personalidad tan fascinante de sus comienzos muy pronto se diluyó.

VIAJANDO A AMÉRICA CON LOS ROLLING STONES Y CON AL PACINO: MADISON SQUARE GARDEN DE NUEVA YORK, 13 DE NOVIEMBRE DE 1981

Creo que la foto que acompaña la entrada de este capítulo de mi historia personal con los Rolling Stones lo dice todo: Javier del Moral, conocido capo en aquellos años de la industria discográfica, Martin J. Louis, director y fundador de *Popular 1,* Joaquín Luqui de la SER

Noviembre de 1981, Nueva York, entrada del edificio Dakota de
Central Park donde vivía John Lennon y donde fue asesinado.

Mariskal Romero con el pianista de los Stones, Ian Stewart, noviembre de 1981.

Suri y Mariskal Romero en el Madison Square Garden de Nueva York en el concierto de los Rolling Stones de la gira *Tattoo You*, noviembre de 1981.

Keith Richards en uno de los shows de la gira USA de *Tattoo You*, inmortalizado en la película de Hal Ashby, *Let's Spend The Night Together*.

y yo en la puerta del edificio Dakota de Nueva York, en el otoño de 1981, durante nuestro viaje a Estados Unidos invitados por la compañía discográfica para ver uno de los shows de la gira americana de los Stones presentando su álbum *Tattoo You*, gira que seis meses más tarde recalaría en Europa y más concretamente en Madrid.

Lamentablemente no tuvimos ningún acceso personal a ellos ni pudimos hacer entrevistas, pero sin embargo tuve allí dos encuentros casuales que nunca he olvidado. Cuando la mañana del día del concierto fuimos a las oficinas de la Warner a recoger las invitaciones a uno de esos inmensos rascacielos de Manhattan, al subir en el ascensor entró con nosotros un tipo con gafas oscuras muy bajito con un abrigo y una bufanda, medio de incógnito, que resultó que cuando Suri se fijó en él, de esa manera tan escandalosa que tenía de hablar y de moverse, exclamó: «*¡Ché, Vicente, es Al Pacino! ¡No me lo puedo creer!*». Sí, era Al Pacino, puedo decir que he subido en un ascensor con él. Y al llegar a la recepción donde teníamos que recoger los tickets, estaba allí Ian Stewart haciendo lo mismo que nosotros, recogiendo sus invitaciones. Quise charlar un ratito con él, pero era un tipo muy tímido, muy poco hablador y conversamos un poco, pero no más de cinco o seis minutos. Aun así, el momento pudo quedar inmortalizado en una foto que nos hizo Martin J. Louis.

Otra anécdota, si queremos llamarla así, fue que cuando me invitaron a viajar a Nueva York para este concierto, mi mujer Esther estaba embarazada de Ñako, mi segundo hijo y el parto se iba a producir justo en esas fechas. No lo dudé. Hablamos con el médico y estudiamos si sería posible adelantar el parto para que yo pudiera irme después de que Ñako ya hubiera llegado al mundo y así lo hicimos. No se forzó nada, el médico dijo que era posible hacerlo sin ningún riesgo para la salud de Esther ni de Ñako y bueno... mi hijo Ñako celebra su cumpleaños en tal fecha gracias a los Stones... o por culpa de los Stones.

Ñako trabajó conmigo muchos años en la revista *Kerrang!* y actualmente vive en Londres con su mujer Anabel y su hijo Hendrix. Siempre nos hacemos muchas bromas sobre aquel episodio.

En cuanto al concierto, indescriptible. La banda estaba en un momento de forma espectacular, el show fue formidable, fue una de las veces que más disfruté de un concierto de los Rolling Stones.

7 DE JULIO DE 1982: CON BILL WYMAN EN LA HABITACIÓN DE SU HOTEL, EN LA RADIO CON JOSÉ MARÍA GARCÍA Y PELEANDO CON LA SEGURIDAD DE LOS STONES EN EL *BACKSTAGE* DEL VICENTE CALDERÓN

Los Stones volvieron a España en julio de 1982 inmersos en una larga gira europea en la que hicieron dos conciertos en el ya desaparecido estadio Vicente Calderón de Madrid, pero un par de meses antes vino de promoción a la capital su bajista Bill Wyman para hacer una rueda de prensa y, como era la tónica en aquel momento, grabar un *playback* para el programa *Aplauso* de TVE.

Yo me acredité como periodista para asistir a la rueda de prensa y se me ocurrió, conociendo que Wyman era muy mujeriego, que me acompañasen al hotel donde se hacía la conferencia dos chicas guapísimas precisamente del ballet del *Aplauso* de TVE y me coloqué estratégicamente para que el tipo me viera bien.

Funcionó: al acabar la conferencia de prensa, se me acercó alguien de la organización y me dijo: «Bill Wyman acaba de decirme que las chicas y tu subáis a su habitación». No le pude hacer una entrevista

Mariskal con Bill Wyman en Madrid, mayo de 1982.

personal como tal, pero sí pude, por primera vez, tener un encuentro personal con un Rolling Stone y departir con él durante un largo rato.

Aquello fue el preámbulo de lo que vino después con la llegada del grupo a Madrid, en la que se armó un follón tremendo, porque los Stones iban a hacer un concierto en Madrid y otro en Barcelona, pero el presidente de la Federación Española de Fútbol de aquella época, Pablo Porta, por su enfrentamiento con Raimundo Saporta, que estaba coordinando la organización del mundial de fútbol de 1982 aquí en España y que se había apuntado el tanto de que los Stones venían por el mundial, presionó a los directivos del Español, en cuyo campo se iba a hacer el concierto, para que los Stones no tocasen allí. Y se rumoreó que el concierto de Madrid estaba también en peligro.

Yo armé desde la radio una protesta enorme, una sentada popular ante la Federación; José María García, que era el líder absoluto en la información deportiva me entrevistó en su programa, yo le entrevisté a él en Radio Centro… bueno, como se dice en Argentina, un *quilombo* de cagarte. Yo sabía que a José María García le importaban un bledo los Rolling Stones, pero como estaba enfrentado a muerte a Pablo Porta, me aproveché de la coyuntura.

Estuve en el *backstage* del concierto porque se montó un set para que yo pudiera entrevistar a Peter Wolf de la J. Geils Band, la banda que

Mariskal en el *backstage* de los Stones en Madrid en julio de 1982, tras su entrevista con Peter Wolf.

teloneaba a los Stones en ese *tour* por Europa y acababan de sacar un disco de estudio llamado *Freeze Frame* cuyo single «Centerfold» yo había pinchado muchísimo en la radio meses antes. Se dio la circunstancia de que ese set estaba justamente al lado de la zona de descanso de los propios Stones, con sus sofás, sus billares, su barra de bar… como os podréis imaginar, me intenté colar a esa zona que tenían montada, pero me pillaron y me sacaron de allí casi a patadas. Bueno… por lo menos lo intenté.

Me acompañó a ver aquel show todo mi equipo de Radio Centro, Tato Puerto, el queridísimo Yeyo González, María del Mar Hernández, el Pirata, Miguel Botafogo, al que creo recordar que le conseguí una entrada y una vez más, el concierto fue sensacional. Siempre me llamó la atención cómo ya, en aquel momento (estamos hablando de hace 40 años, en 1982), mucha prensa hablaba de que ese era el final, de que los Stones se retiraban después de esa gira.

Hasta para criticar más todavía al grupo y reafirmarse en esa absurda obsesión de que se retirasen, algunos medios publicaron una foto de Mick Jagger de un show de Filadelfia de la gira anterior en la que aparecía con un aspecto envejecido, casi decrépito… pues fijaos lo que es la historia, hasta aquí hemos llegado, con los Stones anunciando una nueva gira por Estados Unidos en 2024.

Mariskal Romero y el staff de Radio Centro, incluido el Pirata, en el Estadio del Atlético de Madrid el 7 de julio de 1982

CON RONNIE WOOD EN IBIZA, VERANO DE 1988

A comienzos de 1984 se me presentó la oportunidad de dirigir en Ibiza los antiguos Ibiza Sound Studios, llamados por sus nuevos propietarios los Mediterraneo Studios, con lo cual, aunque nunca me establecí a vivir allí de manera permanente, sí viajaba a la isla con frecuencia, pasaba allí muchas semanas e hice de Ibiza una suerte de segundo hogar para mí. En esos años, vivía ese esplendor de *glamour* clásico de los años 80, con el Pachá, el Ku, el mítico club Las Dalias, todas las grandes estrellas de la música y del cine veraneando allí o incluso estableciendo en Ibiza sus residencias.

Rod Stewart, Roger Taylor y Freddie Mercury de Queen, Ian Gillan, Robert Plant, infinidad de músicos formaban parte en aquellos años del paisaje habitual de las noches ibicencas. Me dice Mariano Muniesa que incluso Mick Jagger posee una propiedad en Ibiza, aunque yo nunca le he visto por allí y probablemente la tenga alquilada la mayor parte del año. Quizá estuvo alguna vez, pero yo nunca le vi. Sí escuché hablar de Mick Taylor, quien fue en más de alguna ocasión a San Antonio.

Con quien sí pude coincidir en el verano de 1988 en Ibiza fue con Ronnie Wood, que estaba allí de vacaciones pero que frecuentaba un

Ronnie Wood en directo en el Heartbreak Hotel de Ibiza, verano de 1988.

club, el Heartbreak Hotel en San Antonio que montó Phil Carson, unos de los capos del sello Warner; el sello que gracias a las gestiones y el trabajo de Ahmet Ertegun logró en el 71 la distribución mundial de la Rolling Stones Records. Ese fue uno de los muchos casos que conocí de muchos ingleses, alemanes o norteamericanos que llegan a Ibiza, se vuelven locos con ese ambiente de hedonismo, de tíos y tías buenísimas por todas partes, la noche, la fiesta, las playas, alucinan y se montan allí negocios que al final acaban siendo ruinosos y la mayoría se van al garete.

En aquella época Ronnie Wood era de los habituales en Ibiza en verano, iba casi todas las noches a tomar copas allí y en alguna ocasión, al igual que años antes coincidieron allí Jimmy Page y Robert Plant de Led Zeppelin en una *jam,* que yo pude inmortalizar en un reportaje para la revista *Heavy Rock* en 1984, Ronnie se subía al escenario a participar de las *jam-sessions* que montaban los músicos ingleses que estaban allí durante el verano de vacaciones.

Una noche de comienzos de agosto de 1988, Ronnie estaba allí con Dick Taylor, un antiguo miembro de los más primigenios comienzos de los Stones y Phil May cantante de los Pretty Things, a los que, en su nueva formación, Carson había fichado para la WEA. Yo estuve allí, pude hablar con él y tal y como se publicó en el reportaje que hice para *Heavy Rock*, me aseguró que Keith iba a sacar un disco en solitario y a hacer una gira en solitario, pero que después los Stones iban a volver. No me mintió.

1990: TRABAJANDO CON LOS ROLLING STONES. MI EXPERIENCIA EN LA ORGANIZACIÓN DE UN SHOW DE LA BANDA DESDE LA COCINA

Después de la gira europea de 1982, tanto por la bronca y los problemas internos del grupo, los discos en solitario de Jagger y Richards y por otras muchas más circunstancias, los Stones no se volvieron a subir a un escenario, a excepción del concierto homenaje a Ian Stewart, hasta 1989. En ese año giraron por Estados Unidos y en el verano del año siguiente, volvieron a Europa e hicieron conciertos en Madrid y Barcelona, con la peculiaridad de que esta vez no fue Gay el promotor que los trajo a España, sino Pino Sagliocco.

Ello me permitió estar mucho más cerca de los entresijos de lo que supone organizar un concierto de esa envergadura. También ver de cerca lo depredador que es este negocio; a pesar de la amistad y el buen rollo con los Stones del que Gay siempre presumía y que era cierto, sin embargo, esa vez fue Pino el que los trajo a España.

Esta experiencia fue posible gracias a un viejo amigo de juventud, Pedro Ruiz Campos, un hombre de negocios que se metió en el mundo del fútbol, trabajó mucho con el Rayo Vallecano y llegó a introducirse muy cerca del entorno de Jesús Gil, presidente del Atlético de Madrid del que consiguió que le alquilase el estadio Vicente Calderón para los conciertos de los Stones de junio de 1990 y que, a su vez, Pedro se lo alquilase a Pino. Cuando cerró la gestión con Gil y consiguió el estadio, me llamó para formar parte del equipo que se iba a ocupar de la organización. «¡Tío, vente para acá, que vamos a organizar la gira de los Stones!», me dijo. Pedro era, por así decirlo, el puente entre Gil y los promotores de los conciertos, que tenían que negociar con él si querían el Calderón para cualquier espectáculo.

Al final, Pedro Ruiz Campos y Jesús Gil acabaron como el rosario de la aurora, porque los dos eran unos auténticos tiburones de los negocios, sobre todo Gil, y se enfrentaron en los tribunales varias veces.

Ticket del concierto de los Rolling Stones en Los Ángeles
con Guns N'Roses en el *Steel Wheels Tour,* otoño de 1989.

Pero eso vino después. En el inicio de todo, cuando los Stones empezaron la gira americana de *Steel Wheels*, Pedro y yo nos fuimos a Los Ángeles para ver el concierto del grupo el 21 de octubre de 1989 en el Memorial Coliseum. Pedro aprovechó el viaje para empezar las gestiones de la contratación y yo, junto al fotógrafo argentino y estrecho colaborador de la revista *Heavy Rock* Carlos Rusansky, corresponsal en Estados Unidos, además de ver a los Stones, hicimos allí los primeros contactos y reuniones para tratar de materializar lo que hubiera sido un sueño hecho realidad para mí: hacer la edición española de la revista *Rolling Stone,* la publicación de culto de toda la vanguardia a nivel mundial desde finales de los años 60.

De nuevo, el concierto de los Stones fue sensacional no solamente porque la banda estuvo inmensa, sino porque les acompañaron dos bandas que marcaron decisivamente la progresión y la evolución del rock hacia los años 90, como los neoyorquinos Living Colour, que en ese momento estaban rompiendo con todo porque hacían una propuesta radicalmente nueva en lo musical, con una fusión entre el metal y el funk alucinante, llena de *groove* y de experimentación sensacional, así como por supuesto Guns N'Roses, quienes, a su vez dentro de su estilo, el hard rock más tradicional, también habían roto todos los esquemas y eran la nueva sensación del hard rock americano.

La elección de esas bandas para abrir sus conciertos en esa gira me demostró una vez más lo inteligentes que son los Stones; escogieron los dos grupos quizá más representativos del cambio musical que se anunciaba cara a los años 90. Una formación de música negra rompedora, con un mensaje nuevo, una propuesta innovadora al máximo como Living Colour y una banda que, de alguna manera, era como su encarnación en los nuevos tiempos, unos tíos rebeldes, polémicos, herederos de sus golferías en los 60, como Guns N'Roses.

Dato para la historia: Esa fue la legendaria noche en la que Axl Rose, dirigiéndose a la gente entre una canción y otra, dijo que aquello se había convertido en un desastre porque todos estaban hasta el culo de drogas y que estaba harto de tratar con *Mr. Brownstone*, título de una de las canciones de la banda. Ese episodio se ha convertido en historia del rock'n'roll y yo tuve la oportunidad de escucharlo y verlo con mis propios ojos. El reportaje que traje de aquel concierto fue portada de la revista *Heavy Rock* y fue todo un impacto de ventas.

A pesar de que lo intenté por todos los medios, tampoco fue posible esta vez entrevistar a los Stones. A pesar de haber sido desde que empecé en la radio a finales de los 60 y en todo tipo de medios el fanático más absoluto de los Stones, quien más había difundido su música, quien más les había dado a conocer en España, yo siempre tuve el hándicap de que, al no estar nunca en una gran cadena, en un medio de la repercusión de Radio Nacional o de la Cadena Ser, las compañías de discos nunca me facilitaron ese acceso que tuvieron los periodistas de esa élite de grandes medios, como *El País* o *ABC*.

Años más tarde, esa anomalía histórica quedó subsanada...

ROLLING STONES EN ARGENTINA Y MÉXICO EN 1995: ¡LA APOTEOSIS, LA GLORIA...Y LA TRAGEDIA!

A finales de 1993 a través de mi relación con Daniel Grinbank, a quien apoyé y con quien trabajé durante el tiempo que estuvo en España a finales de los años 70 y primeros 80, director de la emisora musical de radio rock más poderosa de Argentina, la FM Rock&Pop, empecé mi aventura periodística en ese país, que es en todos los aspectos mi segundo hogar.

Los Rolling Stones en directo en unos de los legendarios shows de febrero de 1995 en Buenos Aires. (foto Archivo Heavy Rock / Mariskal Romero)

Durante casi tres años viví entre Madrid y Buenos Aires haciendo programas para Rock&Pop, justamente en ese momento en el que la situación económica y social en la Argentina favoreció que el país entrase en el circuito internacional de giras y festivales de las grandes promotoras. Daniel Grinbank fue pieza clave, como promotor, de la llegada a Argentina de muchas de las grandes bandas que, hasta entonces, nunca habían tocado en el país y desde mis programas de radio en Buenos Aires, en cierta manera ejercí el mismo papel que había ejercido en España veinte años antes: ser el animador principal, el impulsor desde la radio de los que serían los primeros conciertos en América Latina de los Rolling Stones.

La pasión desbordada por los Stones que existe en la Argentina llega a unos extremos que pueden ser realmente peligrosos, y así lo viví yo en aquella ocasión. El día que se pusieron a la venta los tickets de los conciertos para el estadio de River Plate, el 15 de octubre de 1994 aquello se convirtió, informativa y socialmente, en Argentina en un suceso de tales dimensiones que se desplazó una unidad móvil de la Rock&Pop para retransmitir el inicio de la venta de entradas, donde yo estuve como conductor de ese programa en vivo. Había colas, al igual que en los conciertos, desde varios días antes de que se abrieran las taquillas para comprar las entradas, y en medio del desbordamiento, hubo un apuñalamiento donde murió un joven. O más propiamente; en medio de una violenta trifulca un tipo degolló a un chaval, que murió cuando aquel delincuente le clavó en la garganta los vidrios de una botella rota.

El desconcierto que se formó fue, como os podéis imaginar, descomunal y yo pasé momentos de verdadera angustia, porque yo me había traído a mi hijo Juan a Buenos Aires, estaba allí conmigo y sentí verdadero miedo de que le pudiera pasar algo en medio del caos incontenible que se desató tras ese violento episodio. Con toda la seguridad la experiencia menos placentera que he vivido viajando con los Stones.

Poco después, en noviembre de 1994 viajé a Miami para volver a ver a los Stones en el Joe Robbie Stadium de la capital de la Florida con Grinbank y el *staff* de la Rock&Pop, exactamente el mismo concierto que presentó la actriz Whoppie Goldberg y que se comercializó en VHS posteriormente, con la intervención de Bo Diddley como invitado especial. También viajaron con nosotros varios ejecutivos discográficos que fueron a Miami para empezar a preparar el

Reportaje de Mariskal Romero sobre los shows de los Stones en el otoño de 1995.

Reportaje de Mariskal Romero para Buenos Aires News.

desembarco del grupo en Argentina el año siguiente, en la que sería su primera llegada al país *stoniano* por definición, a las cinco inolvidables noches del estadio Monumental de River Plate lleno hasta los topes y del que el grupo se quedó prendado desde entonces.

Unos meses antes y aprovechando mi viaje al festival de Woodstock'94 en agosto de ese año, justo la víspera del festival, estuve en el Yankee Stadium de Nueva York disfrutando de otro sensacional show de los Rolling Stones con gente de la Rock&Pop, aunque ahí no vinieron promotores ni ejecutivos. El hito de llenar cinco estadios de River Plate fue algo que solamente muchos años después igualarían o superarían Roger Waters, Soda Stereo y Coldplay.

Coincidiendo con las fechas de Navidad, a finales de diciembre de 1994 vine a Madrid unos días a descansar y, si no recuerdo mal, como el 2 o el 3 de enero, me llama por teléfono Daniel Grinbank

Con Keith Richards en México, entrevista para Telefé.

desde Las Bahamas donde estaba de vacaciones —esa época del año, el verano austral argentino, es el agosto nuestro— y me preguntó si querría ir a México a entrevistar a los Stones en persona para Telefé, el canal patrocinador de los conciertos del grupo en Buenos Aires. Imaginad mi respuesta...

¿Por qué se me presentó esa oportunidad? Lo explicaré claro como el agua. Grinbank había vendido ya cuatro estadios de River Plate, pero les estaba costando mucho agotar las entradas para el quinto estadio. Claro, cuando los Stones lo supieron, dijeron que, si había que hacer entrevistas o lo que fuera para impulsar la venta de entradas, se hacía. Y de tal suerte me encontré volando hacia México DF para hacer realidad el sueño de mi vida: entrevistar personalmente y uno a uno a los Rolling Stones, con un cámara que se envió desde Buenos Aires, Alejandro Funes.

Con Charlie Watts.

Con Ronnie Wood.

El *staff* de la Rock & Pop con los Stones en Buenos Aires, 1995.

Al llegar allí me llevaron a un set que habían preparado y decorado cuidadosamente, con toda la parafernalia y los *posters* del *Voodoo Lounge* y en primer lugar apareció Mick Jagger, después Keith Richards, Charlie Watts y al final, Ronnie Wood. Antes de que empezasen las entrevistas, vino un traductor que iba a hacer de intérprete, me preguntó si estaba a gusto, si todo estaba bien, y recuerdo que me llamó mucho la atención que me dijera que estuviera tranquilo, que todo iba a ir bien. Como tratando de decirme: «no se preocupe, Mick Jagger no se le va a comer», es decir, desmitificando un poco toda esa parafernalia que le rodeaba para que el ambiente de la entrevista fuese relajado, fluido, sin nervios.

En gran medida, así fue. Jagger se sentó, fue en todo momento muy amable, habló conmigo de manera muy cordial y la conversación fue relajada, desenfadada y muy agradable, pero al terminar el tiempo que teníamos asignado, saltó como un resorte y antes de que pudiera darme cuenta, había desaparecido de la escena. Es el único Stone de esa sesión de entrevistas con el que no me pude hacer una foto, aunque en realidad la foto que de verdad me interesaba era la de Keith Richards.

Hablar con Keith fue como hablar con un viejo colega de mil batallas pasadas. Alguien que sabes que conecta contigo de corazón, ese rockero *stone* que en espíritu es como un hermano tuyo. Recuerdo cuando le pregunté por sus recuerdos de su apoteósico show en el estadio de Vélez Sarsfield en 1992 y de cómo me dijo que esa experiencia había tenido mucho que ver con que los Rolling Stones hubieran decidido actuar por primera vez en la Argentina. Un tipo formidable.

Con Charlie la entrevista fue igualmente un placer, una conversación maravillosa con todo un caballero inglés, serio pero divertido, una persona encantadora. Y sobre Ron Wood, pues lo que todo el mundo puede imaginar de él. Otro loco maravilloso, simpático, cercano, alegre, bromista, como le llamaban ya desde hacía mucho tiempo, el pájaro loco… un Rolling Stone.

Estas entrevistas fueron para mí, probablemente, el mayor hito profesional que he conseguido como periodista. Por lo menos hasta aquel momento nunca un *disc-jockey* consiguió tener a los cuatro Rolling Stones, uno por uno, en un set exclusivo para mí. No me importa reconocer que también le saqué mucho jugo a aquellas entrevistas, por cuanto me proporcionaron tal popularidad que, poco después, si no recuerdo mal estando todavía en México en el hotel Sevilla me llamó por teléfono Arturo San Román, desde los despachos de la dirección de Onda Cero. Ya no iban a seguir con José Antonio Abellán en las mañanas y contactaron conmigo para ofrecerme hacer lo que luego sería el *Matinal Romero Show*. ¡Cuando me llamaron, al no darse cuenta de la diferencia horaria, era muy temprano por la mañana y creí que era un simulacro de terremoto!

GIJÓN 1995: INVITADO POR EL ALCALDE DE LA VILLA ASTURIANA

Al poco de arrancar mi nueva aventura radiofónica en Onda Cero haciendo el *Matinal Romero Show* se anunció que los Rolling Stones vendrían en el verano de 1995 a Europa y que en España habría un solo concierto, el 22 de julio en el estadio de El Molinón del Sporting de Gijón. De nuevo, y como dije anteriormente, esa capacidad depredadora del negocio de la música dejó fuera como promotores tanto a Gay Mercader como a Pino Sagliocco. El ayuntamiento de Gijón pujó con más fuerza y fue quien se llevó a su ciudad a los Stones, en el único concierto hispano del *Voodoo Lounge Tour*.

Habiendo logrado en aquellos primeros meses en Onda Cero unos resultados espectaculares de audiencia y siendo conocido el hito de haber entrevistado a los cuatro Stones por separado para Telefé, fui invitado por el alcalde de Gijón en esa época, Vicente Álvarez Areces, para ver el concierto en el Molinón, siendo además el único periodista que se hospedó en el mismo hotel en el que estuvo el grupo, el hotel Virgen de Begoña. Yo estuve en la planta inmediatamente inferior a la que, como es su costumbre, el grupo reservó íntegramente para ellos, sus asistentes, invitados y personal de confianza.

Una vez más el concierto fue impresionante. Yo había viajado a París unas semanas antes para verles en el hipódromo de Longchamps, donde sus teloneros fueron Bon Jovi y ahora, en una muestra más de su inteligencia y su buen criterio a la hora de elegir teloneros, en este concierto de Gijón trajeron a los Black Crowes, una banda que estaba revolucionando toda la escena haciendo un tipo de rock clásico que entroncaba directamente con las mismas raíces

El Alcalde de Gijón

Saluda

a los periodistas de medios de comunicación

y tiene el placer de invitarles a la recepción que, con
ocasión del concierto en Gijón de los *Rolling Stones*, se
celebrará en el Ayuntamiento el próximo día 22 de julio,
a las 13 horas, así como a la *espicha* (comida típica
asturiana) que tendrá lugar a continuación.

En el transcurso de la recepción se hará entrega a
los medios de las entradas y pases para presenciar el
concierto desde la zona reservada.

Vicente Alvarez Areces

*aprovecha esta ocasión para reiterarle el testimonio
de su consideración más distinguida*

Gijón, 19 de julio de 1995

Invitación oficial de la Villa de Gijón a Mariskal Romero al concierto
de los Rolling Stones al Estadio del Molinón, julio de 1995.

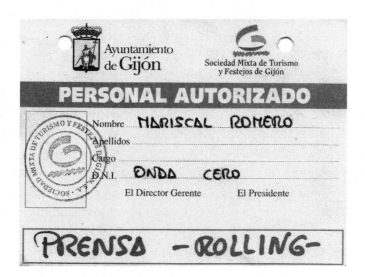

Acreditación de prensa del concierto de los Stones en Gijón.

Mick Jagger en Gijón, julio 1995. (Archivo Heavy Rock / Mariskal Romero)

Keith Richards. (Archivo Heavy Rock / Mariskal Romero)

Ronnie Wood. (Archivo Heavy Rock / Mariskal Romero)

stonianas. De nuevo, y como expreso en el titular que he elegido, la guinda en el enorme pastel del rock'n'roll. Dos grupos sensacionales representando, bajo un mismo lenguaje, a dos generaciones distintas que regalaron a Gijón una noche inolvidable.

Hubo rumores de que Bob Dylan, que se encontraba de gira por Europa también en aquel verano, con un itinerario paralelo al de los propios Stones, podría haberse unido al grupo en el estadio de El Molinón, pero no fue así. Esa anhelada reunión se produjo unos días más tarde, en la ciudad francesa de Montpellier. Y se repitió tres años después en Buenos Aires. Ahora voy con esa historia.

1998: LAS HISTÓRICAS NOCHES DE BOB DYLAN CON LOS ROLLING STONES Y EL *TACHERO* QUE RECORRIÓ BUENOS AIRES CON EL AUTOR DE *BLOWIN' IN THE WIND*

Después de mi etapa en Rock&Pop y tras mi vuelta a España, volví de manera más o menos esporádica a Buenos Aires, en especial cuando se supo que los Stones, dentro de la gira mundial que iban a hacer para presentar su álbum de 1997 *Bridges To Babylon*, volverían a Argentina en marzo de 1998, para hacer una nueva serie de conciertos, contando además con Bob Dylan como invitado especial en los shows de Buenos Aires.

También fui parte importante de aquella locura porque yo había vivido cosas que allí nadie había vivido nunca antes, había visto a los Stones en España, en Estados Unidos, y desde la radio había contado a todos mis historias *stonianas* desde que los empecé a pinchar en Radio Centro con el *Begars Banquet* en 1968.

El impacto de esa segunda visita de los Rolling Stones a Argentina fue de nuevo mucho más allá de lo musical. De nuevo se batió el récord de venta de entradas, hasta el punto de que diarios de información económica, como el *Wall Street Journal*, se hicieron eco de ese récord y de cómo ningún otro grupo de rock había hecho en un solo país una taquilla de tantísimo dinero.

Se repitió en gran medida la misma apoteosis del 95, con cinco estadios monumentales llenos y con la presencia, en los últimos dos conciertos, de Bob Dylan, que volvió a recrear con ellos la magia

Bob Dylan con los Stones en Buenos Aires, marzo de 1998.
(Foto Archivo Heavy Rock / Mariskal Romero)

Dylan y Ronnie Wood, Buenos Aires, 1998.
(Foto Archivo Heavy Rock / Mariskal Romero)

y la leyenda de ese emocionante himno intergeneracional llamado «Like A Rolling Stone», que los Stones habían versionado en su gira anterior y que recogerían en el disco en directo acústico *Stripped* a finales de aquel mismo año. Otra experiencia que quedó grabada de manera indeleble en mi memoria como fan absoluto del grupo.

No menos impresionante fue la anécdota, que pude conocer de primera mano, con relación a la llegada de Bob Dylan a Buenos Aires. Por la razón que fuera, imagino que por descoordinación de horarios, cambios de vuelos o algo así, Dylan llegó al aeropuerto de Eceiza dos horas antes de lo previsto, con lo cual al salir de la zona de tránsito, aun cuando por parte del *staff* de Rock&Pop se había preparado un cortejo para ir a recibirle y acompañarle a su hotel, obviamente nadie estaba esperándole. Cuando se dio cuenta de que nadie iba a ir a buscarle, salió del vestíbulo del aeropuerto y cogió el primer taxi que estaba libre.

El *tachero* —apodo con el que se llama en Buenos Aires a los conductores de taxis— que le cogió, contactó conmigo, yo le saqué por la radio y recuerdo que me contó que según se sentó en el coche, Dylan le dijo: «Dame una larga vuelta por Buenos Aires» y estuvo como una hora dando vueltas por toda la ciudad, hasta que imagino que debió cansarse y le dijo: «Bueno, está bien; ahora llévame a mi hotel». Recordaba también el *tachero* que le llamó la atención el hecho de que Dylan fumaba muchísimo, aun siendo primeras horas de la mañana. Y mientras tanto una hora después, todo el *staff* de la Rock&Pop en el aeropuerto de Eceiza preguntándose dónde cojones estaba Bob Dylan...

2003: AUTOPISTA HACIA LA SATISFACCIÓN. ¡LOS ROLLING STONES CON AC/DC! Y UN FUTURO QUE NO TERMINA...

Si haber visto a los Rolling Stones con Bob Dylan me parecía el *summum*, lo insuperable, cuando en 2003 se anunció que parte de la gira europea del *Licks* la telonearían AC/DC, aquello superó todavía más lo que podía imaginar.

Viajamos con mi amigo Iñaki y con el Pirata a la ciudad alemana de Colonia para ver el show de los Stones con AC/DC de teloneros en Oberhausen, lo cual fue algo inenarrable. Ver a dos hijos del rock *stoniano* como los hermanos Young haciendo *Rock Me Baby* con Mick Jagger y Keith Richards fue mucho más allá de lo que yo podía haber esperado en décadas. Otro hito comparable a cuando los vi con Guns N'Roses y Living Colour en 1989 o con los Black Crowes en 1995.

Más tarde Benidorm, Zaragoza, El Ejido... desde entonces no han parado ni nos han dejado de regalar esas noches memorables. Los conciertos de Hyde Park de 2013, el concierto de Madrid de 2014 en el Santiago Bernabéu, la gira por América Latina de 2016, donde volví a verlos en el estadio único de la Plata o más recientemente, el histórico inicio del Sixty Tour en Europa, en Madrid en el Wanda Metropolitano. Jornadas que forman parte de mi vida como cronista de la historia del rock.

Se hace muy difícil pronosticar por dónde puede ir el futuro de los Stones, superando ya tanto Keith Richards como Mick Jagger los 80 años. Pero lo cierto es que ahí están, con una nueva gira por los USA en la primavera-verano de 2024 por América y un fantástico nuevo disco de estudio que ha sorprendido a propios y a extraños, lleno de pura esencia Rolling Stones.

Ellos han marcado el mapa de mi vida musical. Son, tanto para mí, como para Mariano y gente de otras generaciones que se han enganchado a esta aventura, el combustible vital que nos mantiene vivos y con ganas de seguir difundiendo el rock'n'roll, de seguir siendo referentes en este rollo. En gran medida, los Stones son quienes imprimen el espíritu rockero, rebelde y tocapelotas que nos impulsa a seguir sacando *La Heavy* cada mes a todos los kioscos y a mantener viva esta aventura, de la que Mariano Muniesa forma parte de manera fundamental y que llamamos mariskalrock.com.

* * *

Bibliografía

Libros

Appleford, S., *It's Only Rock 'n' Roll.* Ed. Carlton.
Bas-Babérine, P., *Rolling Stones.* Ed. Júcar.
Carr, R., *Stones, una guía ilustrada.* Ediciones Lumen.
Davis, S., *The Rolling Stones, los viejos dioses nunca mueren.* Ed. Ma Non Troppo.
Elliot, M., *The Rolling Stones: The Complete Studio Recordings.* Penguin Books.
Faithfull, M., *Una autobiografía.* Ed. Celeste.
Greenfield, R., *Viajando con los Rolling Stones.* Ed. Anagrama.
Karnbach, J., & Bernson, C., *The Complete Recordings Of The Rolling Stones.* Ed. Aurum.
Norman, P., *The Rolling Stones.* Ed. Ultramar.
Phelge, J., *Nankering With The Rolling Stones.* Ed. Capella.
Rawlings, T., *Good Times, Bad Times: The Definitive Diary Of The Rolling Stones 1960-1969.* Ed. Barnes & Noble.
Rawlings, T., *Rock'n'Wood: Ronnie Wood, The Origin Of A Rock'n'Roll Face.* Ed. Berkshire.
Sanchez, T., *Up & Down With The Rolling Stones.* Ed. Circle Music.
Scaduto, A., *Mick Jagger.* Ed. Júcar.
Sexton, P., *Charlie's Good Tonight. Charlie Watts, la biografía autorizada.* Ed. Harper & Collins.
VV. AA., *The Rolling Stones In Their Own Words.* Omnibus Press.
Wyman, B., *Solo Rolling.* Ed. Grijalbo.

Revistas y fanzines

Begars Banquet, The Official Rolling Stones Fan Club Magazine. (USA), números del 1 al 14.

Cahiers Du Cinema (Francia), años: 1968 a 1970.
Classic Rock Magazine. (UK), años 2006 a 2022.
Disco Express. (España), años 1970 a 1977.
Los papeles del ayer. (España), números 1, 2, 3, 4, 5, 7, 9, 12, 13, 14 y ss.
Melody Maker. (UK), años 1966 a 1998 y ss.
Mundo Joven. (España), años 1970 a 1973 y ss.
Mojo. (UK), números especiales «Hot Rocks 1962-1969» y «Hot Rocks 1970-2019».
Muzikexpress. (Alemania), años 1967 a 1990 y ss.
New Musical Express. (UK), años 1964 a 1980 y ss.
Popular 1. (España), años 1973 a 1982 y ss.
Rolling Stone. (Argentina), año 2016 y ss.
Rolling Stone. (USA), años 1967 a 2008 y ss.
Rock & Folk. (Francia), años 1970 a 1976 y ss.